总体国家安全观理论研究丛书

总体国家安全观理论研究

马 方 等著

知识产权出版社

全国百佳图书出版单位

—北 京—

图书在版编目（CIP）数据

总体国家安全观理论研究/马方等著. —北京：知识产权出版社，2025.1. —（总体国家安全观理论研究丛书）. —ISBN 978 – 7 – 5130 – 9522 – 8

Ⅰ. D631

中国国家版本馆 CIP 数据核字第 2024686D8T 号

内容提要

本书在深入领会总体国家安全观的基础上，探索构建阐释总体国家安全观的理论体系，开展总体国家安全观理论研究，并结合国家安全工作实践，以总体国家安全观为指导，对当前国家安全工作的重点、难点进行了系统分析。本书旨在为从事国家安全学教学、理论研究人员，国家安全实务工作人员提供教学、研究、工作参考与指引。

责任编辑：常玉轩　黄清明　　　　　　　责任校对：谷　洋

执行编辑：刘林波　　　　　　　　　　　责任印制：刘译文

封面设计：陶建胜

总体国家安全观理论研究

马　方　等著

出版发行：知识产权出版社 有限责任公司	网　　址：http://www.ipph.cn
社　　址：北京市海淀区气象路 50 号院	邮　　编：100081
责编电话：010 – 82000860 转 8117	责编邮箱：hqm@ cnipr.com
发行电话：010 – 82000860 转 8101/8102	发行传真：010 – 82000893/82005070/82000270
印　　刷：北京建宏印刷有限公司	经　　销：新华书店、各大网上书店及相关专业书店
开　　本：720mm×1000mm　1/16	印　　张：17.25
版　　次：2025 年 1 月第 1 版	印　　次：2025 年 1 月第 1 次印刷
字　　数：330 千字	定　　价：96.00 元

ISBN 978 – 7 – 5130 – 9522 – 8

目　录

第一章 总体国家安全观的语境解释

安全的基础语义是界定、理解国家安全内涵与外延的出发点。从其词源演化来看，安全表达了个人、群体、社会、国家在其进化、发展过程中对其权利和状态的基本关注。不同学科从不同领域对国家安全进行了专门研究，学科视角的多棱镜展现了国家安全复杂、冲突、多样的形态，可以加深对于国家安全内涵与外延的理解。国家安全观是特定历史时期对国家安全工作的指导思想。新中国成立以来，出于国内外环境的变化与发展，在不同历史时期形成了不同的国家安全观。2014年4月15日，习近平总书记在中央国家安全委员会第一次会议上，创造性提出总体国家安全观。10年来，以习近平同志为核心的党中央，把马克思主义国家安全理论同当代中国国家安全实践相结合、同中华优秀传统战略文化相结合，在新时代国家安全实践中不断深化理论创新。因此，全面践行总体国家安全观必须正确理解国家安全观的基础概念与历史发展。国家安全是国家生存发展的基础，自总体国家安全观提出后，我国国家安全研究进入了新阶段。在马克思主义指导下，充分吸收中国古代国家安全思想与现代国家安全理论，形成了系统、全面的国家安全体系。总体国家安全观深化了国家安全内涵与外延，明确了新时代国家安全理论研究方法，确立了新时代国家安全领域的指导思想，为国家安全理论基础和基础理论的研究，进一步打下坚实基础。

第一节 安全的基本内涵

以人民安全为宗旨是新时代国家安全的根本立场。一般而言，安全是人民生存和发展的最基本需求。人民立场是中国共产党的根本政治立场，习近平总书记强调："江山就是人民，人民就是江山。中国共产党领导人民打江山、守江山，守的是人民的心。"① 总体国家安全观是马克思主义国家安全理论中国化的最新成果，继承了我们党维护国家安全的理论成果和实践经验。因此，保障人民安全是国家安全的根本目的，也是根本动力。国家安全一切为了人民、一切依靠人民，二者统一构成总体国家安全观的主旋律。

质言之，安全之于人、社会、国家来说是最低级别的需求。从研究人类行为科学的马斯洛需求层次理论中可以看出，安全需要与生理需求一样同属于需求金字塔的低级别需求。"主体间"行为的安全也只有个体达到安全需求后才能构成共同安全。国家面临着内环境与外环境的双重压力，一个国家没有安全的环境就没有发展条件。作为国家安全的基础概念，"安全"是国家安全求索的目标，安全基本内涵的探讨奠定了国家安全理论研究的重要基石。本章溯源"安全"的词源含义，概括归纳安全内涵的基本要素，从不同学科角度对安全的基本内涵进行分析，最终解析"安全"在国家安全学科中的基本内涵。

一、安全的语义分析

（一）"安"，汉语一级字，读作 ān，最早见于甲骨文

"安"作为会意字，其解意为"女坐室内"而造"安"字。在字义上，"安"字的本义是平静，引申指静止，又引申指舒适、稳妥、没有危险、使……稳定、使……有合适的位置、乐意等字义。② 在《说文解字》中也体现出了"安"字中"静"的含义，其原文为"静也。从女在宀下。乌寒切"。《尔雅》原文载："安，定也。"在古代众多经典文献、诗词歌赋中体现出了安定、安全、安稳的内涵。如《周书》中提出"好和不争曰安"，明确了安的本质是"好和""不争"，体现出的是对于安稳的追求，其意便引申出"安"的含义。又如《周易·系辞下》提出"安而不忘危，存而不忘亡，治而不忘乱，是以身安而国家可保也"，实际上辩证地论述了安与危、治与乱和存与亡之间的关系，明确了安不忘危的思想。此处的"安"与"危"作为相对词，通过对立面"危"来解释了"安"的含义。"居安思危，思则有备，有备而无患"（《左传·襄公十一年》），无论是安不忘危还是居安思危，"安"与"危"都是相对的词义，展现出了古代人民对于"安全"的需求和思想家们对于"安

---

① 习近平：《高举中国特色社会主义伟大旗帜　为全面建设社会主义现代化国家而团结奋斗——在中国共产党第二十次全国代表大会上的报告》，载中国政府网，https://www.gov.cn/xinwen/2022 - 10/25/content_5721685.htm.最后浏览时间：2024 年 8 月 30 日。

② 陈政：《字源谈趣》，新世界出版社 2006 年版，第 250 - 251 页。

危"辩证关系的探索。在杜甫《茅屋为秋风所破歌》中"风雨不动安如山"体现出"安"可庇护寒士在风雨飘摇中也能够安稳如山。

从词源学的角度上来讲，"安"的含义与"安全"基本一致。因在古代文言中一直是以"安"字来代替"安全"，因此对于"安"字的解释应当落实于"安全""与危险相对"。

（二）"全"读作 quán，亦作"仝"，意为完好

全字采用"人、工"会意。全，这也是篆文写法的"仝"字，采用"玉"作偏旁，纯粹的玉叫作"全"，因此其本义为"纯色"的玉。

"全"在《说文解字》中解释为"全，完也"，其意为完整，没有缺陷。"不明其义，君人不全"（《礼记·祭统》），此处的"不全"是不完全的意思，作为君子，如果不明白其中的道义是不完整的。《管子》中有记载："法不平，令不全，是亦夺柄失位之道也"（《管子·任法》），指出了法律不公平，政令不完整是为政者失去政权的原因。在柳宗元的《至小丘西小石潭记》中"全石以为底"的"全"是完整、完备的意思。除此之外，"全"还有动词的词性，其意解为"保全"，诸葛亮著名的《出师表》中就有"苟全性命于乱世，不求闻达于诸侯"的表述，其中的"全"就是保全，保全自己的性命，生活在乱世之中，不想自己在诸侯之中闻名。综上，"全"字的基本解释为，完整，使……完整，使主体不缺损，使主体对象得以保全等，这些是"全"的基础语义。

（三）"安全"

《南史·陈本纪下》（卷一〇）："隋文帝以陈氏子弟既多，恐京下为过，皆分置诸州县，每岁赐以衣服以安全之。"这里的"安全"是使之平安，没有危险的意思。无论是"安"还是"全"的词义有一个共同之处就是与"危"相对，指向"平安、安全、安稳"，即不受威胁、没有危险的状态。

由此可知，中国现代汉语中，对"安全"的解释是基本相同的。如《辞海》对"安"的第一个释义是"安全"，并在与国家安全相关的含义上列举出《国策·齐策六》的一句话作为例证："今国已定，而社稷已安矣。"再如《现代汉语词典》（第 6 版），对"安"字的第四个释义是"平安；安全（跟'危'相对）"，并举出"转危为安"作为例证。对"安全"的解释是"没有危险；平安"。

"安全"是一个与"危险"相对的词汇。除了汉语经典文献中的记载，在英文中"安全"多表现于 security、secure 和 safe、safety。在英文中"safe"是"not in danger or likely to be harmed""not harmed or damaged""not causing harm""(of a place) where something is not likely to be lost or stolen"。其中的"安全"的释义与汉语中的解释是相一致的,"安全"是不会造成危险,安全的(地点、事情)。而"security"来自拉丁文"securita""securitas",由词根"cura"(类似于今天的英文"care",担心或忧虑之意),加上"se"(相当于今天的without,没有之意)前缀,与名词性后缀"ty"构成,可以直接理解为无忧无虑之意。

西方的"安全"词义比汉语更广泛一些,《牛津英语词典》把"安全"理解为"一个国家、组织与个人免于危险(如间谍)并拥有或足以提供信心、保障和确定的一种状态"。英语中的"安全"通常用security、secure和safe、safety表示,其含义中都含有安全的、保险的、牢靠的意思。在国家安全领域,一般用secure和security,含义是免于恐惧担心和危险等状态或感觉。可见,英语中的安全既指主观感觉又指一种客观的状态,即客观上不存在威胁,主观上不存在恐惧。比较二者,尽管汉语和英语在安全的基本释义上有差别,但都把安全界定为处于免危险和无恐惧的状态。

二、安全内涵界定的基本要素

安全是一个弹性很强的概念,对其界定非常困难且复杂,因此对安全内涵和外延进行清晰确定极其重要。分析安全的词源含义,结合安全的功能使用,安全的内涵应当从以下四个基本要素展开:其一,安全是一种没有危险的状态;其二,安全的核心语义与危险/威胁相对;其三,安全是主动形成安全的过程;其四,不造成、不引起危险是安全的特性。

(一)处于没有危险的状态是安全的首要含义

没有危险的状态来源于"安"字中的安定、安全、安稳的本意。"安而不忘危,存而不忘亡,治而不忘乱,是以身安而国家可保也"(《周易·系辞下》)。更是英文secure、security免于恐惧担心和危险等状态或感觉。"安全"状态是一个主客观不断同步、统一的过程。安全必须主观上具备"安全感",客观上具备内部没有威胁、外部没有危险的状态。在没有客观的基础上,徒有主观安全感,只会不明所以,无法看清形势,盲目囿于主观成见,错失维护安全的机遇。与之相反,如果只有客观上的安全,而主观上一直处于"无安全感"的状态,则会出现四面楚歌、战战兢兢的病态。虽然"安全"只是一个简单的词汇,但是,对于具有主体性的安全的不正当判断会引起安全主体认知偏差,从而作出错误判断。

（二）安全的核心语义与危险/威胁相对

没有危险/不受威胁是安全的核心内涵，是界定安全的内部标准，是安全最本质的特征、最具体的描述、最为真切的表达。安全作为一个汉语词汇，具备了汉语词汇中的抽象性、不具体性的特点。马克思主义唯物辩证法认为世界是联系的、发展的、辩证的；对立统一的观点告诉我们，通过对安全对立面危险的认识，将更加有利于我们对于安全的认知。

立足于安全的首要含义，结合安全的核心语义，可以得出两个结论：其一，没有危险是安全最为理想的状态；其二，没有绝对的安全。安全作为一个属性词，自身属性和主体词联结形成特有属性，从自身特有属性来说，没有危险是安全最为核心的表达，是安全最为理想的状态。但当作为属性词的安全与主体联结，形成"人民安全""国家安全""国际安全"等概念时，便没有了理想状态下的绝对安全。

安全具有理论和实践两个层级的理解范围。理论以实践为基础，对于安全概念的理解应当来源于实践，却要高于理论与实践相结合。无论是动物世界还是人类世界，安全更多情况下是与危险共同存在的。例如，一人在路上驾车行驶，过程中会存在由自身造成的危险/威胁和他人造成的危险/威胁，任何一种危险/威胁的存在都足以导致不安全的状态。路上驾车行驶的过程中受到了来自主观上的自我控制和客观上的制度约束，主客观一致的状态下将危险/威胁控制在自己所能掌控的范围之内，"不受威胁"是安全的必要条件，但不是安全的充分条件。安全肯定是不受威胁的，但不受威胁并不一定安全，而安全是主体或主体间对于危险/威胁在可控范围内的没有危险的客观状态。

（三）主动形成安全的过程

主动形成"安全"，在于"安全"词语中的"全"。保全是"全"字意之一，而保全的过程以主动保全为主，因而引申出"安全"的主动形成的性质。提及"过程"一词，一般指在一段时间内所发生的事情由两个方面的因素构成：一是被动改变；二是主动塑造。安全的实现其实是一个过程的两个方面，过程的发展凝结了被动与主动的争斗过程。安全的发展过程是一个以主动改变为主，以被动改变为辅的过程。在安全形成的过程中，应当更加强调的是主动的改变，主动的塑造。但同时不能忽视被动改变的补充作用。之所以强调安全过程的主动形成有两方面的原因：一方面相对被动而言，主动是由内向外的改变，是一个不断自我革新、主动应对的过程，积极调整内部发展适应客观现状，其形成过程具有预先性，是具有预先处置危险的能力。然而，被动是一个由外力推动的相反过程，不具有主动形成的特点其形成过程具有滞后性，问题发生在前才有解决的动力。另一方面，相对主动而言，被动形势于己不利，不能按照意图行事无法掌握斗争主动性。如果在大方向上被动，安全过程必然会产生严重负面影响。2018年4月17日，习近平主持召开十九届中央国家安全委员会第一次会议，强调"坚持维护和塑造国家安全，塑造是更高层次更具前瞻性的维护"①。由维护国家安全到塑造国家安全是我国由大变强的重大战略需求。

后疫情时代到来，面临着资源紧张和国内国外各方面的压力，以美国为首的某些不负责任的西方国家为转嫁国内危机恶意抹黑攻击中国。在波谲云诡的国际关系之下，当前的竞争是科技竞争，更是意识形态的竞争，积极塑造和维护国家安全成为实现中华民族伟大复兴、实现祖国统一、实现人民幸福等问题的重要手段。

（四）不造成、不引起危险是安全的特性

强调安全之中不主动造成、引起危险的特点，与中国特有的民族性格深深融合，是凝结在民族性格中"和合"文化基因的现代化转化及新的发展。不主动造成危险，不主动引起危险是出自自身对于安全的充分认识以及对周边邻国的尊重和友善。安全需要自身积极维护，拒绝做损人不利己、以邻为壑的事情。安全是"主体间"的安全，不造成、不引起危险是对每一个主体的要求，要求每一个主体间遵循互不造成、不引起危险的原则进行活动。

新冠疫情的暴发照出了中国的和平基因，透视出中国之于欧洲、之于全世界永远都不是威胁，中国永不造成、不引起危险。自疫情发生以来习近平总书记多次呼吁"国际抗疫合作、建立人类命运共同体"②，在威胁、强权、对抗、不合作之下，中国始终坚持"合作、支持、沟通、携手"。"国强必霸"是西方国家恐惧中国发展的重要原因之一，这一西方的必然"逻辑"，对中国而言根本不成其为逻辑。西方某些国家出于意识形态的对抗和对各种私利的追求使本国民众和本国的利益成为错误政策的牺牲品。只有双方"合作"与"互利"，"不引起危险"与"不造成危险"，只有在双方的共同努力下才能够真正地实现"共同安全"，单方面追求"不造成、不引起危险"是不现实的，这仅是主体的道德需求。

---

① 《习近平在十九届中央国家安全委员会第一次会议上强调　全面贯彻落实总体国家安全观　开创新时代国家安全工作新局面》，载中国政府网，https://www.gov.cn/xinwen/2018 - 04/17/content_5283445.htm? eqid = a62be68b00000c1c0000000464817a85。最后浏览时间：2024年8月30日。
② 习近平：《团结合作是国际社会战胜疫情最有力武器》，载《求是》2020年4月第8期。

三、安全的学科含义

（一）国际关系研究中的安全

在国际关系研究领域，安全是与权力一样拥有政治影响力的概念。但是"安全"并没有像"权力"的概念一样明确，甚至未形成一个统一的观点。在国际安全研究中，"安全"一直是一个"极其模糊又充满价值"、"不发达"和"有待深化"的概念，因而也是一个"最为棘手的研究对象"[1]。根据"安全内涵界定的确定性与否"以及"如何界定的问题"可将当前国际关系学术界关于安全界定的争议划分为三种观点。

第一种主张安全是不可以定义的。罗伯特·杰维斯（Robert Jarvis）、丹尼尔·弗雷（Daniel Frei）、巴里·布赞（Barry Buzan）等学者主张安全是一种"模糊的符号"，不能简单地给予其明确的定义，因此它只不过是个模糊象征而已。[2] 哥本哈根派学者巴里·布赞在《人、国家与恐惧：后冷战时代的国际安全研究议程》中指出，迄今为止安全是一个"未被深入分析的概念"、一个"发展非常不全面的概念"和一个"极具争议性的概念"[3]。美国学者卡尔·多伊奇（Kar Deutsch）也认为，安全的含义不是固定的，无法形成明确的概念，原因在于作为一种价值，安全同时受到其他关于价值的很多条件和各种方式的具体限制。曼戈尔德·阿仑（Raymond Aron）认为国家安全与国家利益密切相关，过于宽泛和过于狭窄的安全界定都不能正确揭示安全的本质，安全会随着时间、地点和条件的变化而有不同的内容。[4] 巴里·布赞为了弄清安全的含义，用了三组概念来探究"安全"。首先，通过一组补充性（complementary）概念，如战略、威慑、遏制、人道主义等，来揭示安全问题的具体含义；其次，通过一组平行性（parallel）概念，如权力、主权、认同等，来揭示广义的、政治层面上的安全含义；最后，通过一组竞争性（oppositional）概念，如源自冷战时期和平研究的"和平"或者21世纪广泛争论的"风险"或"意外"

---

① 马强：《当代中国总体国家安全观研究》，辽宁大学 2017 年学位论文，第 2 页。

② Peter Mangold, *National Security and International Relations*, London and New York：Routledge, 1990, pp. 2 - 3.

③ Barry Buzan, *People, States, and Fear, An Agenda for International Security Studies in the Post - Cold War Era*, 2nd ed., Boulder Co, Lynne Rienner, 1991, pp. 3 - 8, 272 - 273.

④ Raymond Aron, *Peace and War：A Theory of International Relations*. Translated by Richard Howard and Annette Barker Fox, New York：Doubleday, 1966, p. 4.

等，来替代安全概念。① 最后，他对安全界定形成了新的认识，即"安全的本质决定了寻求统一的安全定义的努力将会徒劳无功"②。这些学者大都认为安全是不可定义的，其原因在于安全评价标准的多样化，评价安全的标准或者评价安全价值的取向一直都是伴随着时间、地点、条件的转移而变化。在此情况下对安全的任何定义都是以偏概全、失之偏颇的。安全概念在根本上属于难以统一的争议性的概念，或者说是给出性条件的概念，无法达到内涵的准确性和外延的唯一性，因此无法成为一个科学的含义和定义。

第二种主张安全的界定比较复杂。应从不同层次或范围给安全以不同的定义。戴维·鲍德温（David Baldwin）和海伦·米尔纳（Helen Milner）从更新的角度和层次对安全进行了理解。他们认为"国家安全的定义在社会科学中争议最大并涉及很多价值判断的概念"③。美国学者小霍姆斯（Oliver Wendell Holmes）认为，安全的色彩和内容随着时间和环境的变化而截然不同，它是一种活生生的外皮。④ 而且，不同层次的安全的实质完全不同，因而不可统一而论，只能根据不同层次或范围给安全作出不同的定义。⑤

第三种主张安全可以有明确的定义。尽管安全的内涵看起来有些模糊，但在最基本的层面上可形成简约化理解。伊恩·贝朗尼（Ian Bellany）明确认为，安全就是"摆脱战争的相对自由"；哈罗德·布朗（Harold Brown）和阿诺德·沃尔弗斯（Ammold Wolfers）等学者认为，安全是可以明确界定的，即安全就是使国家具有抗击外来颠覆和军事威胁的能力，沃尔弗斯把安全简洁地概括为"获得价值时威胁的不存在"。

普遍个体之所以感知到安全，是因为有安全的共同属性为普遍个体感知，因此安全才可以称为安全。从最为朴素的、最为抽象的层面来看，安全是可以界定的。安全之于普遍个体即为没有危险，这是最为朴素、最为具象的观点，是客观实际与心理预期的统一。安全是一个主客观不断磨合、相统一的过程，是主观见之于客观的过程。安全从认识安全的客观性上讲是来自内部与外部的无危险的客观状态；从认识安全的主观性讲是心理上不具有恐惧和威胁的感知。安全是一

① Barry Buzan, Lene Hansen, *The Involution of National Security Studies*, New York: Cambridge University Press, 2009.

② Barry Buzan, *People, States, and Fear, An Agenda for International Security Studies in the Post - Cold War Era.* 2nd edition, Boulder Co. Lynne Rienner, 1991, pp. 3 - 8, 272 - 273.

③ Baldwin, Helen Miner, *Economies and National Security, in Henry Bienened Power, Economies and Security*, Boulder Co: Lyne Rienner, 1991, p. 21.

④ Oliver Wendell Holmes, *In Search of A Post - Cold War Security Siructure*, Mcnair Paper 27, 1994, p. 24.

⑤ Tery Teriff, *Securiy Sudies Today*, Cambridge Polity Press, 1999, p. 2.

种不以人的意志为转移的客观状态，无论是自然灾害还是人类战争都不可否认，安全不以人是否感知到为转移；在主体感受中，安全是主体基于客观实际的"感受状态"与"内在联系"的安全感，是主体头脑中安全标准的预设与客观实际的比对，一旦对于安全客观状态的认识和判断离开了主体的主观需要就失去了安全判断的意义。由此谓之安全，即客观上不存在威胁、主观上不存在恐惧。

亚里士多德在《尼各马可伦理学》中描写了一个共同体中的理想公民，强调人是社会的动物。生活的预设是人与人一起劳作，通过互动形成"主体间"的社会认同，即体现出"主体间性"（intersubjectivity）。王逸舟也指出："显而易见，安全只能在社会交往中建构，安全已经成为一种可以测量的政治，安全的指数反映出国家与社会之关系的程度，安全的程度与社会的进步之间呈现正相关，安全问题本身被社会化了。"①"主体间性"安全水平对安全的认知——"社会建构"——受着主体认知、判断、界定、接受和回应的影响。因此，我们在谈论安全时不应当只讲危险与感到危险，即安全与安全感之间的互动，而应当考虑"社会认同因素与安全问题的互动"，在结构呈现出由"安全与安全感的互动"转变为"安全"、"安全感"以及"安全化"三者之间互动的新常态。因此安全应从三个层面来描述，即：客观上不存在威胁、主观上不存在恐惧、主体间不存在冲突（如图1-1所示）。

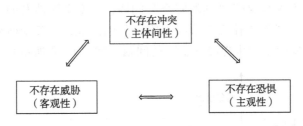

图1-1　安全的三个层面

事实上，无论是基于"安全"的客观的威胁，还是基于"安全感"的主观的恐惧，都离不开基于"安全化"的安全行为体之间的互动，只有当行为体之间确保对方安全时，安全才真正得以成立。泰瑞·特里夫（Terry Teriff）提到，当谈到安全时要回答"我们关注的安全聚焦于什么"和"什么在威胁安全"②，安全聚焦于国家、建基于民族或性别之上的团体或个体，是当不同层级产生冲突时处置优先的考虑。在安全威胁上是国家还是被决策者制定的政策，或是非国家因素所产生的功能性威胁。于此，应当首先回答谁提供安全，以什么方法

---

① 王逸舟：《全球化时代的国际安全》，上海人民出版社1991年版，第40页。
② Tery Teriff, *Securiy Sudies Today*, Cambridge Polity Press, 1999, p. 2.

保障安全，后一个问题的回答有赖于前一个问题的答案。这样对安全的追寻可以概述为：谁的安全？谁或什么在威胁安全？谁保障安全？谁怎样保障安全？因此，当我们考察各种各样的安全时，最简单有效的方法便是为安全勾画出一个由安全对象、安全问题和安全反思主体构成的"安全谱系"。

我们可以建构起安全认识的三维系统坐标，安全谱系的纵坐标可以将对象层次划分为：个人（家庭）安全、社区（社团）安全、国家（民族）安全、国际（地区）安全、世界（全球）安全、星球（太空）安全6种。在每一安全对象层次中包含的安全内容与要素要多于三维系统坐标中对象层次所划分的基本对象。安全谱系的横坐标划分为9个不同的问题领域，分别是军事安全、政治安全、经济安全、社会安全、环境安全、信息安全、资源安全、公共卫生安全、人类安全。每一类安全问题领域与不同层次的安全对象形成交叉问题，共同显现于国家安全领域之中，是理论显现于实践的重要过程。不经问题领域所反映的对象是安全的；经问题领域所反映的对象是对国家安全具有现实意义的。因此安全对象是否在问题领域显现是决定该对象是否纳入国家安全作为（反思主体处理和解决国家安全问题的过程）领域的重要过程。斜坐标系中反映了三组反思主体，即政府、社会团体、民众舆论等，反思主体是国家安全过程中主要的主持对象，主持国家安全作为过程。由此，可以看出安全受侵害的对象回答了国家安全保障"谁的安全"问题；从安全所涉及的问题领域回答了在国家安全中"谁或什么在威胁着安全"的问题；从安全研究或反思的主体回答了国家安全中"谁保障安全"的问题（如图1-2所示）。

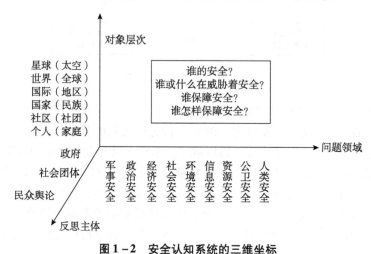

图1-2 安全认知系统的三维坐标

资料来源：余潇枫、魏志江：《非传统安全概论》（第4版），北京大学出版社2015年版，第35页。

（二）安全科学研究中的安全

2009 年安全科学技术经颁布的 GB/T 13745—2009《学科分类与代码》被列为一级学科，2011 年安全科学与工程正式成为中国研究生教育一级学科。起初，安全科学作为典型的交叉综合学科，在国家安全学与安全科学"隶属"问题上产生争议，安全科学学派称"国家安全学是安全科学发展至安全 3.0 与安全 4.0 阶段的产物""国家安全学是安全科学发展的必然产物"。[①] 这种观点其实是有待商榷的，其原因如下。

1. 学科种属关系认识错误

安全科学与工程是公共安全的骨干支撑学科，涉及自然灾害、事故灾难、公共卫生、社会安全等多个领域，围绕公共安全体系三角形理论模型中的突发事件、承灾载体、应急管理三条主线及其相互作用开展研究。2014 年，我国提出要构建集政治安全、国土安全、军事安全、经济安全、文化安全、社会安全、科技安全、网络安全、生态安全、资源安全、核安全等于一体的国家安全体系；既重视发展问题，又重视安全问题，发展是安全的基础，安全是发展的条件，富国才能强兵，强兵才能卫国；既重视自身安全，又重视共同安全，打造命运共同体，推动各方朝着互利互惠、共同安全的目标相向而行。又因为公共安全隶属于社会安全的一部分，因此作为公共安全骨干支撑学科的安全科学与工程也应当属于社会安全领域，作为子概念下辖于国家安全学之下。

无论是国家安全还是以安全科学与工程学科为骨干支撑的公共安全都集合于"＋安全"的样态，其不同是主体的不同，主体的不同赋予了安全不同的含义，而从主体来看"公共"这一领域隶属于"国家"这一概念之下，"国家"是由"公共"等不同的领域共同构成了国家安全领域。因此，作为上位概念的公共安全应属于"国家"安全之下，那么作为其骨干学科的安全科学与工程学科应然地属于"国家"安全。

2. 安全工程科学研究对象包含于国家安全学研究对象之中

国家安全学研究对象先后经历了两个阶段的不同认识。第一阶段以国家安全和狭义国家安全工作为主要研究对象，如认为"国家安全学研究对象是国家安全和狭义国家安全工作，国家安全学包括两个层次上的研究对象：一是国家安全本身；二是在隐蔽战线维护国家安全工作的狭义国家安全工作"。[②] 2002 年 10 月国际关系学院内部编写使用的《国家安全学基础》将国家安全学

---

① 王秉、吴超、陈长坤：《关于国家安全学的若干思考——来自安全科学派的声音》，载《情报杂志》2019 年第 38 期，第 98 - 106 页。

② 刘跃进：《为国家安全立言——"国家安全学"构想》，载《首都国家安全》1998 年第 2 期。

研究对象表述为"与国家安全和利益密切相关的重大问题和维护国家安全的工作,重点研究隐蔽战线上的国家安全工作"。① 第二个阶段是 2004 年我国首部公开版《国家安全学》问世前后,国家安全学研究对象逐渐转向广义国家安全与学科自身。如刘跃进教授在《试论国家安全学的对象、任务和学科性质》一文中指出,国家安全学是一门新兴的综合性实用型政治科学。它的研究对象包括国家安全本身、影响国家安全的因素、危害国家安全的因素、国家安全保障体系及活动四个方面。② 2004 年 8 月西南政法大学编写的《国家安全学》教材提出国家安全学研究对象是"研究国家安全学的基本理论,研究敌情、社情的特点和规律,研究国家安全及其保卫工作的对策,研究国家安全工作的历史"。③ 虽然有关国家安全学研究对象存在一定争议,但国家安全学已经初步具备了独立的研究对象,基本确立了学科边界,能够从其他学科中标识出来,形成一门独立的学科。

安全科学与工程学科研究对象可分为"安全科学"与"安全工程"。"安全科学"是研究减少或减弱危险有害因素对人身安全健康等的危害、设备设施等的破坏、环境社会等的影响建立起来的知识体系,为揭示安全问题的客观规律提供安全学科理论、应用理论和专业理论。"安全工程",是研究在具体领域中运用种种技术、工程、管理等保障安全的方法、手段和措施,从而为人们在生产和生活中有效防范和应对安全问题提供直接和间接的保障。安全科学与工程的应用领域涉及建筑、能源材料、环境、轻工、土木、矿业、交通、运输等种种行业和事业,乃至人类生活的各个领域,并与上述领域学科有所交叉。"安全科学"的研究对象更多集中于工业领域的生产安全,而国家安全涉及国家政治、军事、国土、经济、社会、科技、信息、环境、文化等方方面面,安全科学与工程研究对象包含于国家安全研究对象之中。

3. 研究范围既有交叉又有区别

无论是安全科学还是国家安全学,其研究范围在一定程度既有交叉又有区别。其研究范围交叉体现在安全科学与工程研究对象包含于国家安全研究对象之中,而区别则体现在国家安全学视野聚焦于实现国家利益,维护国家政权、主权、统一和领土完整、人民福祉、经济社会可持续发展和国家其他重大利益相对处于没有危险和不受内外威胁的状态,以及保障持续安全状态的能力,并

---

① 刘跃进:《为国家安全立学——国家安全学科的探索历程及若干问题研究》,吉林大学出版社 2014 年版,第 106 页。

② 刘跃进:《试论国家安全学的对象、任务和学科性质》,载《山西师大学报》2003 年第 2 期。

③ 但彦铮:《国家安全学》,群众出版社 2004 年版,第 21 - 23 页。

经由国家强制力保证实施。而安全科学的领域范围一直以"工业基础"为条件没有变，以劳动保护安全等学科发展而发展的基础没有变，安全学科以"事故"为研究对象，更没有脱离本质的道路。

（三）法学研究中的安全

党的十九大报告提出要"坚持全面依法治国"和"坚持总体国家安全观"，习近平总书记指出："法治是人类文明的重要成果之一，法治的精髓和要旨对于各国国家治理和社会治理具有普遍的意义。"① 依法治国是实现国家治理体系治理能力现代化的必然要求，也是实现国家安全治理体系治理能力现代化的必然要求。国家安全是法治的前提，法治是国家安全的保障，法治是保障国家持续安全状态能力的重要抓手。中国国家安全法律制度是中国特色社会主义法律体系的重要组成部分，在总体国家安全观的指导下，形成了以《宪法》为基础，以《国家安全法》为核心，各部门法围绕具体领域中各方面的安全和利益，构建系统完整的总体国家安全观法律体系（如图 1-3 所示）。

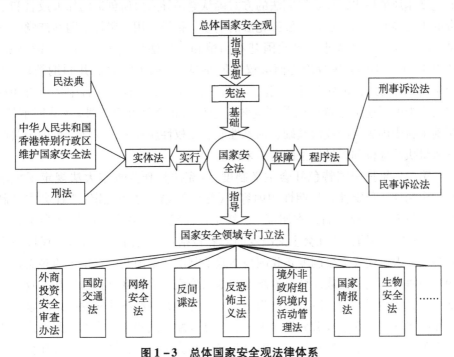

图 1-3　总体国家安全观法律体系

---

① 参见习近平：《加快建设社会主义法治国家》，载《求是》2015 年第 1 期。

1. 宪法是国家安全根本大法

我国现行《中华人民共和国宪法》（以下简称《宪法》）于1982年12月4日通过，于1988年、1993年、1999年、2004年、2018年先后经历了五次修改。习近平总书记指出："宪法是国家的根本法，是党和人民意志的集中体现，具有最高的法律地位、法律权威、法律效力。"①

（1）政治安全的宪法依据

政治安全是国家安全的根本，其核心是维护国家政权、主权，保证社会政治稳定和意识形态安全。确保政治安全是国家安全的核心任务，维护政治安全的任务要通过坚持中国共产党的领导、维护中国特色社会主义制度、发展社会主义民主政治、健全社会主义法治四个方面实现。

第一，坚持中国共产党的领导。《宪法》第1条中规定了："中国共产党领导是中国特色社会主义最本质的特征。"坚持中国共产党的领导是中国特色社会主义最本质的特征，也是《宪法》的基本原则，更是宪法传承和弘扬党的优良作风的历史需要。以宪法的方式确认党领导人民所创造的伟大成就和宝贵的历史经验，从而更好地发挥宪法的引领、指导作用。坚持中国共产党领导是实践发展的切实需求，是我国基本国情和《宪法》确定的基本法律事实。从1949年《中国人民政治协商会议共同纲领》（以下简称《共同纲领》）到1954年《宪法》，再到现行《宪法》，每一部《宪法》都在序言中从历史和现实两个维度阐述了坚持中国共产党领导地位的正当性和合法性。《共同纲领》明确了新中国成立的政治基础、国家性质、政权性质和人民权利，是中国共产党取得执政地位和领导地位的宪法来源。

第二，维护中国特色社会主义制度。《宪法》作为根本大法规定了根本性、全局性、稳定性、长期性的内容，《宪法》第1条中规定："社会主义制度是中华人民共和国的根本制度""禁止任何组织或者个人破坏社会主义制度"。其中，中国特色社会主义制度的内容包括：在政治方面坚持人民民主专政制度，人民代表大会制度是我国根本政治制度，中国共产党领导的多党合作和政治协商制度、民族区域自治制度和基层群众自治制度是我国的基本政治制度；在经济领域方面，以公有制为主体、多种所有制经济共同发展是国家的基本经济制度，确立了按劳分配为主体、多种分配方式并存的收入分配方式，建立完善社会主义市场经济体制，解放和发展社会生产力，维护和促进社会公平正义，促进共同富裕；在文化领域，坚持以马克思主义为指导，建设社会主义

---

① 参见习近平：《在中央人大工作会议上的讲话》，载中国政府网，2021年10月13日，https：//www.gov.cn/xinwen/2022 - 02/28/content_5676076.htm。

核心价值观，坚持习近平新时代中国特色社会主义思想，不断提高全民族的思想道德素质和科学文化素质；在社会领域，不断保障和改善民生，维护社会公平正义，构建富强民主文明和谐美丽的社会主义现代化中国。

第三，发展社会主义民主政治。《宪法》第 2 条中规定："中华人民共和国的一切权力属于人民。"该规定保障了人民当家作主的权利，坚持和完善人民代表大会制度，坚持中国共产党领导的多党合作和政治协商制度，坚持民族区域自治制度。依法通过各种形式和途径保障人民管理国家事务、经济和文化事业以及其他社会事务的权利，保证人民通过人民代表大会制度行使国家权力，健全民主协商和基层制度，保障人民当家作主。

第四，健全社会主义法治。《宪法》第 5 条规定了"国家维护社会主义法制的统一和尊严""实行依法治国，建设社会主义法治国家"的目标。通过构建国家安全制度体系，提高国家安全法治化水平，推动国家治理体系治理能力现代化，为中国特色国家安全道路奠定法治基础。建设社会主义法治体系，坚持依法治国、依法执政、依法行政共同推进，法治国家、法治政府、法治社会一体化建设。坚持科学立法、民主立法、依法立法，坚持权责统一、严格执法，坚持公正司法、全民守法。

（2）镇压叛国和其他危害国家安全的犯罪活动的宪法依据

《宪法》有关于国家安全最为直接的规定为第 28 条——"国家维护社会秩序，镇压叛国和其他危害国家安全的犯罪活动，制裁危害社会治安、破坏社会主义经济和其他犯罪的活动，惩办和改造犯罪分子"。第 4 条中也规定了"禁止对任何民族的歧视和压迫，禁止破坏民族团结和制造民族分裂的行为"。除此之外，在序言中强调了对于敌对与破坏我国社会主义制度的国内外的敌对势力和敌对分子，必须进行斗争。

（3）有关武装力量、国防等军事安全的宪法依据

中华人民共和国的武装力量属于人民，由中央军事委员会领导全国武装力量。《宪法》第 29 条中规定："中华人民共和国的武装力量属于人民，它的任务是巩固国防，抵抗侵略，保卫祖国，保卫人民的和平劳动，参加国家建设事业，努力为人民服务。"中国的武装力量是和平之师、正义之师，以努力为人民服务为出发点和落脚点。第 120 条规定："民族自治地方的自治机关依照国家的军事制度和当地的实际需要，经国务院批准，可以组织本地方维护社会治安的公安部队。"

（4）授予各国家机构有关国土、外交、战争、紧急状态的决策、实施职权的宪法依据

在国土方面，《宪法》序言中写明："台湾是中华人民共和国的神圣领土

的一部分。完成统一祖国的大业是包括台湾同胞在内的全中国人民的神圣职责。"每一个中华人民共和国公民有维护和促进祖国统一大业的义务，维护国家的安全、荣誉和利益，不得有危害祖国的安全、荣誉和利益的行为。

在外交、战争、紧急状态的决策方面，全国人民代表大会决定战争与和平问题，由全国人民代表大会常务委员会决定驻外全权代表的任免，在全国人大闭会期间如果遇到国家遭受武装侵犯或者必须履行国际共同防止侵略的条约的情况，全国人民代表大会常务委员会决定战争状态的宣布，决定全国总动员或者局部动员，决定全国或者个别省、自治区、直辖市进入紧急状态。中华人民共和国国务院，即中央人民政府，是最高国家权力机关的执行机关，是最高国家行政机关。由国务院领导和管理国防建设事业，管理对外事务，同外国缔结条约和协定，依照法律规定决定省、自治区、直辖市范围内部分地区进入紧急状态。①

（5）公民有维护祖国的安全、荣誉和利益的义务，不得有危害祖国的安全、荣誉和利益的行为

《宪法》（2018年修正）在第二章"公民的基本权利和义务"中概括规定了公民有维护国家安全的宪法义务，公民要自觉维护国家安全，依法履行自己义务，保守国家秘密，不得有危害祖国的安全、荣誉和利益的行为。

第一，要自觉维护国家安全。在序言中规定中国人民同敌视和破坏社会主义制度的国内外敌对势力和敌对分子必须进行斗争。第52条规定："中华人民共和国公民有维护国家统一和全国各民族团结的义务。"第54条规定："中华人民共和国公民有维护祖国的安全、荣誉和利益的义务，不得有危害祖国的安全、荣誉和利益的行为。"

第二，依法履行个人义务。第51条规定："中华人民共和国公民在行使自由和权利的时候，不得损害国家的、社会的、集体的利益和其他公民的合法的自由和权利。"第55条规定："保卫祖国、抵抗侵略是中华人民共和国每一个公民的神圣职责。依照法律服兵役和参加民兵组织是中华人民共和国公民的光荣义务。"第40条规定："中华人民共和国公民的通信自由和通信秘密受法律的保护。除因国家安全或者追查刑事犯罪的需要，由公安机关或者检察机关依照法律规定的程序对通信进行检查外，任何组织或者个人不得以任何理由侵犯公民的通信自由和通信秘密。"

第三，保守国家秘密。中华人民共和国公民在遇有保密性质的文件时应当自觉遵守宪法法律保守国家秘密。第76条中规定："全国人民代表大会代表必

---

① 《宪法》（2018年修正）第62条、第67条、第89条。

须模范地遵守宪法和法律，保守国家秘密，并且在自己参加的生产、工作和社会活动中，协助宪法和法律的实施。"第 53 条规定："中华人民共和国公民必须遵守宪法和法律，保守国家秘密，爱护公共财产，遵守劳动纪律，遵守公共秩序，尊重社会公德。"

2.《国家安全法》是国家安全基本法

2015 年，在总体国家安全观的指引下《国家安全法》正式颁布，《国家安全法》是国家安全的基本法，在国家安全法律制度体系中起到了综合性、全局性、基础性作用，为国家安全法律制度体系提供了完整的框架，也为其他的法律制定预留了重要接口，为走中国特色国家安全道路提供坚实有力的制度基础。其综合性体现在明确宣誓性、原则性维护国家安全的任务和责任，明确国家安全制度和保障的可操作性。明确重申《宪法》关于全国人民代表大会及其常务委员会、国家主席、国务院、中央军委等国家机关维护国家安全的职责和公民维护国家安全的义务，明确维护国家安全的具体制度机制、保障措施。其全局性突出立足当下、着眼长远，以法律的形式明确了国家安全领导体制，突出党对国家安全工作的集中统一领导，以法律的形式明确要求全党全国全社会共同维护国家安全，统筹国内国际两个大局，对当前和今后一段时间维护国家安全的主要任务和保障作出了安排。其基础性是为构建和完善国际安全法律制度体系提供完整框架预留重要接口，为不断完善国家安全法律制度体系提供坚实有力的法律和制度支撑。

3. 国家安全领域专门立法是国家安全的基础

国家安全领域专门立法是指在总体国家安全观指导下结合某一安全领域特征形成的法律、行政法规、部门规章制度等专门法，包括《中华人民共和国反恐怖主义法》（以下简称《反恐怖主义法》）、《中华人民共和国境外非政府组织境内活动管理法》（以下简称《境外非政府组织境内活动管理法》）、《中华人民共和国网络安全法》（以下简称《网络安全法》）、《中华人民共和国国防交通法》（以下简称《国防交通法》）、《中华人民共和国国家情报法》（以下简称《国家情报法》）等专门法律法规。《反恐怖主义法》阐述了我国反恐怖主义的立场、方针、原则，规定了我国反恐怖主义的体制机制，并规定了防范措施。《境外非政府组织境内活动管理法》明确了管理体制、开展活动的形式，并进一步规范了境外非政府组织在中国境内活动的行为。《网络安全法》首次从法律层面规定了个人信息保护，也是顺应网络空间发展趋势，为进一步掌握网络空间主动权打下坚实的法律基础。《国家情报法》首次从法律层面规范了国家情报工作，通过法律加强和保障国家情报工作，维护国家安全和利益。

2020年10月《中华人民共和国生物安全法》（以下简称《生物安全法》）的颁布，意味着中国国家生物安全治理体系治理能力的现代化：进一步加快构建生物安全法律法规体系、制度保障体系；把生物安全纳入国家安全体系，全面研究全球生物安全环境、形势和面临的风险挑战，深入分析我国生物安全的基本状况和基础条件；将生物安全纳入国家总体安全体系，制定国家生物安全战略和国家生物安全政策，建立研判、评估、决策、防控协同机制，加强跨部门工作组织协调，划定生物安全红线，强化生物安全风险预测预警预防，有效处置突发事件；强化科技支撑，建立关键核心技术攻关的新型举国体制。

维护国家安全，应当与经济社会发展相协调。2020年3月，《中共中央 国务院关于构建更加完善的要素市场化配置体制机制的意见》指出土地、劳动力、资本、技术、数据五大生产要素的改革方向和相关体制机制建设要求。① 数据成为最新一种广泛应用于社会生产经营活动的生产要素。数据发展与数据安全的结构性矛盾引发了学术界的普遍讨论。因此，2021年6月10日，为了更好地释放数据动能，推动数字经济发展，在总体国家安全观的指导下颁布了《数据安全法》。《数据安全法》是我国首部聚焦数据安全的法律，更是我国数据安全领域的基础性法律和国家安全领域的重要法律。

2014年以来，国家安全环境日益复杂，危害国家安全行为类型日益增多；同时，随着全面依法治国战略部署的纵深推进，对严格公正文明执法提出了新要求。但是，2014年《反间谍法》存在间谍行为界定较窄、安全防范制度不够健全、行政执法赋权不足、法律责任相对单一等问题，不足以适应新时代维护国家安全的需要。因此，2023年4月26日，第十四届全国人大常委会第二次会议审议修订《中华人民共和国反间谍法》。该法是党的二十大之后，国家安全领域的首部专门立法，充分体现了以习近平同志为核心的党中央对国家安全工作的高度重视，彰显了最高权力机关完善国家安全法治体系的坚定态度，为新时代国家安全战线履职尽责提供了更加强大的法律武器，对于推进国家安全体系和能力现代化具有重要意义。

4. 各部门法规范国家安全的各个具体领域

（1）《中华人民共和国民法典》对安全的保护

第一，《中华人民共和国民法典》（以下简称《民法典》）充分保护人民财产安全。《民法典》作为市民社会的基本法，以公平、平等、诚实信用、意思

---

① 《中共中央　国务院关于构建更加完善的要素市场化配置体制机制的意见》，载中国商务部官方网站，https：//www.mofcom.gov.cn/zcfb/zgdwjjmywg/art/2020/art_d5bd01ae35ec4f158bedda3ebe737e77.html。最后浏览时间：2024年8月30日。

自治等原则提纲挈领，以此构建了民法严密的人身权与财产权法律制度。安全是《民法典》编纂中一项基本的指导原则。

根据《民法典》的规定，民法基本原则包括了"平等原则""自愿原则""公平原则""诚实信用原则""公序良俗原则""绿色原则"。平等、自愿原则不仅是民法的根本价值指向，更是现代国家法治建设的基本前提，在民事交易领域只有贯彻平等、自愿原则才能确保民事交易的过程和结果是公平的，否则必将导致强者任意压制弱者意志，社会正义难以得到彰显，最终难以形成安全、稳固、有序的市场交易秩序。

公平原则作为法律的一项基本原则与人类渴望正义的天性紧密相关，在民事交易领域中很多不公平现象都是因一方主体的恶意行为导致的，如乘人之危、胁迫、恶意串通等。同时，也有一些不公平的现象是因为受害人一方自身原因以及突发事件导致的，如错误认知、情势变更等。因此，《民法典》第147~152条明确规定了因重大误解、欺诈、胁迫、乘人之危而受有损失的人享有撤销请求权，通过撤销权的形式实现双方当事人之间利益的平衡，达到维护民事交易安全秩序的法律目的。

诚实信用原则素有市场经济的"试金石"之称，诚实信用原则不仅是民事交往中的一项基本原则，也是确保市场交易秩序安全的根本路径。试想，如果民事主体在民事交往中都能够遵循诚实信用原则，谨慎行事，则民事交往中的矛盾大多无处发生，安全高效的市场交易秩序也将逐渐形成。

而公序良俗原则本身就是"公共秩序"与"善良风俗"的合称，因此公序良俗原则天然地带有社会安全保障功能。在民法中，公序良俗原则的社会安全保障功能主要是通过对违法行为法律效力否定的私法技术予以具体实现的。

《民法典》第9条明确规定："民事主体从事民事活动，应当有利于节约资源、保护生态环境。"实际上是将"生态安全"作为一项基本原则在《民法典》中予以规定，立法者通过对生态环境损害责任的全面规定实现了对《民法典》绿色原则的全面贯彻。

第二，《民法典》充分保护以人格权为核心的人身安全。在《民法典》中人格权独立成编以全面保护公民人身安全。我国民事立法虽然自清末变法以来就效法欧陆，但我国《民法典》编纂却敢为天下先，突破欧洲大陆民法典编纂的传统范式，将人格权独立成为一编，对民事主体的人格权（生命权、身体权、健康权、姓名权、名称权、肖像权、名誉权、荣誉权、隐私权）以及自然人基于人身自由、人格尊严而享有的其他人格利益予以全面保护。这不仅彰显了我国在新时代社会主义建设中对公民人身安全严格保护的决心，也标志着我国民事立法对公民人身安全保护的最新水准与成果。

《民法典》人格权编对公民人身安全的保护不仅是全面的，而且是与时俱进的，其在很大程度上回应了当前社会中正在发生的危害公民人身安全的新问题。我国《民法典》编纂充分回应了网络信息时代公民人身安全保护面临的一系列新问题，在保护公民的各项传统人身权利的同时，通过保护公民信息安全、数据安全的各项法律制度设计，进而达到维护公民在信息社会中人身安全的法律目的。

第三，《民法典》编纂积极应对公民财产安全面临的各项问题。首先《民法典》编纂积极应对公民财产安全面临的新问题。《民法典》第 1038 条规定了信息处理者不得泄露或者篡改其收集、存储的个人信息；未经自然人同意，不得向他人非法提供其个人信息，但是经过加工无法识别特定个人且不能复原的除外。信息处理者应当采取技术措施和其他必要措施，确保其收集、存储的个人信息安全，防止信息泄露、篡改、丢失；发生或者可能发生个人信息泄露、篡改、丢失的，应当及时采取补救措施，按照规定告知自然人并向有关主管部门报告，以此加强信息处理者对消费者的安全保护义务。其次，《民法典》编纂积极保障劳动群体的财产安全。为了确保建设工程纠纷案件的恰当处理，保障社会安全稳定，《民法典》第 807 条中规定："发包人未按照约定支付价款的，承包人可以催告发包人在合理期限内支付价款。发包人逾期不支付，除根据建设工程的性质不宜折价、拍卖外，承包人可以与发包人协议将该工程折价，也可以请求人民法院将该工程依法拍卖。建设工程的价款就该工程折价或者拍卖的价款优先受偿。"基于这一规定，广大劳动者的合法财产权益得到了保护。

（2）《中华人民共和国刑法》对安全秩序的维护①

第一，《中华人民共和国刑法》（以下简称《刑法》）充分保护人民个人法益。《刑法》以"惩罚犯罪、保护人民"为宗旨，其所保护的人民安全包括保护人民人身权利、民主权利，保护人民财产权利，这体现了《刑法》保护人民安全的机能。

《刑法》保护公民人身权利、民主权利。《刑法》具有区别于其他法律的严厉性，这标志着被《刑法》所谴责的行为必然在实质上具有严重的社会危害性，且形式上符合《刑法》规定。侵犯公民人身权利、民主权利罪是指故意或过失地侵犯公民的人身权利、民主权利以及与人身有直接关系的其他权利行为。

---

① 文章所及《刑法》系 2023 年 12 月 29 日第十四届全国人民代表大会常务委员会第七次会议通过的《中华人民共和国刑法修正案（十二）》。

《刑法》保护人民财产的合法权益，打击故意非法占有、挪用、损毁公私财物的行为，通过打击犯罪，保护人民财产法益。

第二，《刑法》充分保护政治安全。《刑法》的任务，体现出来的是以保护国家法益为核心，用刑罚同一切违法犯罪行为作斗争，保卫人民民主专政的政权和社会主义制度。

危害国家安全罪客体主要集中在传统安全领域即我国主权、领土完整与安全，以及人民民主专政的政权和社会主义制度的安全。《刑法》保护政治安全的力度非常大，危害国家安全犯罪的客观方面为危害我国主权、领土完整与安全，以及人民民主专政的政权和社会主义制度的行为，具体表现如《刑法》第 102 ~ 112 条规定的背叛国家，分裂国家、煽动分裂国家，武装叛乱、暴乱，颠覆国家政权、煽动颠覆国家政权，与境外勾结，资助危害国家安全犯罪活动，投敌叛变，叛逃，间谍，为境外窃取、刺探、收买、非法提供国家秘密、情报，资敌等行为。该类犯罪的主体多数是一般主体，少数是特殊主体；该类犯罪的主观方面是故意犯罪，且绝大多数是直接故意，或明明知道自己的行为会发生危害中华人民共和国国家安全的结果，却希望或放任这种结果发生。少数犯罪既可以是直接故意，也可以间接故意。

第三，《刑法》充分保护社会安全。《刑法》保护国有财产和劳动群众集体所有的财产，维护社会秩序、经济秩序，保障社会主义建设事业的顺利进行。危害社会安全的主要罪名分布于《刑法》第二编第二章"危害公共安全罪"和第六章"妨害社会管理秩序罪"中。在公共安全中，危害行为具有手段、对象和结果等方面的危险性、相当性，其危害结果包括具体危害结果和抽象危害结果，危及不特定多数人的安全。妨害社会管理秩序的犯罪行为对司法秩序、公共场所秩序、交通秩序等造成严重的社会危害性，其危害的秩序范畴多、范围广，扰乱社会秩序稳定。

（3）《刑事诉讼法》对国家安全、社会公共安全的维护

《中华人民共和国刑事诉讼法》（2018 年修正）（以下简称《刑事诉讼法》）第 1 条开宗明义保障国家安全和社会公共安全："为了保证刑法的正确实施，惩罚犯罪，保护人民，保障国家安全和社会公共安全，维护社会主义社会秩序，根据宪法，制定本法。"对于人民安全的保护，《刑事诉讼法》的任务以保护人民安全为核心，即"保证准确、及时地查明犯罪事实，正确应用法律，惩罚犯罪分子，保障无罪的人不受刑事追究，教育公民自觉遵守法律，积极同犯罪行为作斗争，维护社会主义法制，尊重和保障人权，保护公民的人身权利、财产权利、民主权利和其他权利，保障社会主义建设事业

的顺利进行"①。

为及时、有效惩罚危害国家安全犯罪，保障危害国家安全犯罪诉讼顺利进行，《刑事诉讼法》对危害国家安全犯罪侦查、起诉、审判程序进行了具体规定。危害国家安全、恐怖活动等一审案件由中级人民法院进行管辖，为最大限度地确保危害国家安全、恐怖活动的案件中被告人的合法权益。《刑事诉讼法》第39条第3款规定"危害国家安全犯罪、恐怖活动犯罪案件，在侦查期间辩护律师会见在押的犯罪嫌疑人，应当经侦查机关许可。上述案件，侦查机关应当事先通知看守所"，保护被告人委托辩护律师的权利以及辩护律师的会见权。当辩护律师在执业过程中知悉委托人或其他人正在准备或正在实施危害国家安全、公共安全以及其他严重危害他人人身安全的犯罪的，应当及时告知司法机关。② 除此之外，《刑事诉讼法》对涉及危害国家安全犯罪、恐怖活动犯罪、黑社会性质的组织犯罪、毒品犯罪等案件的证人进行的保护措施，确保了证人的安全。对有证据证明有犯罪事实，可能判处徒刑以上刑罚的犯罪嫌疑人、被告人在取保候审时有危害国家安全、公共安全或者社会秩序等现实危险发生的，且不足以防止发生的，应当予以逮捕。在侦查过程中经过严格的批准手续对于危害国家安全犯罪、恐怖活动犯罪、黑社会性质的组织犯罪、重大毒品犯罪或者其他严重危害社会的犯罪案件可以采取技术侦查措施。

第二节　国家安全的内涵与外延

一、国家安全的历史沿革

先秦时期，诸子百家早已提出了很多富有哲理的维护国家安全和皇权安全的思想。虽未直接使用"国家安全"或"安全"这样的字眼，但我们可以从中国古代思想家及经典文献中充分领略早期国家安全思想丰富而深邃的内涵。如，《周易·系辞下》提出"安而不忘危，存而不忘亡，治而不忘乱，是以身安而国家可保也"，实际上辩证地论述了安与危、治与乱和存与亡之间的关系，明确了安不忘危的思想，这种道理已经被无数的历史事实所证实。与此类似，《左传·襄公十一年》也明确提出了，"《书》曰：'居安思危'，思则有

---

① 《刑法》（2018年修正）第2条。
② 《刑事诉讼法》第48条。

备，有备而无患"。无论是安不忘危还是居安思危，都是在告诫统治者只有时刻保持谨慎的态度，才会有国家和天下的长治久安。

在中国古代思想家和文化典籍中，关于国家安全思想的论述更多体现在国家内部君民关系上，这种关系直接影响着政权的成功与失败，甚至关系到王朝的兴衰。如先秦诸子对民本思想做了殊途同归的解释，对这一思想在国家安全的重要性做了详细的分析。孔子是儒家民本思想的奠基者，他倡导"德政爱民""其养民也惠，使其民也义"。（《论语·公冶长》）孟子和荀子进一步提升了民本思想的价值。孟子主张"民贵君轻""民为贵，社稷次之，君为轻"。（《孟子·尽心下》）而荀子对于民本思想的理解更为深刻，他基于封建政权已经稳固的现实，提出了"君舟民水"的思想，以告诫统治者以民为本对国家安全的重要性："君者，舟也，庶人者，水也。水则载舟，水则覆舟，此之谓也。"（《荀子·王制》）除此之外，贾谊的"民为正本"、柳宗元的"吏为民役"论、张居正的"知人安民"观以及当政者的统治训诫，都是历朝历代统治阶级对君民关系影响王朝安危的经验总结和理论升华。由此可见，这种民本观念作为历朝历代安国治邦的重要原则和核心部分，对古代国家安全观念产生了深刻的影响。

尽管古代封建王朝与近现代国家之间的安全概念存在着很大的差别，但是从本质上看，中国古代各个封建王朝所展现出的安危问题，也是近现代国家所频繁出现的问题。在漫长的中国古代封建社会，不同的历史时期、不同封建王朝之间或者是同一封建王朝内部不同的封建政权之间经常呈现出更替与被更替的关系。因此，确保政权安全、防止政权灭亡已成为封建王朝的一个重大课题。当然，这里的"国家"概念与近代真正的民族国家概念相去甚远，这里的国家被看作"天下""朕即国家"，皇权的合法性不是代表民族而是在于天意。这种特殊的"家天下"观念造就了中国古代特殊的国家安全观念，与现代意义上的国家安全内涵、执政安全概念有很大的差异性。

现代意义上的安全概念产生于西方。西方学者普遍认为，法国大革命后，完整的国家概念和实体出现，安全概念的主体才从个人拓展到了国家。相比之下，国家安全作为国家的基本需求在国家产生之后就已存在，但并未被作为一个明确的概念提出，国家安全作为完整的词汇概念首次出现要比安全概念晚很多。根据英国学者彼特·曼戈尔德（Peter Mangold）的具体考证，从时间上讲，国家安全最早出现在 1943 年；从地域来看，国家安全最早出现在美国；从代表人物来看，国家安全是美国报纸专栏作家沃尔特·李普曼（Walter Lippman）在其主要著作《美国外交政策：共和国的盾牌》（*US Foreign Policy：Shield of the Republic*）一书中首先提出的。李普曼借助战争对国家安全进行界定，他认为，一个国家的安全就是一个国家不牺牲其合法利益就可以避免战争，而一旦国家的合法利益面临挑战，它能够借助战争保护它们。

第二次世界大战后，国家安全逐渐成为国际政治领域一个使用频率较高的词汇。1945 年 8 月，美国海军部部长詹姆斯·福瑞斯特尔（James Forrestal）在参议院听证会上第一次正式使用了该词。1947 年 7 月，美国总统杜鲁门正式签署《美国国家安全法》，这是国家安全这一概念第一次出现在政府法律文件中。自此以后，国家安全一词频繁出现在世界各国政府的法律条文、政策性文件和政府机构名称中，其内涵和外延也在不断地扩展，并逐渐成为现代政治学和国际关系以及军事战略中的一个常用规范概念。

二、有关国家安全概念的争论

在人们的传统习惯中，一般讲到"安全"便是指国家安全，将人们普遍接受的安全的基本含义（危险或威胁的不存在）加以引申，国家安全可以定义为：国家生存免于危险与威胁，或者说国家没有受到外部的侵害与威胁，没有产生内部的混乱与动荡。目前学界对于"国家安全"的定义主要分为四种。

第一种是状态说。刘卫东、刘毅等认为，国家安全是一个内涵简单但外延广泛且不断演化的概念。从根本上讲，国家安全是维持主权国家存在和保障其根本利益的各种要素的总和。[①] 刘跃进认为国家安全没有广义与狭义的区别，只有国家安全工作有广义与狭义之分，指出国家安全是国家在主权、领土、政治、军事、外交、外事、经济、资源、文化、种族、国民、首脑等各个方面存在的权利和利益不受威胁和侵害。[②] 其进一步明确国家安全的状态属性，认为国家安全是指一个国家处于没有危险的客观状态，也就是国家既没有外部的威胁和侵害，又没有内部的混乱和疾患的客观状态。[③]

第二种是行为说。吴仲钢认为，国家安全是为了维持国家长久生存、发展与传统生活方式，确保领土、主权与国家利益，并提升国家在国际上的地位，保障国民福祉而采取对抗不安全的措施，是对国家的生存与发展没有或很少受到重大威胁状态的一种界定。[④] 这种观点强调了国家安全包含为实现安全而采取的措施。

---

① 刘卫东、刘毅、马丽等：《论国家安全的概念及其特点》，载《世界地理研究》2002 年第 2 期。

② 刘跃进：《建立"国家安全学"初探》，载《国家安全通讯》1999 年第 1 期。

③ 刘跃进：《国家安全学》，中国政法大学出版社 2004 年版，第 51 页。

④ 吴仲钢：《建国后中国国家安全观的变化和发展》，载《上海大学学报：社会科学版》2006 年第 2 期。

第三种是国家实力或国家能力说。该学说认为国家安全是一种能力，即一个国家在面临威胁或可能面临威胁时所具有的维护和获取重大国家利益的能力。如孙晋平指出，国家安全是一个国家维护其相对稳定、完整、无威胁和无恐惧状态的能力。[①]

第四种是国家利益说。其认为国家维护安全，本质上是对国家利益的维护。阎学通指出，国家利益是指一个民族国家的整体利益，是由统治者和被统治者共享的利益，是一切满足民族国家全体人民物质与精神需要的东西，是政治利益、安全利益和文化利益的集合体。[②]

综上所述，状态说视角下的国家安全学是作为一个体系性的概念而存在的，是宏观视角下的国家安全。而行为说的国家安全往往被具象为国家安全工作而存在，属于狭义的国家安全。国家实力或国家能力说与国家利益说是站在"国家"高度，完全基于国家需要，从国家治理视角考察国家安全内涵与外延，充分体现国家安全的国家性、战略性与全局性。

三、国家安全内涵的确定

《国家安全法》第 2 条规定："国家安全是指国家政权、主权、统一和领土完整、人民福祉、经济社会可持续发展和国家其他重大利益相对处于没有危险和不受内外威胁的状态，以及保障持续安全状态的能力。"因此，国家安全的指涉对象为涉及国家政权、领土、人民福祉、经济社会的可持续发展和其他重大利益，国家安全是外部不受威胁、内部没有危险的一种理想状态。国家安全更是一种保障持续安全状态的能力，是国家治理能力现代化的重要标志，也是国家治理的重要领域。

（一）国家安全的主体为"国家"

国家在世界各民族历史上有着不同的样态，国家安全的主体"国家"指称不同历史和民族形式的国家。恩格斯在《家庭、私有制和国家的起源》一书中指出，国家的起源与社会物质生产的发展以及建立在物质生产发展和经济利益基础上的阶级的产生密切相关。伴随着生产力的提高，为维护自己的经济利益，处于统治地位的阶级通过使用暴力来维护他们的阶级利益的正当性，这种暴力机关的产生，标志着国家的出现。因此，国家不是一开始就有的，而是社会发展到一定阶段的产物，是经济发展到一定阶段时社会分裂及社会矛盾发

---

① 孙晋平：《国际关系理论中的国家安全理论》，载《国际关系学院学报》2000 年第 4 期。

② 阎学通：《中国国家利益关系》，天津人民出版社 1997 年版，第 23 页。

展的产物。国家表达的是统治阶级的意志，中国人民作为中华人民共和国的统治阶级，国家自然反映的是人民的意志，维护人民安全就是维护国家安全。在总体国家安全观的指引下，《国家安全法》对于国家安全的定义更加完善和准确，每一领域必然有执行的主体，而国家安全的主体为"国家"，民族、地区本身不具单独主体身份独立参加国际社会事务。

（二）国家安全的指涉对象为国家重大利益

国家利益是指那些能够满足国家生存发展需要且对国家有好处的事物。当然这种事物的形态是不一的，可以是有形实体物质的存在，也可以是精神性的产物。国家利益包括了国家政权、主权、统一和领土完整、人民福祉、经济社会可持续发展和国家其他重大利益。

（三）外部不受威胁、内部没有危险是国家安全的理想状态

认识安全应兼顾主观和客观两种途径。一是认识安全的客观性的途径，即从自然灾害与人类战争的种种体验中总结出安全是一种客观存在着的外在处境与物质状态，把安全理解为一种"客观性"的东西；二是认识安全的主观性途径，即从对安全的主体感受中总结出一种与主体感受相关联的内在现实与感受状态，把安全理解为一种"主观性"的东西。

安全是一个主客观不断磨合、统一的过程，是主观见之于客观的过程。从认识安全的客观性上讲，安全是来自内部与外部的无危险的客观状态；从认识安全的主观性上讲，安全是心理上不具有恐惧和威胁的感知。不可否认，安全是一种不以人的意志为转移的客观状态。在主体感受中，安全是主体基于客观实际的"感受状态"与"内在联系"的安全感，是主体头脑中安全标准的预设与客观实际的比对，一旦对于安全客观状态的认识和判断离开了主体的主观需要，就失去了安全判断的意义。由此，安全是客观上不存在威胁、主观上不存在恐惧的理想状态。

（四）保障持续安全状态的能力是国家治理能力现代化的重要内容

保障国家安全是提高国家治理能力的重要前提，而国家治理能力的提高又能为国家安全提供更强的保障。国家安全领域是国家治理的重要领域，维护国家安全能力是国家治理能力的核心内容。人民安全是总体国家安全观的第一要义，总体国家安全观把"人民安全"作为根本宗旨，在国家治理能力建设时，着重强调对"人民安全"的保护问题。经历过新冠疫情在全球的肆虐后，人们开始认识到，传染病防控已经成为一种值得高度警惕的全球性问题，疫情对"人的安全"形成了严重威胁。人类历史上曾经多次出现全球流行性瘟疫，有些瘟疫危害极大，至今令人谈之色变。鉴于全球性传染病以及潜在的生物恐怖袭击对人、国家乃至全球层次上的安全形势构成威胁，近年来全球公共卫生问题出现了被"安全化"的趋势。国内外一些学者开始就全球性传染病防控问题的"安全化"进行了一定的探讨，把全球性传染病威胁逐渐上升为安全议题。毫无疑问，对于传染病的防控以及公共卫生体系的构建，需要更加关注全人类的共同利益，特别是"人的安全"。

第三节　总体国家安全观的演进

"明者因时而动，知者随事而制"，总体国家安全观的提出既顺应了当前国家安全发展的历史潮流，又传承了中国传统安全文化战略，更是对新中国成立以来国家安全战略指导思想的发展和升华。

一、国家安全观的内涵

国家安全观作为国家安全工作的指导思想，每一阶段的指导思想都需要顺应国家安全环境所存在的新情况、新特点，符合每一阶段经济社会发展的阶段性特征，制定国家安全观时必须以国家安全面临的安全形势为标准。但是，正式树立全面维护发展中国家利益的"新的国家安全观"倡议是 1997年倪建民教授在《国家安全：中国的安全空间与 21 世纪的国略选择》中首次提出的。国家安全观是一个复杂的、开放式的系统观念，关于"新的国家安全观"的争论也一直存在，其中主要集中在对国家安全观内涵的争论。当前对于国家安全观内涵的争论一般有三种学说，分别是政策宣誓说、政策观说、观念说。

（一）政策宣誓说

政策宣誓说主要以"政策宣誓"的效用价值为基准进行讨论。它认为国家安全观是一个国家对其自身安全利益及其在国际上所应当承担义务和所应享有权利的认识，是对其所处安全环境的判断，同时也是对其准备应对威胁与挑战所采取的措施的政策宣誓。[①]

首先，政策宣誓观念下的国家安全观是一种认识，而认识来源于主体国家安全的现实情况，是一个国家面对各种威胁和挑战时对内外的宣誓，过程上为

---

① 罗援：《两种安全观念　两种安全模式——东亚地区安全合作的现状与展望》，载《世界经济与政治》2001 年第 3 期。

通过对当前国家安全问题的认识、判断和总结，形成国家安全观念，通过这个观念形成一种主体国家对国内外社会宣誓国家安全政策的一种方式。

其次，基于效用的价值，政策宣誓说体现出了一种相对性权力的行使，是将权利义务范围对外宣誓的过程，是需要他人行使特定行为从而实现维护国家的安全利益。

（二）政策观说

政策观说认为，国家安全观是一种实现国家安全利益的政策观，认为只有具备了科学的国家安全观，决策者才能制定出科学、合理的政策，并且这些政策能够发挥实际作用，即能够解决国家面临的安全问题，有助于拓宽国家的生存和发展空间。[①]

基于国家利益的实现，政策观说强调了对于决策者的指导性，而不是对于国家安全工作的直接指导性。其起点在于国家安全观作为政策的使用，是决策者在制定有关国家安全问题的根本遵循。有科学的国家安全观为前提，决策者才能针对国家安全问题提出正确的解决方案。

（三）观念说

朱永彪博士通过梳理不同时期我国国家安全观的演变，基于时代变迁的视角，认为国家安全观是指国家的执政者、参政者等对国家安全的认识、观点，以及在此基础上形成的理论体系，它包括执政者、参政者等对国家所处的安全环境和威胁的评估、判断，以及选择维护国家安全利益的策略和手段。其认为国家安全观受多种因素的影响，一旦形成就具有一定的稳定性，但它又是一个动态的观念，处于不断发展变化之中，随着时间、环境、主要国家领导人等的变化而有所变化。[②]

基于时代变迁，观念说定义下的国家安全观是执政者、参政者对国家安全问题的总结，是依据执政者和参政者对国家安全问题的认识和观点，对国家安全环境的评估、判断，以及维护国家利益的手段和策略。观念说所体现出来的国家安全观是总结性的，但是观念说定义下的国家安全观立足于执政者、参政者对国家安全问题的主观判断，观念说下的国家安全观的正确性和科学性在一定程度上依赖于决策者、参政者的个人能力。

---

① 束必栓：《从三代领导集体看中国国家安全观之演变》，载《上海市社会科学界第七届学术年会文集》，上海人民出版社 2009 年版，第 40 页。

② 朱永彪：《中国国家安全观研究（1949—2011）》，兰州大学 2012 年学位论文。

二、国家安全观的分类

有关何谓国家安全观，学者们众说纷纭、莫衷一是，因此对于国家安全观的分类也有很多种方式。其中最典型的是把它们划分为"传统安全观"和"新安全观"两大类。① 在国际关系理论中，现实主义、理想主义是传统安全观的主要代表。

传统安全观的范围较为广泛，包括"冷战"结束之前中外的所有安全观，也包括中国古代儒家、法家的安全观，特别是以《孙子兵法》为典型的兵家的安全观。人类社会和科技的进步、国际形势的转变使得以往传统的国家安全观已经无法对新问题、新情况作出一个合理有效的解释，更无法解决新的国家安全问题。因此，世界各国的政府首脑和智库以保障国家安全、维护国家利益为出发点，思索了无数的实践方法，其中日本、瑞典、美国提出的安全观是最成型、最有特点的安全观，包括：20 世纪 70 年代末由日本政府提出，80 年代被东盟国家认同和倡导，90 年代后在全球范围内得到广泛关注的"综合安全"思想；80 年代初由瑞典首相帕尔梅主持的非政府组织"裁军与安全问题独立委员会"提出并很快被联合国接受和倡导，"冷战"后继续兴盛的"共同安全"学说；80 年代末 90 年代初由美国布鲁金斯学会提出并系统阐发，同时被加拿大、澳大利亚等国接受的"合作安全"观点。

人们从传统安全观出发，通过各式各样的思考，逐渐地转向多样的新安全观。新安全观只是各国对新生安全问题观念的统称，其并未形成系统的思想体系。

古今中外，消除外部军事威胁都是安全的首要目标。军事实力一直都是保卫安全的最后一道防线。传统安全观与新安全观的划分最终体现在"冷战"思维的不同上，这种转变体现出了国际格局的转变和时代的变化。在涵盖范围上，传统安全观内涵狭窄而紧凑②，主要针对性还是集中在军事威胁，涵盖范围小；新安全观的范围内涵广泛，多元安全概念不断扩展。但是从辩证的角度来看，新安全观包含范围虽然弥补了传统安全观在涵盖范围上的缺点，却无法掩盖安全领域过广、安全内涵无限扩展的"泛安全"困境。从理论系统性上来讲，传统安全观具有系统科学理论与实践体系，而新安全观却恰恰缺乏这一点。但是无论传统安全观还是新安全观，都对解决国家安全问题提供了积极的解决方案。

---

① 刘跃进：《系统安全观及其三层次》，载《国际关系学院学报》2001 年第 2 期，第 3－9 页。

② 王柏松：《中国新安全观及其安全战略选择研究》，东北师范大学 2013 年学位论文。

三、我国国家安全观的演变

在新中国成立以来，面对国际变化、社会生态的不断变化，国家安全观也在不断演变以适应当前国家安全的新形势，主要经历了传统安全观到非传统安全观，再到党的十八大后总体国家安全观的确定。[①]

（一）1949 年新中国成立至 1978 年改革开放：以传统安全观为主导

在"战争与革命"和"早打、大打、打核战争"时代背景下的毛泽东时期，国家安全思想对于刚刚建立的新中国来说具有十分重要的指导意义。毛泽东同志总结出了"枪杆子里面出政权"的革命经验，体现了这一时期的国家安全思想十分重视军队力量的建设和国防水平的提高。并且毛泽东同志在《论联合政府》中充分强调，"没有工业，便没有巩固的国防，便没有人民的福利，便没有国家的富强"[②]。国防的巩固事关人民福祉和国家富强。他在《论人民民主专政》中指出："我们现在的任务是要强化人民的国家机器，这主要的是指人民的军队、人民的警察和人民的法庭，借以巩固国防和保护人民利益。"[③] 因此，这一时期毛泽东同志的国家安全思想的重点放在维护新中国新生政权安全，并主张通过人民军队、人民警察和人民法庭等国家暴力机器来巩固国防和维护人民利益。[④]

（二）1978 年至 2012 年：非传统安全观逐步确立

1. 邓小平时期国家安全理论指导

20 世纪 80 年代，邓小平所总结的"和平与发展"成为时代主题。邓小平指出"在较长时间内不发生大规模的世界战争是有可能的"[⑤]，在两极格局的国际格局中，中国在维护和平、制约战争中发挥了重要作用。"冷战"的格局促使全球各国将发展重点转移到经济建设上来，造就了经济发展的黄金期，邓小平同志发展了毛泽东的国家安全思想，更多地关注中国自身的经济发展，形成了涵盖政治、经济、军事安全在内的新的综合安全思想。

2. 江泽民、胡锦涛时期新安全观的提出与应用

20 世纪 90 年代国际社会"一超多强"的格局显现，全球往多极化的方向

---

① 凌胜利、杨帆：《新中国 70 年国家安全观的演变：认知、内涵与应对》，载《国际安全研究》2019 年第 6 期，第 5－31、155 页。

② 《毛泽东选集》（第三卷），人民出版社 1991 年版，第 1080 页。

③ 《毛泽东选集》（第四卷），人民出版社 1991 年版，第 1476 页。

④ 杨宗科、张永林：《中国特色国家安全法治道路七十年探索：历程与经验》，载《现代法学》2019 年第 3 期，第 4－23 页。

⑤ 《邓小平文选》（第三卷），人民出版社 1993 年版，第 147 页。

发展已成为历史趋势。当时的中国处于内外矛盾凸显期和战略机遇期。面对内外矛盾的转变，从 1996 年开始，在一些国际场合，江泽民同志提出了一些不同以往的新安全观念，从 1997 年开始正式使用"新安全观"一词；在 1999 年将其核心概括为"互信、互利、平等、合作"；2001 年 7 月将其核心修订为"互信、互利、平等、协作"；2002 年 7 月又通过发布《中国关于新安全观的立场文件》对新安全观作了系统阐述。江泽民同志在邓小平同志新的综合安全思想的基础上，提出了超越"冷战"思维、反对霸权主义、奉行独立自主的和平外交政策，坚持和平共处五项原则基础上的"新安全观"，它强调建立一个和平、稳定、公正、合理的国际新秩序。但是"新安全观"一词涉及的只是对外安全和国际安全问题，而不是完整的国家安全问题。在 2006 年后基本不再使用"新安全观"一词进行表述，在此之前"新安全观"一词始终没有用来陈述完整的国家安全问题，始终被限制在对外安全和国际安全领域，因而"新安全观"在当代中国表述的，始终只是非传统的对外安全观和国际安全观，而不是完整的国家安全观。

（三）党的十八大以后：总体国家安全观的确立

"图之于未萌，虑之于未有"，从背景看我国改革开放和社会主义现代化建设取得历史性的成就，中国特色社会主义进入新时代，我们即将迎来中华民族伟大复兴的光明前景。中国在逐步地向世界靠拢，国家安全的压力和风险也日渐增多。维护国家安全成为中国特色社会主义事业顺利进行的保障，是实现国家长治久安和中华民族伟大复兴的前提，是国家的头等大事。在党的十九大报告中，"安全"共出现 55 次，党的十五大报告是 6 次，党的十六大是 14 次，党的十七大是 23 次，党的十八大是 36 次。高度表明"安全"对于我们党、国家和人民的重要性。[1] 而国家安全观作为国家安全的核心观念，在确立国家安全价值准则、决定国家安全方向、引导国家安全实践上，具有决定性的指导作用。

2014 年，习近平总书记指出："当前我国国家安全内涵和外延比历史上任何时候都要丰富，时空领域比历史上任何时候都要宽广，内外因素比历史上任何时候都要复杂。"[2] 总体国家安全观是马克思主义国家安全理论在中国的具体运用和发展。新时代的到来催生新课题，新课题催生新理论、新思想，而新理论、新思想的产生必然会积极引领新的实践活动，这是新时代发展中国特色

---

① 闪淳昌：《总体国家安全观引领下的应急体系建设》，载《行政管理改革》2018 年第 3 期，第 20 - 23 页。

② 习近平：《在中央国家安全委员会第一次会议上的讲话》，载《人民日报》2014 年 4 月 16 日。

社会主义的应然逻辑要求。历史制度主义观点认为，制度的创设存在"路径依赖"，制度的变迁存在一个"决策关键点"。① 党的十八大以来，习近平总书记高度重视国家安全，深刻总结国家安全的基本经验，科学把握国家安全的内在规律，敏锐洞察国家安全形势的新变化、新特点、新趋势，创造性提出总体国家安全观，深刻揭示了中国国家安全的本质，实现了我们党在国家安全理论上的历史性飞跃。

为推进国家治理体系、治理能力现代化，实现国家长治久安，更好地适应国家安全面临的新形势、新任务，需要建立集中统一、高效权威的国家安全体制。2013 年 11 月 12 日，中国共产党第十八届中央委员会第三次全体会议决定，设立国家安全委员会，完善国家安全体制和国家安全战略，确保国家安全。② 2014 年，习近平总书记提出，"坚持总体国家安全观，走出一条中国特色国家安全道路"。③ 2014 年 1 月 24 日，中央政治局决定，中央国家安全委员会作为党中央关于国家安全工作的决策议事协调机构，向中央政治局、中央政治局常委会负责，统筹协调国家安全重大事项和重要工作。④ 2014 年 4 月 15 日，习近平总书记在中央国家安全委员会第一次全体会议上首次正式提出"总体国家安全观"。2015 年 1 月 23 日，习近平总书记主持召开中共中央政治局会议，会议审议通过了《国家安全战略纲要》。2015 年 7 月 1 日，第十二届全国人大常委会第十五次会议通过《中华人民共和国国家安全法》，并将每年 4 月 15 日确定为全民国家安全教育日。

习近平总书记在讲话中深刻指出："必须坚持总体国家安全观，以人民安全为宗旨，以政治安全为根本，以经济安全为基础，以军事、科技文化、社会安全为保障，以促进国际安全为依托，走出一条中国特色国家安全道路。"⑤ 相对于以往的非传统的国家安全观而言，总体国家安全观在认知上更加全面和丰富，所涉及的领域更加广泛。总体国家安全观的提出，实现了传统安全与非传统安全、自身安全与共同安全、安全与发展、外部安全与内部安全、国土安全与国民安全五对范畴之间的平衡。

① ［美］B. 盖伊·彼得斯：《政治科学中的制度理论：新制度主义》，上海出版社 2016 年版，第 71－80 页。
② 习近平：《习近平关于总体国家安全观论述摘编》，中央文献出版社 2018 年版，第 4 页。
③ 《习近平主持召开中央国家安全委员会第一次会议强调　坚持总体国家安全观　走中国特色国家安全道路》，载新华网，http://www.xinhuanet.com/politics/2014－04/15/c_1110253910.htm。最后浏览时间：2024 年 8 月 31 日。
④ 《新时代党对国家安全工作的领导更加有力》，载求是网，http://www.qstheory.cn/laigao/ycjx/2022－05/19/c_1128664824.htm。最后浏览时间：2024 年 8 月 31 日。
⑤ 参见习近平：《在中央国家安全委员会第一次会议上的讲话》，载《人民日报》2014 年 4 月 16 日。

总体国家安全观从内涵看是一个有机的、系统的观念体系，其将马克思主义哲学中系统思维应用于国家安全状态、能力和理解的过程。即通过战略全局的角度看待国家各个层面，运用统筹的手段和方式综合解决国家安全问题，并谋求构建集政治安全、国土安全、军事安全、经济安全、文化安全、社会安全、科技安全、网络安全、生态安全、资源安全、核安全、海外利益安全于一体的国家安全体系。

总体国家安全观相较于以往的国家安全思想和观念有着鲜明的特征。总体国家安全观十分富有中国智慧，突出了"大安全"理念，强调了系统思维，既强调综合性，又注重立体性，既有布局，也有方法。① 其最鲜明的特征就在于"总体"二字，可以通过三个维度来了解其特征。一是国家安全含义的全面性，全面性体现在国家安全的含义上安全与发展的并用，对于安全与发展来说，它认为是车之双轮，鸟之两翼，是摆脱以往"小安全"的重要体现。二是突出了国家安全布局的系统性，体现的是总体国家安全观项下的每一个国家安全领域都是联系之网上的结点，每一个结点之间都是相互联系、相互影响的。总体国家安全观的提出避免了"一叶障目，不见泰山"的情况。三是国家安全效果的可持续性是一种动态的过程，展示的是理论指导实践，实践反馈于理论，再接受新的实践检验这样一个可持续的良性循环。2017 年，"坚持总体国家安全观"作为习近平新时代中国特色社会主义思想体系的基本内容被写入党的十九大报告，总体国家安全观上升至党和国家的宏观发展战略。2017年 2 月 17 日，习近平同志在京主持召开国家安全工作座谈会并发表重要讲话，强调要准确把握国家安全形势，牢固树立和认真贯彻总体国家安全观。2018年 4 月 17 日，习近平同志主持召开十九届中央国家安全委员会第一次会议，强调："要加强党对国家安全工作的集中统一领导，正确把握当前国家安全形势，全面贯彻落实总体国家安全观，努力开创新时代国家安全工作新局面，为实现'两个一百年'奋斗目标、实现中华民族伟大复兴的中国梦提供牢靠安全保障。"2017 年 10 月 18 日党的十九大报告对我国国家安全作了诸多重要阐述，明确指出我国在各项事务的统筹协调中，要严格遵循总体国家安全观的指引，将创新社会治理与总体国家安全观相结合，并且为有效维护国家安全进行了更加全面的战略规划。

党的十九大对习近平总体国家安全观的丰富和发展主要体现在：提出国家安全的建设要以人民为中心；加强国家安全的目的是实现社会主义现代化和中

---

① 全国干部培训教材编审指导委员会：《全面践行总体国家安全观》，人民出版社、党建读物出版社 2019 年版，第 27 页。

华民族伟大复兴；通过推进共建共治共享的社会治理和建设社会主义法治国家来实现国家长治久安；同时，倡导建设人类命运共同体，为国家总体安全营造良好的外部环境。

2020 年 12 月，在中央政治局第二十六次集体学习时，习近平总书记主持学习时强调："国家安全工作是党治国理政一项十分重要的工作，也是保障国泰民安的一项十分重要的工作。做好新时期国家安全工作，要坚持总体国家安全观，抓住和用好我国发展的重要战略机遇期，把国家安全贯穿到党和国家工作各方面、全过程，同经济社会发展一起谋划、一起部署，坚持系统思维，构建大安全格局，促进国际安全与世界和平，为建设社会主义现代化国家提供坚强保障。"① 同时，习近平总书记就贯彻总体国家安全观提出十点要求，形成了"一个总体，十个坚持"的中国特色国家安全宝贵经验。"十个坚持"反映了以习近平同志为核心的党中央对国家安全工作规律性认识的深化、拓展、升华，体现了理论与实践相结合、认识论和方法论相统一的鲜明特色。"十个坚持"作为总体国家安全观的核心要求，② 不仅是对过去理论和实践的系统总结，更是未来国家安全工作的指导思想。③

1. "十个坚持"强调了中国特色国家安全价值理念

中国特色国家安全的价值理念，在国家安全工作中体现为要秉持符合中国价值观的原则。这也是区别于西方安全理念的关键方面。

第一，要坚持党对国家安全工作的绝对领导。习近平总书记提出"十个坚持"，强调了"坚持党对国家安全工作的绝对领导"④。坚持党对国家安全工作的领导，是做好国家安全工作的根本原则。⑤ 必须通过不断加强和完善党的领导，提高党的执政能力，巩固党的执政地位，完成党的执政使命。这是由总体国家安全观的性质和任务所决定的，也是由党的带领下实现高水平平安中国建设和实现高质量发展的一致性所决定的。要把党的领导贯彻落实到国家安全

---

① 《习近平在中央政治局第二十六次集体学习时强调　坚持系统思维构建大安全格局　为建设社会主义现代化国家提供坚强保障》，载中国政府网，https：//www.gov.cn/xinwen/2020 – 12/12/content_5569074.htm。最后浏览时间：2024 年 8 月 31 日。

② 中共中央宣传部、中央国家安全委员会办公室：《总体国家安全观学习纲要》，学习出版社、人民出版社 2022 年版，第 8 页。

③ 马方、杜心怡：《总体国家安全观的形成发展与重大贡献》，载《国家安全论坛》2024 年第 1 期，第 20 – 25 页。本部分系对本文部分内容的拓展和完善。

④ 新华社：《习近平主持中央政治局第二十六次集体学习并讲话》，载中国政府网，2020 年 12 月 12 日，https：//www.gov.cn/xinwen/2020 – 12/12/content_5569074.htm。

⑤ 新华社：《习近平主持召开国家安全工作座谈会》，载中国政府网，2017 年 2 月 17 日，https：//www.gov.cn/xinwen/2017 – 02/17/content_5168833.htm。

的全过程之中，是管理国家安全工作和国家安全事务的一条基本经验，必须坚持党政军民学、东西南北中，党是领导一切的。相比之下，因国家安全工作的特殊性，其本身就具有极强的政治属性，因此加强和贯彻党的领导，自然是题中应有之义。所以，只有坚持党对国家安全工作的绝对领导，才能实现总揽国家安全全局，才能形成各条战线、各个领域安全工作的强大合力。①

第二，要坚持系统思维和科学统筹。总体国家安全观是"总体性"与系统思维的有机统一，而"系统观念是具有基础性的思想和工作方法"。② 系统思维是指要全面、普遍联系地观察事物，妥善处理好各种重大关系。③ 总体国家安全观中蕴含着深刻的系统思维，并落实于一切国家安全理论和实践之中。一方面，要系统性、全面性地认识国家安全问题。总体国家安全观本质上是对国家安全问题的反映。国家安全问题的复杂化和联动性的特点，要求我们在思考和处理问题时，要通盘考虑基本国情、发展阶段、综合实力水平，以及大国博弈关系等多方因素。因此，要"十个指头弹钢琴"，通过系统性思维全面认识国家安全问题，在此基础上作出合理的价值性判断，维护我国国家利益。另一个方面，要用系统思维认识国家安全"问题风险化"趋势。当前，我国安全体系是以政治安全、人民安全为核心的集多领域安全于一体的国家安全体系。因此，在某一个安全领域中，国家安全问题相互影响、相互演化，领域安全风险就此催生。正是因为在国家安全体系中的各安全领域相互联系、相互影响，不同领域安全风险相互交织、联动，形成"风险综合体"，从而引发系统性风险。因此，处于当今安全形势下，系统思维能够有效防范系统性风险的发生。总体国家安全观从"五对关系"到"十个坚持"都体现了系统性的战略安排。无论是"五对关系"还是"十个坚持"中的坚持统筹推进各领域安全，都深切体现了非传统安全问题，往往内外安全威胁交织叠加。然而，当前的国家安全风险多由非传统安全问题引发传统安全风险。同时，各个国家对非传统安全领域内的规则制定权之争，有向传统安全演化的趋势。因此，解决这类问题需要加以系统应对。

第三，总体国家安全观蕴含的科学统筹法是国家安全工作的根本方法。2018年，在习近平总书记提出"维护和塑造"之前，我国国家安全工作更偏

---

① 汪亭友：《要毫不动摇地坚持和维护党的核心领导地位》，载《红旗文稿》2018年第5期，第4－6页。

② 《中共中央关于制定国民经济和社会发展第十四个五年规划和二〇三五年远景目标的建议》，载《人民日报》2020年11月4日第1版。

③ 全国干部培训教材编审指导委员会：《全面践行总体国家安全观》，党建读物出版社、人民出版社2019年版，第30页。

向于"维护"。2017 年，党的十九大报告强调"中国特色社会主义进入新时代"，我国社会的主要矛盾发生改变，而且是"关系全局的历史性变化"的改变。同时，党的十八大以来，我国取得了"改革开放和社会主义现代化建设的历史性成就"。因此，无论是从国家所处的安全形势，抑或是从国家安全能力来看，我国都有必要也有能力强化国家安全的"塑造"能力。在新时代国家安全话语体系中，"维护国家安全是一个持续的过程，塑造是更高层次更具前瞻性的维护"。① 因此，维护和塑造作为维护国家利益的两种手段，二者可谓相辅相成。把握国家安全工作的主动权是塑造国家安全的关键，是保障国家安全状态的可持续性。国家安全状态的可持续性，是将时间作为重要变量因素纳入国家安全的思考范畴。② 所以，国家谋求安全是为了长治久安，就需要科学统筹国家安全现实问题、手段、时空领域的诸多变化，并相应地调整国家安全目标和战略战术。

在哲学意义上，科学统筹是正确认识和处理国家安全问题的重要原则，体现了马克思主义哲学的科学作用。而且我们必须继承历史唯物主义，准确把握时代特征。历史唯物主义认为，物质生产方式的变化，不仅推动着人类社会的变革与发展，而且是一个时代政治和精神的历史基础。当前，在"深度全球化"背景下，传统安全与非传统安全问题相互交织，正在构筑新的"不安全时代"。③ 同时，基于总体国家安全观谋求的是多领域、系统化的国家安全体系④，我国的客观安全形势产生变化，国家安全需求也不同于以往。在时代转变和社会矛盾转型升级过程中，总体国家安全观应运而生。因此，历史唯物主义是总体国家安全观的立论基础。⑤ 面对非传统安全的新挑战，就必须全面贯彻总体国家安全观，始终坚持科学统筹。

此外，科学统筹还是中国特色国家安全的治理艺术。国家安全的科学统筹既是一门科学，也是一门艺术。科学统筹的目的是实现长治久安，首要是实现国家安全的可持续性。因此，党中央维护国家安全的手段，不仅仅局限于被动

---

① 全国干部培训教材编审指导委员会：《全面践行总体国家安全观》，党建读物出版社、人民出版社 2019 年版，第 35 页。

② 全国干部培训教材编审指导委员会：《全面践行总体国家安全观》，党建读物出版社、人民出版社 2019 年版，第 29 页。

③ ［英］拉里·埃里奥特、丹·阿特金森：《不安全时代》，曹大鹏译，商务印书馆 2001 年版，第 1 页。

④ 全国干部培训教材编审指导委员会：《全面践行总体国家安全观》，党建读物出版社、人民出版社 2019 年版，第 36 页。

⑤ 张雪嫣：《列宁的国家安全思想及其启示》，载《中共山西省委党校学报》2016 年第 4 期，第 25 – 28 页。

式的维护，更要前瞻性地针对各种安全问题，并在国家安全治理中将其制度化、常态化，形成总体治理思维。坚持总体治理思维，首要是确保政治站位。在坚持总体治理思维时，必须要把国家安全置于中华民族伟大复兴的战略全局中来考虑和把握。可以说，贯彻总体治理是以中国特色国家安全保障中华民族伟大复兴的重要方式。

第四，马克思主义唯物辩证法，融入了总体国家安全观的内涵要义。"统筹"是在发展和安全认知基础上形成的辩证思维和系统思维。习近平总书记关于总体国家安全观的重要论述体现了辩证系统论，即"人们在认识系统时，应该着重把握整体，同时要兼顾部分，并把二者有机结合起来"①。这就要求从动态角度去考察总体国家安全观的内涵，从总体上把握总体国家安全观的内在规律。因此，总体国家安全观内涵的演变体现了党中央对国家安全发展规律的认识达到了一个全新的高度。可以说，无论是"五大要素""五对关系"还是"十个坚持"，都集中反映出辩证思维和对立统一思维。

2. "十个坚持"明确了中国特色国家安全的工作思路

"十个坚持"基于对2014年至2020年国家安全实践的充分总结，对国家安全工作思路进行了详细论述。一方面，"十个坚持"明确了国家安全之边界。当前，学界对国家安全边界的讨论比较少。《国家安全法》第2条以法律概念的方式，规定了国家安全的含义秉持"国家利益论"②。法律概念作为法律修订、执行、监督的基础，其规定极其重要。因此，国家利益就成为国家安全理论和实践的主要对象。然而，国家利益在范围上十分广泛，并非任何利益损害都会危害国家安全。其中，《国家安全法》以列举法的方式规定了国家重大利益并以兜底方式规定了国家其他重大利益的内容。但是，何为"其他"并未在法律中作出明确解释。"十个坚持"对其进行了一定的说明，提出"人民安全""政治安全"这两条红线。国家安全的主要目的有二：一是切实维护人民群众的安全权益；二是维护政治安全。其中，保障人民生存和安全是国家诞生的原始目的，国家在诞生之初就是为了维护"个人安全"而存在的。维护人民安全是党的宗旨在国家安全领域的贯彻，要将其贯穿于维护国家安全的全过程、全领域。然而，维护人民安全维护的是绝大多数人民的安全，而不是部分、具体、个人的安全，其具有抽象的普遍适用性特征。因此，一个事件如

① 常绍舜：《从经典系统论到现代系统论》，载《系统科学学报》2011年第3期，第1-4页。
② 《国家安全法》第2条规定："国家安全是指国家政权、主权、统一和领土完整、人民福祉、经济社会可持续发展和国家其他重大利益相对处于没有危险和不受内外威胁的状态，以及保障持续安全状态的能力。"

果已经影响到绝大多数人民安全的时候，就有必要将其上升至维护国家安全的高度来治理，而非使用狭义的国家安全手段或狭义的国家安全法律。同时，维护政治安全是人民公意所在，我国的国家属性决定了党、人民和国家是一个共同体。维护党和国家的利益，就是维护人民本身的利益。政治安全是国家安全的基础，人民安全和国家利益都必须依靠政治安全得以实现。加之，在当前的国家安全体系中，人民安全居于核心位置，政治安全居于首要位置。所以，这就构建起了"人民安全、政治安全和国家利益"的国家安全边界。

另一方面，"十个坚持"明确了防范和化解重大风险是维护国家安全的关键。防范和化解重大风险，是新时代国家安全的中心任务。[1] 预判风险，是防范风险的前提；把握风险走向，是谋求战略主动的关键。[2] 特别是由"风险社会"迈向"乌卡时代"，风险的不确定性、复杂性急剧增多。学界提出的"乌卡时代"用于表达我们正处于一个易变、不确定、复杂、模糊的世界里。[3] 相较于"风险社会"，在"乌卡时代"中，重大风险发生了根本性变化，主要表现在：其一，重大风险性质和情况未知；其二，重大风险发生和发展过程难以预测；其三，前后因果关系模糊；其四，防范和化解结果是不确定的。因此，风险成为现代社会的一个主要特征，而不确定性则成为最突出的特征。同时，在党的二十大报告中，习近平总书记强调要"以新安全格局保障新发展格局"[4]，促进国家安全，保障社会稳定。所以要实现和构建新安全格局，关键就是要防范化解重大安全风险。

3. "十个坚持"提出了中国特色国家安全的机制路径

方向决定前途，道路决定命运。首先，中国特色国家安全道路，是实现中国式国家安全的必然路径。在"十个坚持"中明确我们要走中国特色国家安全道路，这一条道路符合基本国情、顺应时代潮流。本质上，中国特色国家安全道路是中国特色社会主义道路在国家安全上的具体体现。而坚持中国特色国家安全道路必须进行伟大斗争。[5] 其次，国家安全治理体系和治理能力是中国

---

① 中共中央宣传部、中央国家安全委员会办公室：《总体国家安全观学习纲要》，学习出版社、人民出版社 2022 年版，第 128 页。

② 王高贺、陈方玉：《坚持极限思维防范化解重大风险》，载《中国社会科学报》2023 年 7 月 21 日第 1 版。

③ 曹海军：《新时代国家安全视域下重大风险的防范化解》，载《社会科学辑刊》2023 年第 4 期，第 104 - 111 页。

④ 习近平：《高举中国特色社会主义伟大旗帜　为全面建设社会主义现代化国家而团结奋斗——在中国共产党第二十次全国代表大会上的报告》，载《人民日报》2022 年 10 月 26 日第 1 版。

⑤ 中共中央宣传部、中央国家安全委员会办公室：《总体国家安全观学习纲要》，学习出版社、人民出版社 2022 年版，第 37 页。

式现代化国家安全的标准。因此，我们要树立法治思维，以改革创新为动力，构建国家安全体系，使其达到系统完备、科学规范、运行有效的状态，同时加大科技赋能国家安全、不断增强塑造国家安全态势的能力。最后，要坚持共同安全，打造人类命运共同体。当前，由国家安全问题引发的国家安全威胁许多是外源性的。同时，受全球化的影响，各国的利益和命运相互交织重叠。在全球化安全危机面前，没有一个国家可以独善其身。很多国家面临国家安全问题是普遍概括性的，因此各个国家在维护国家安全上，可以说拥有着广泛的共同利益。因而，坚持共同安全，加强国际合作，共同构建人类命运共同体，是各国维护自身利益的战略所在。

第二章　总体国家安全观理论基础

全面践行总体国家安全观是当前完善国家安全体系、加强国家安全能力、推进国家治理体系与治理能力现代化的核心内容。自 2014 年以来，总体国家安全观不断丰富、发展和创新，提出了一系列新理念、新思想和新战略。我国国家安全体系也逐渐完善，网络安全，深海、极地、太空安全，海外利益保护，生物安全，数据安全等新型国家安全领域不断拓展，总体国家安全观理论研究也随之深入。开放的国家安全体系、核心的国家安全要素、丰富的国家安全关系是总体国家安全观的基本范畴、基本原理、基本命题，并将逐渐发展成为总体国家安全观的基础理论，进而成为新时代中国特色国家安全学的基础理论。然而，作为这些基础理论的理论基础应当包括哪些内容？这些内容之间的逻辑关系是什么？如何构成一个完整、严密的逻辑体系？构建总体国家安全观理论基础体系是总体国家安全观继续深入发展亟待解决的重大理论问题，是新时代国家安全学的立学之基。

一个成熟的理论，其学科的理论基础应遵循哲学认识规律，是一个逻辑严密、内容丰富的综合体系。因此，可从本体论、认识论、方法论三个方面类型化建构总体国家安全观的理论基础体系。恩格斯国家起源等国家一般理论阐明"国家"的本质属性，中国特色社会主义理论夯实国家安全制度基础，推进国家治理体系与治理能力现代化涵盖国家安全体系与能力建设，共同构成总体国家安全观本体论基础；辩证唯物主义认识论是总体国家安全观的基本认识论，辩证系统论是"总体"思维体系的理论基础，中国"和合"传统思想体系是总体国家安全观认识论的本体渊源。总体国家安全观的方法论基础主要为政治学国际安全理论、情报学分析研究工具、防范化解重大风险的风险社会理论视角。

第一节　总体国家安全观理论基础体系

理论基础、基础理论、基本理论、哲学基础等理论范畴的研究，是每一学科在形成和发展过程中，学科体系逐渐完善、理论研究不断深入的表征与基础。总体国家安全观作为新时代国家安全工作的指导思想，正在形成一定的理论体系。同时，以总体国家安全观为理论基础的国家安全学一级学科也在快速发展，无论是作为理论体系还是学科发展建设，一旦发展到一定阶段，就必须明确其理论基础、基础理论等基本范畴，从而获得深入发展的理论基石，并成为发展道路的指引。

一、理论基础相关范畴厘清

在我国早期的科学研究中，并没有对理论基础、基础理论、基本理论、哲学基础等基本范畴进行明确区分，只是基于个人习惯、具体语境进行各自表述，由此也造成一些混乱，特别是在自然科学领域，其中最为典型的是20世纪70年代有关自然科学基础理论研究的争论。在"文革"时期浓厚的意识形态色彩之下，部分观点认为自然辩证法、唯物辩证法等马克思主义哲学是自然科学唯一的基础理论，其最终结果是用马克思主义哲学去代替自然科学的基础理论，从而取消自然科学基础理论本身。[1] 基础理论研究无用论、基础理论教育脱离实践等观点大行其道，既导致了"文革"后期科技发展停滞、文化教育中断，又导致了理论基础与基础理论之间关系的混淆。理论基础与基础理论之间的混淆导致了认识混乱与政策错误。从自然科学基础理论论争开始，学界逐渐开始重视研究理论基础与基础理论之间的区分，这也是我国学科与理论成熟的开端。

理论基础与哲学基础基本同一，理论基础为自然科学提供哲学认识基础，这是自然科学发展中的普遍共识。哲学是其他社会意识形式的理论基础，它为其他社会意识形式提供世界观和方法论的指导。[2] 哲学是对人类知识体系的系统总结和概括，自然科学只有以哲学为理论基础才能发现世界的一般规律，并因此构建不同学科的基础理论。哲学是所有科学的理论基础，但每一学科的哲学基础并不完全相同，特别是在社会科学研究中。社会科学对于理论基础与基础理论的探讨相对比较深入，其中以目录学、图书馆学、法学、侦查学的相关研究最具代表性。在目录学与图书馆学逐渐成熟的过程中，理论基础的研究成果也日益丰富。学者们认为，一门学科的理论基础就是指它的逻辑始点，即开端范畴。因为逻辑始点是这一学科整个理论体系中原理、命题、概念或公式等

---

① 理论学习小组：《驳斥"四人帮"破坏基础理论研究的几个谬误》，载《数学学报》1977年第1期。

② 吴倬：《马克思主义哲学导论》，当代中国出版社2002年版，第296页。

相应连接的"原点",具有支撑、构筑整个理论体系"大厦"的基础作用,也是一门科学体系立论的基础。而基础理论则是在理论基础上发展起来的基本范畴、基本原理,是从一门学科的逻辑始点开始或者说在一门学科的理论基础之上,围绕着该学科的研究对象建造或发展起来的各种基本概念、原理、命题等。① 两者之间的区分在于,基础理论是指一门学科最基本、最基础的理论;理论基础则是这种基础理论的指导思想、行动指南、指导原则、哲学论据或者可被称作理论的理论。二者之间存在明显区分,概念适用时应当予以区分,已经成为不同学科之间的共识,只是在理论基础体系的具体内容方面一直存在争议。

大多数观点认为,理论基础应当是一个综合体系。首先,哲学理论是理论基础必不可少的内容,任何一个学科都必然以哲学为理论基础,马克思主义哲学是中国特色社会主义理论、学科的理论基础,但并非唯一、全部的基础,每个学科都有学科自身特有的哲学基础。如目录学将美国学者 J. H. 谢拉的"社会认识论"作为理论基础;② 图书馆学、情报学将波普尔的"世界 3"理论作为共同理论基础;③ 还有学者提出专门的图书馆哲学。其次,理论基础是学科中的母体科学、元科学或者逻辑起点。元科学是构造学科理论所根据的在本学科内无法证明的公理性陈述和假说与进行理论推演所使用的逻辑原则的总和。④ 如图书馆学将"情报交流""知识交流论""知识社会学"等作为理论基础,⑤ 侦查学将信息论、系统论、控制论"三论"及同一认定理论作为侦查学理论基础。⑥ 最后,理论基础是方法论基础。从方法论角度看,一门学科的理论基础就是指应用哲学,它的母体科学以及其他相关学科的某些原理和方法形成本学科的概念原理和方法等。⑦ 方法论基础即以运用其他学科理论、原则、方法解决本学科基础问题。这些学科被应用的原理、方法成为本学科的理论基础,如侦查学认为其理论基础是一个方法论体系,即将唯物辩证法作为第一层次的基础方法论,系统论、控制论、信息论等"三论"作为第二层次的

---

① 于鸣摘:《我国图书馆学理论基础研究述评》,载《图书情报工作》2004 年第 1 期。
② 陈传夫:《评 J. H. 谢拉的目录学"理论基础"》,载《图书情报知识》1986 年第 2 期。
③ 刘迅:《论图书馆学情报学理论的共同基础》,载《情报科学》1982 年第 1 期。
④ 石蔓:《目录学理论基础问题的逻辑思辨》,载《河南图书馆学刊》1987 年第 5 期。
⑤ 胡先媛:《图书馆学理论基础研究述评》,载《图书馆学研究》1998 年第 2 期。
⑥ 有关侦查学的理论基础问题,当时理论界大体存在三种说法,有"唯物辩证法基本原理说";有"以三论为中心的信息再现说";有"同一认定理论说"。参见刘瑞榕、徐敏洪:《犯罪侦查学基础理论研究必须加强》,载《公安大学学报》1987 年第 1 期。
⑦ 陈一阳:《关于目录学研究的理论基础》,载《广东图书馆学刊》1988 年第 2 期。

一般方法论，同一认定理论作为第三层次的专门方法论。①

二、总体国家安全观理论基础体系构建

总体国家安全观作为习近平新时代中国特色社会主义思想重要组成部分，并非凭空出现，而是中国古代人民智慧的历史结晶，是中国特色社会主义实践成果，是对全球治理理论发展与国际实践的总结。总体国家安全观的形成与发展具有丰富的历史渊源、时代背景、理论基础与实践依据。

中国古代历史上的朝代兴替，自有其道。"备豫不虞，为国常道"，纵观历史，每一个朝代都有其鼎盛期，然而某一方面的致命缺陷，如秦之暴政、唐朝地方军事割据、宋朝武力暗弱、元朝经济崩溃，最终导致"千里之堤，溃于蚁穴"。历史之鉴，只有构建一个完整、综合、全面的安全防范体系与思想体系才能真正做到"明者防祸于未萌，智者图患于将来"。新中国成立后，中国共产党历代领导集体根据国家安全形势的不断变化，形成了不同时期的国家安全观。1949 年新中国成立伊始，面临严峻的生存问题，外来的军事威胁长期存在，国内百废待兴，稳定和发展压力巨大。新民主主义革命时期"战争与革命"的时代观还在延续，军事安全、国土安全、政治安全等传统国家安全领域是国家安全的核心内容，并成为 1978 年改革开放前主要的国家安全观。20 世纪 80 年代，邓小平同志总结国内外形势，将"和平与发展"确定为时代主题。20 世纪 90 年代后期开始，随着世界范围内"冷战"的结束，经济全球化迅速发展，以经济安全、社会安全为代表的非传统安全成为国际热点，全球治理成为国际安全治理的主要内容。随着我国改革开放的深入推进，稳定的国际环境成为我国对外开放的重要外部环境，"新安全观"应运而生，其核心最初被概括为"互信、互利、平等、合作"，后被修订为"互信、互利、平等、协作"。2002 年 7 月《中国关于新安全观的立场文件》对新安全观作了系统阐述。② 这一时期的新安全观以外部安全为主要内容，对于内部安全涉及较少，因而并非完整的国家安全观。2014 年习近平总书记在系统总结历史经验与中国实践的基础上，提出了系统、完整的总体国家安全观。

总体国家安全观是在中国特色社会主义建设实践中，以马克思主义认识论为基础，统筹国内国际两个大局，以人民安全为宗旨，以政治安全为根本，以经济安全为基础，以军事、科技、文化、社会安全为保障，综合运用政治学、

---

① 何家弘：《犯罪侦查学基础理论刍议——与刘瑞榕、徐敏洪同志商榷》，载《公安大学学报》1987 年第 5 期。

② 刘跃进：《中国官方非传统安全观的历史演进与逻辑构成》，载《国际安全研究》2014 年第 2 期。

情报学、管理学、法学等学科基础理论，发现、识别、防范、化解重大风险，维护与塑造国家安全的指导思想，是加强国家安全治理能力、完善国家安全治理体系，推进国家治理体系与治理能力现代化建设的理论基础之一。从总体国家安全观形成与发展的背景以及主要内容来看，总体国家安全观的理论基础是一个丰富、系统的综合体系，可依据其认识规律，构建其逻辑体系。哲学是人类认识世界的系统、工具与基础，从本体论、认识论、价值论、方法论出发，遵循哲学认识规律构建总体国家安全观理论基础体系，即可形成科学的逻辑体系，因此，本书从本体论、认识论、方法论三个方面类型化建构总体国家安全观的理论基础体系。

第二节　总体国家安全观"国家"本体论基础

本体论是古代哲学的开端，是对世界本源原始具象的认识，探寻的是"实是之所以是实是和作为实是所应有的诸质性"①。总体国家安全观的"本体"是"国家"，要确定国家安全的内涵、外延、领域、体系、能力等基础内容，必须以"国家"为基点，即国家的本质是什么。只有在明确国家本质基础上才能确定国家安全的基本内容。作为总体国家安全观本体论的"国家"理论主要包括三个层次内容：第一，国家的一般理论。中国古代封建制度下以"家天下"为代表的统治方式是我国国家制度的起源；恩格斯国家起源理论揭示了国家的本质；以黑格尔、马克斯·韦伯、弗朗西斯·福山等为代表主张的西方国家理论阐明了国家的现代特征。第二，中国特色社会主义理论。在中国特色社会主义建设中形成的特色国家理论是我国国家安全的"本体"基础，是维护国家安全的核心内容。第三，国家治理理论。国家安全体系是国家治理体系必不可少的组成部分，国家安全能力是国家治理能力的重要方面，维护、塑造国家安全的能力与保障必须纳入国家治理体系与治理能力现代化建设进程。

一、国家一般理论揭示"国家"实质特征

恩格斯指出："国家是社会在一定发展阶段的产物；国家是承认：这个社会陷入了不可解决的自我矛盾，分裂为不可调和的对立面而又无力摆脱这些对立面。而为了使这些对立面，这些经济利益互相冲突的阶级，不致在无谓的斗争中把自己和社会消灭，就需要有一种表面上凌驾于社会之上的力量，这种力

---

① 亚里士多德：《形而上学》，商务印书馆1959年版，第606页。

量应当缓和冲突，把冲突保持在'秩序'的范围以内；这种从社会中产生但又自居于社会之上并且日益同社会相异化的力量，就是国家。"① 分析国家的起源可以明确国家的基本特征：一是捐税；二是官僚行政机关；三是国家的本质，即占统治地位的阶级镇压和剥削被压迫阶级的新手段；四是国家是有产阶级用来防御无产阶级的组织；五是政治体制上的普选制。总之，国家是阶级出现的必然产物，伴随着阶级的消失，国家也不可避免地要消失。②

在西方国家理论中，黑格尔特别强调国家的权威与理性，认为"国家"是道德的"全体"和"自由"的"现实"，也就是这两个因素客观的统一。③国家的根据就是作为意志而实现自己的理性的力量。④ 突出国家的伦理理念与精神是为了确立国家形式的合理性与权威性，把国家与道德、自由关联，明确国家的目的与任务。马克斯·韦伯通过国家合法垄断暴力的特征区分国家与其他组织形式，"国家被视为应用暴力'权利'的唯一的源泉"⑤。美国学者弗朗西斯·福山将现代国家特征概括为：第一，它们享有集中的权力，不管是国王、总统，还是首相；第二，该权力的后盾是对合法强制权力的垄断，体现在军队和警察上；第三，国家权力是领土性的，不以亲戚关系为基础；第四，与部落社会相比，国家更为等级分明，更为不平等；第五，更为精心雕琢的宗教信仰将合法性授予国家。⑥

中国从夏朝开始建立延续至明清的"家天下"制度是中国古代国家体制的历史实践，由此形成了完整的国家制度与丰富的国家制度思想。"家天下"是中华民族最为成熟、完善的国家制度，对于当代中国国家制度的形成具有极大影响。经历了由部落首领"禅让制"到世袭王位制的转变。"皇天嘉之，祚以天下，赐姓曰姒，氏曰有夏，谓其能以嘉祉殷富生物也"（《国语·周语》）。禹定九州，划分国家行政区划，"设都于禹之迹，划为九州"（《诗经·殷武》）。以国为姓，实行分封制度，"夏王率遏众力，率割夏邑"（《尚书·汤誓》），分封制即封建制度。"家天下"制度是典型的封建国家制度，其主要特点为：国家是家天下制度，王位世袭；对全国实行地缘为主的政治区域划分，以地域为界划分国民的行政区划；建立政治统治中心，有军队、官吏、刑法和

---

①　恩格斯：《家庭、私有制和国家的起源》，人民出版社 2018 年版，第 189 页。

②　恩格斯：《家庭、私有制和国家的起源》，人民出版社 2018 年版，第 191－193 页。

③　黑格尔：《历史哲学》，王造时译，上海书店出版社 1999 年版，第 51 页。

④　黑格尔：《法哲学原理》，范扬、张企泰译，商务印书馆 1996 年版，第 258 页。

⑤　马克斯·韦伯：《经济与社会》（下卷），商务印书馆 2006 年版，第 731 页。

⑥　弗朗西斯·福山：《政治秩序的起源：从前人类时代到法国大革命》，广西师范大学出版社 2012 年版，第 79－80 页。

监狱等维系国家政权；强迫人民交纳贡赋维持官僚、军队等国家机器费用；实现政权与神权的结合；等等。①

国家安全的主体应当是国家这种组织形态。传统安全主体以国家为唯一主体，例如，军事安全、国土安全、政治安全等传统安全就以"国家"为主体，但非传统安全与传统安全之间存在一个显著区别即安全主体的扩大化、复合性，非传统安全视域下的安全主体不再局限于传统的"国家"，而向社会、人群、人类扩散，"安全的中心已不仅仅是'国家'，而是'国家、社会、人（类）'三者的复合"。②在哥本哈根学派安全化研究中，将安全主体区分为指涉对象、安全行为主体、功能性行为主体，国家已经不是国家安全的唯一主体，国际组织、民族、公司、个人都可能成为安全指涉对象或安全行为主体、功能性行为主体，"一个稳定的指涉对象联合体和'表达'通常是指古典意义上的国家。也存在着一些实际上的安全行为主体，比如民族、欧盟或者国际安全的若干'准则'"。③危害国家安全主体除国家外，尚有非国家体、公司、组织与个人，不同领域安全主体指涉对象虽有不同，如人民安全、社会安全、网络安全等领域安全直接指涉主体并非国家，但所有安全领域只有涉及国家利益，危害国家秩序，才能上升到国家安全层面，"国家是安全概念的重心所在，非国家层次都不具备这种条件。尽管各层次之间存在复杂多样的互动，但是借由国家安全，我们才可能完整地透视安全问题"。④

作为国家安全主体的国家具有一些共同特征：合法、垄断行使具有强制力的国家权力；采取一定方式对国家权力进行划分并由特定主体专门行使；具有专属的领土区域；采取警察、监狱、税收、海关等国家管理体制；采取一定的选举制度等。这些国家的基本特征是国家存在的根据，是国家区别于其他组织形式的根本，是国家安全的核心内容，是通过军事、外交、行政、司法等方式所要维护的国家重要制度。2014年乌克兰发生的"颜色革命"和2019年中国香港"反修例"风波中，为达到颠覆政府、政权的目的，都将矛头指向警察，通过妖魔化警察队伍，进而制造冲突、破坏法治与国家制度，揭示了国家基本制度在国家安全体系中的基础与核心作用。恩格斯国家起源与特征的揭示，黑格尔对国家伦理、精神、价值的强调，马克斯·韦伯对国家垄断暴力合法性的

---

① 李殿元：《论大禹"夏"国的国家体制》，载《文史杂志》2017年第2期。

② Andrew T. H., Tan J. D., Kenneth Boutin, *Non traditional Security /*issues in southeast（sa, Shot Ah Pte Ltd.），2001, p. 2.

③ 巴瑞·布赞、奥利·维夫、迪·怀德：《新安全论》，朱宁译，浙江人民出版社2003年版，第63页。

④ 刘胜湘等：《国家安全：理论、体制与战略》，中国社会科学出版社2015年版，第35页。

论证，中国古代"家天下"封建制度的国家因素是认识"国家安全"本体的重要理论依据，也是确定国家安全体系内容的理论基础。

二、中国特色社会主义理论确定国家安全制度体系

中国共产党第十七次全国代表大会明确指出："中国特色社会主义理论体系，就是包括邓小平理论、'三个代表'重要思想以及科学发展观等重大战略思想在内的科学理论体系。"① 中国共产党第十八次全国代表大会删除了"等重大战略思想"这几个字，对这一命题作出新的表述。② 党的十九大报告及修正后的《中国共产党章程》（以下简称《党章》）均表明习近平新时代中国特色社会主义思想是中国特色社会主义理论体系的重要组成部分。

中国特色社会主义理论体系是马克思主义中国化的重大成果，总体上属于马克思列宁主义同中国实际相结合的第二次历史性飞跃的理论成果。③ 1938 年10 月，党的扩大六届六中全会上，毛泽东首次提出马克思主义中国化。马克思主义中国化发生过三次历史性飞跃：第一次历史性飞跃，是毛泽东思想的形成。毛泽东思想是马克思列宁主义在中国的创造性运用和发展，是被实践证明了的关于中国革命和建设的正确的理论原则和经验总结。第二次历史性飞跃，是中国特色社会主义理论体系的形成。改革开放和社会主义现代化建设新时期，党从新的实践和时代特征出发坚持和发展马克思主义，科学回答了建设中国特色社会主义的一系列基本问题，形成了包括邓小平理论、"三个代表"重要思想、科学发展观等重要理论成果的中国特色社会主义理论体系，实现了马克思主义中国化新的飞跃。第三次历史性飞跃，是习近平新时代中国特色社会主义思想的形成。中国特色社会主义进入新时代，以习近平同志为主要代表的中国共产党人，坚持把马克思主义基本原理同中国具体实际相结合、同中华优秀传统文化相结合，深刻总结并充分运用党成立以来的历史经验，从新的实际出发，创立了习近平新时代中国特色社会主义思想。

推进马克思主义中国化、时代化，是一个追求真理、揭示真理、笃行真理的过程。党的十八大以来，国内外形势新变化和实践新要求，迫切需要我们从

---

① 胡锦涛：《高举中国特色社会主义伟大旗帜，为夺取全面建设小康社会新胜利而奋斗——在中国共产党第十七次全国代表大会上的报告》，载中国人大网，http：//www. npc. gov. cn/zgrdw/npc/xinwen/szyw/zywj/2007 – 10/25/content_373528. htm. 最后浏览时间：2024 年 11 月 21 日。

② 《胡锦涛在中国共产党第十八次全国代表大会上的报告（全文）》，载央广网，https：//china. cnr. cn/news/201211/t20121118_511353810. shtml. 最后浏览时间：2024 年 11 月 21 日。

③ 《中国共产党成立 95 周年·成果》，载中国共产党新闻网，http：//cpc. people. com. cn/n1/2016/0629/c404684 – 28509598. html. 最后浏览时间：2024 年 11 月 21 日。

理论和实践的结合上深入回答关系党和国家事业发展、党治国理政的一系列重大时代课题。我们党勇于进行理论探索和创新，以全新的视野深化对共产党执政规律、社会主义建设规律、人类社会发展规律的认识，取得重大理论创新成果，集中体现为新时代中国特色社会主义思想。十九大、十九届六中全会提出的"十个明确""十四个坚持""十三个方面成就"概括了这一思想的主要内容，必须长期坚持并不断发展。

在中国特色社会主义理论中，有三个基本理论问题：什么是社会主义、怎样建设社会主义，建设什么样的党、怎样建设党，实现什么样的发展、怎样发展。在党的十九届六中全会上，习近平同志对关系新时代党和国家事业发展的一系列重大理论和实践问题进行了深邃思考与科学判断，就新时代坚持和发展什么样的中国特色社会主义、怎样坚持和发展中国特色社会主义，建设什么样的社会主义现代化强国、怎样建设社会主义现代化强国，建设什么样的长期执政的马克思主义政党、怎样建设长期执政的马克思主义政党等重大时代课题，提出了一系列原创性的治国理政新理念新思想新战略。习近平新时代中国特色社会主义思想是当代中国马克思主义、二十一世纪马克思主义，是中华文化和中国精神的时代精华，实现了马克思主义中国化新的飞跃。[1]

国家政治安全是指国家主权、领土、政权、政治制度、意识形态等方面免受各种侵袭、干扰、威胁和危害的状态。这种状态在我国表现为：对外保持国家的主权独立、领土完整；对内保持人民民主专政政权和中国特色社会主义政治制度的稳固；马克思主义主流意识形态占据主导地位以及社会稳定。[2] 社会主义制度是中华人民共和国的根本制度，中国共产党领导是中国特色社会主义最本质的特征，禁止任何组织或者个人破坏社会主义制度。中国特色的社会主义制度是我国国体，也是政治安全的根基，不容置疑、动摇、破坏。政体是政权的组织形式，是政治制度的体现，人民代表大会制度是我国的政体。《宪法》第2条中明确规定："中华人民共和国的一切权力属于人民。"这是我国政体的核心表现，人民依照法律规定，通过各种途径和形式，管理国家事务，管理经济和文化事业，管理社会事务。人民行使国家权力的机关是全国人民代表大会和地方各级人民代表大会。全国人民代表大会是国家最高权力机关，所有国家机关由其产生对其负责，这是我国的基本政体。政治安全的重要内容是维护人民代表大会制的基本权力结构与运行方式。

中国特色社会主义理论体系的精髓是解放思想、实事求是，主题是发展，

---

[1] 习近平：《关于中国特色社会主义理论体系的几点学习体会和认识》，载《求是》2008年第7期。
[2] 马振超：《当前维护国家政治安全的思考》，载《江南社会学院学报》2009年第1期。

核心是以人为本。只有社会主义才能救中国，只有改革开放才能发展中国、发展社会主义、发展马克思主义。发展是解决我国一切问题的基础和关键。① 发展社会生产力是社会主义的根本任务，"我们在建设社会主义的整个历史进程中，都必须把集中力量发展社会生产力摆在首要位置，把经济建设作为党和国家的中心工作，聚精会神搞建设，一心一意谋发展"②。发展与安全是当今世界的两大主题，是新时代中国特色社会主义建设的两大基本战略。全面建成小康社会是发展的目标，全面深化改革是发展的驱动力，发展既面临着空前的机遇，也面临着巨大的挑战。2020 年，全面建成小康社会的目标已如期完成，"中国共产党的中心任务就是团结带领全国各族人民全面建成社会主义现代化强国、实现第二个百年奋斗目标，以中国式现代化全面推进中华民族伟大复兴"③。社会稳定、国家安全是发展的基础与保障，没有社会稳定，发展就失去了客观空间，没有国家安全，发展只是蜃景。"国家安全和社会稳定是改革发展的前提。只有国家安全和社会稳定，改革发展才能不断推进"④。进入新时代，面对与西方国家意识形态的根本冲突、复杂多变的地缘政治形态、改革发展进程中影响稳定的重大风险因素叠加，习近平总书记在党的十九大报告中强调，统筹发展和安全，增强忧患意识，做到居安思危，是我们党治国理政的重大原则。⑤

三、推进国家治理体系与治理能力现代化涵盖国家安全体系与能力建设

党的十八届三中全会将推进国家治理体系和治理能力现代化作为全面深化改革的总目标："全面深化改革的总目标是完善和发展中国特色社会主义制度，推进国家治理体系和治理能力现代化。"党的十九大报告提出，"不断推

---

① 习近平：《决胜全面建成小康社会　夺取新时代中国特色社会主义伟大胜利——在中国共产党第十九次全国代表大会上的报告》，载《理论学习》2017 年第 12 期。

② 习近平：《深入学习中国特色社会主义理论体系　努力掌握马克思主义立场观点方法》，载《求是》2010 年第 7 期。

③ 习近平：《高举中国特色社会主义伟大旗帜　为全面建设社会主义现代化国家而团结奋斗——在中国共产党第二十次全国代表大会上的报告》，载《人民日报》2022 年 10 月 26 日第 1 版。

④ 中共中央党史和文献研究院：《习近平关于总体国家安全观论述摘编》，中央文献出版社 2018 年版，第 1 页。

⑤ 习近平：《决胜全面建成小康社会　夺取新时代中国特色社会主义伟大胜利——在中国共产党第十九次全国代表大会上的报告》，载求是网，2017 年 11 月 1 日，http：//www. qstheory. cn/dukan/qs/2017－11/01/c_1121886256. htm。最后浏览时间：2024 年 8 月 31 日。

进国家治理体系和治理能力现代化，充分发挥我国社会主义制度优越性"，是坚持全面深化改革的重要内容。"国家治理体系和治理能力现代化"是马克思主义国家理论的重要创新，是中国共产党执政理念创新与成熟的重要成果。"国家治理体系和治理能力"其实指的是一个国家的制度体系和制度执行能力。"国家治理"强调国家在治理中发挥主导作用，国家治理、政府治理、社会治理三个层面构成一个综合、全面的现代国家治理视角。在中国政治话语体系和语境下，国家治理、政府治理和社会治理在本质上具有一致性，这就是中国共产党领导人民进行的治国理政。① 国家治理概念与美国学者弗朗西斯·福山提出的"国家构建"概念相近，都是强调对国家、政府制度体系与能力的构建，而国家构建是国际社会最重要的问题之一。因为软弱无能的国家或失败的国家已成为当今世界许多严重问题（从贫困、艾滋病、毒品到恐怖主义）的根源。② 国家治理体系和治理能力是一个相辅相成的有机整体，良好的国家治理体系是提高国家治理能力的制度基础；提高国家治理能力，才能充分体现国家制度优势，有效发挥国家治理体系的效能。国家治理体系和治理能力现代化的目标是实现"善治"。善治就是公共利益最大化的治理过程，其本质特征就是国家与社会处于最佳状态，是政府与公民对社会政治事务的协同治理。③

国家安全制度体系是国家治理的重要内容。《国家安全法》第二章"维护国家安全的任务"中第 15~33 条具体列举了 19 项需要维护的具体安全：第 15 条的政治安全，第 16 条的人民安全，第 17 条的国土安全，第 18 条的军事安全，第 19 条的经济安全，第 20 条的金融安全，第 21 条的资源能源安全，第 22 条的粮食安全，第 23 条文化安全，第 24 条科技安全，第 25 条网络、信息安全，第 26 条民族区域制度，第 27 条宗教信仰自由，第 28 条反恐怖主义，第 29 条社会安全，第 30 条生态安全，第 31 条核安全，第 32 条外层空间、极地、深海安全，第 33 条海外利益保护等。维护国家安全的任务、领域，几乎涉及国家治理制度体系的所有方面，国家安全制度体系是国家治理制度体系各个组成部分的有力保障基础，是国家治理制度体系的有机组成部分。党的十九届四中全会决定，"坚持总体国家安全观，统筹发展和安全，坚持人民安全、政治安全、国家利益至上有机统一。以人民安全为宗旨，以政治安全为根本，以经济安全为基础，以军事、科技、文化、社会安全为保障，健全国家安全体

① 王浦劬：《国家治理、政府治理和社会治理的基本含义及其相互关系辨析》，载《社会学评论》2014 年第 3 期。

② 弗朗西斯·福山：《国家构建：21 世纪的国家治理与世界秩序》，郭华译，上海学林出版社2017 年版，第 7 页。

③ 俞可平：《论国家治理现代化》，社会科学文献出版社 2014 年版，第 5 页。

系，增强国家安全能力"①。明确完善国家安全体系、增强国家安全能力是推进国家治理体系现代化建设的重要内容。国家治理体系与治理能力现代化涵盖国家安全体系和能力建设。构建国家安全体系和提升国家安全能力，与国家其他制度体系的现代化建设息息相关。因此，建立健全国家安全体系和能力，需以其他国家制度体系和能力现代化建设为基础，二者相互促进、互为保障、共同实现中国式现代化战略目标。

第三节 总体国家安全观"总体"认识论基础

认识论是有关思维与存在相互关系的哲学思想，思维与存在的相互关系也是哲学的基本问题，因而认识论是近代哲学的核心。笛卡尔提出"我思故我在"并认为哲学的精神是认识，是思想，是思维与存在的统一。②"我思"是存在者的"存在"成为可能的逻辑基点，存在者之存在是从作为设定之确定性的"我在"那里得到规定的。③ 总体国家安全观中"总体"是在对国家"本体"不断认知基础上所形成的辩证思维、系统思维，作为总体国家安全观的认识论基础同样包括三个层次：首先，作为认识论核心基础的辩证唯物主义与历史唯物主义，辩证认识论是认知国家"本体"的基础哲学思维；其次，系统论，马克思主义的辩证系统论是中国特色社会主义建设中形成"总体"思维、体系的认识论基础，西方现代系统论提供了基本系统理论；最后，中国古代的"和合"传统思想，是中国化的系统论，是"总体"思想的历史基础。

一、辩证唯物主义认识论是总体国家安全观的基本认识论

"不是人们的意识决定人们的存在，相反，是人们的社会存在决定人们的意识。"④ 马克思的这一经典论断是辩证唯物主义认识论对于思维与存在相互关系的基本观点。列宁将认识论总结为三个基本问题："一是世界是独立存在的还是依赖于人的意识？二是世界能不能被认识？三是认识是发展的还是一成不变的？"⑤ 对这三个问题的回答是区分唯物主义与唯心主义以及形而上学的

---

① 《中共中央关于坚持和完善中国特色社会主义制度 推进国家治理体系和治理能力现代化若干重大问题的决定》，载求是网，2020 年 1 月 1 日，http://www.qstheory.cn/dukan/qs/2020 – 01/01/c_1125402833.htm。

② 黑格尔：《哲学史讲演录》，商务印书馆 1978 年版，第 67 页。

③ 孙周兴：《海德格尔选集》（下卷），上海三联书店 1996 年版，第 877 页。

④ 马克思：《"政治经济学批判"序言、导言》，人民出版社 1971 年版，第 2 页。

⑤ 李洪林：《辩证唯物主义的认识论》，载《哲学研究》1957 年第 1 期。

标准，"生活、实践的观点，应该是认识论的首先的和基本的观点"。① 毛泽东对辩证唯物主义认识论中实践观进行深化，进一步论证实践与认识的能动作用与辩证关系。在辩证唯物主义认识论中，有关实践与认识的辩证关系是总体国家安全观的认识论基石。

（一）可知论

世界能否被认识？辩证唯物主义认为客观物质世界是可知的。人们不仅能够认识物质世界的现象，而且可以透过现象认识其本质。人类的认识能力是无限的，世界上只有尚未认识的事物，没有不可认识的事物。唯心主义的不可知论则认为世界本身是不能认识的，究竟是否存在世界，是根本不可知的。国家安全研究中对于国家安全的界定一直存在各种争论，甚至有观点认为安全是不可定义的，"安全概念在根本上属于争议性的概念而难以统一，或者说安全是一种给出性的条件，恰如健康和身份一样不能简单给予其确切含义，甚至还可以说安全是没有任何精确意义的'模糊的符号'"。② "国家安全的概念是社会科学中最模糊而又最充满价值的概念之一。"③ 由于在概念上无法确定国家安全边界，因此出现所谓"国家安全不可知论"，其代表性观点即"国家安全是一个筐，什么都可以往里装"，这也是对国家安全学是否存在独特研究对象、国家安全学科是否能成为独立学科的主要质疑。从可知论出发，我们应当明确国家安全并非不可定义，不同的定义是对国家安全不同角度的认识，需要综合认识国家安全。国内外学者对国家安全进行了各种定义，虽然在表述上有一定争议，但普遍接受安全是指"没有危险、不受威胁"的基础含义，从而将国家安全定义为"国家生存免于危险与威胁，或者说国家没有受到外部的侵害与威胁，没有产生内部的混乱与动荡"。④ 我国《国家安全法》第 2 条规定："国家安全是指国家政权、主权、统一和领土完整、人民福祉、经济社会可持续发展和国家其他重大利益相对处于没有危险和不受内外威胁的状态，以及保障持续安全状态的能力。"⑤ 这是从法律层面对国家安全的权威定义，这一定义从四个方面对国家安全进行了界定：第一，国家安全的主体为"国家"，民族、地区不应成为国家安全的主体，国家以人民利益为主要内容；第二，国家

---

① 列宁：《唯物主义和经验批判主义》，载《列宁选集》（第 2 卷），人民出版社 1995 年第 3 版，第 138 页。

② 余潇枫、魏志江：《非传统安全概论》，北京大学出版社 2015 年第 2 版，第 32 页。

③ David A. Baldwin, Helen V. Milner, *Economics and National Security*, in Henry Bienen ed. , *Power, Economics and Security*, Boulder, Co: Westview Press, 1992, P. 29.

④ 余潇枫、魏志江：《非传统安全概论》（第 2 版），北京大学出版社 2015 年版，第 36 页。

⑤ 参见《中华人民共和国国家安全法》第 2 条规定。

安全的指涉对象为国家重大利益，即为国家政权、主权、统一和领土完整、人民福祉、经济社会可持续发展和国家其他重大利益；第三，外部不受威胁、内部没有危险是国家安全的理想状态，其既是一种客观状态，又在一定程度上取决于主观感知；第四，保障持续安全状态的能力是国家治理能力现代化的重要内容，国家安全领域是国家治理的重要领域，维护国家安全能力是国家治理能力的核心内容。

（二）反映论

认识的对象是客观物质世界的运动规律，这种物质世界是不以人的主观意志而独立存在的，辩证唯物主义认识论以物质的客观存在为前提，人的意识是物质长期发展的产物，是人脑的机能对物质世界的反映。在国家安全研究中，安全化理论强调国家安全的主观性，认为国家安全主要是一种言语行为，某一事件是否为国家安全事件取决于其政治化程度与结果，"我们可以将'安全'视为语言理论中所说的言语行为，正是话语本身构成了这种行为……通过诉诸国家安全的名义，一些事件就会被引入特定的领域；这意味着国家拥有使用必要手段的特殊权力以阻止事态的发展"[①]。例如美国通过政府行为将中国华为公司5G开发与发展视为危害美国国家安全的行为，从而运用国家手段对华为公司进行制裁、打击。但其他国家并没有将中国华为公司产品列为国家安全威胁。但是，从反映论出发，我们应当明确国家安全危机、危险是一种客观存在，其危害状态与危害后果都为现实危险，并非完全的主观推断、认定。当然不应否认对国家安全危险的主观感知、认识的作用，言语行为具有一定作用。

（三）实践论

辩证唯物主义认识论将科学的实践观引入认识论，认为实践是认识的基础和检验真理的标准，实践是人们改造自然界的活动，是人与人之间的活动以及其他社会活动，而人的认识是在日益发展、演变的实践活动过程中产生的，并受实践活动的影响，总体来说，人的认识是在不断改造世界的过程中产生与发展的。为避免和淡化安全化过程中的主观倾向，在国家安全实践与理论研究中必须正确处理实践与认识之间的能动关系，明确国家安全实践是制定国家安全政策的基础，国家安全实践是认识国家安全规律的主要来源，国家安全实践是国家安全理论研究发展的动力，国家安全实践是检验国家安全战略、理论研究正确性的唯一标准，国家安全工作与理论研究必须坚持一切从国家安全实践需要出发，

---

① Ole Waver, Pierre Lemaitre, Elzbieta Tromer, *European Polyphony：Erspectives Beyond East – West Confrontation*, Macmillan, 1989, pp. 5 – 6.

通过实践进行理论提炼形成国家安全理论与政策，才能正确指导国家安全实践。

二、辩证系统论是"总体"思维体系的理论基础

亚里士多德表述的"整体大于它的各部分总和"是系统论思想的最早溯源，普通系统论主要关注系统和组成部分之间的关系，"存在着适用于综合系统或子系统的模式、原则和规律，而不论其具体种类、组成部分的性质和它们之间的关系或'力'的情况如何"[①]。现代系统论以系统内部整体与部分的关系作为主要研究对象，把系统视为整体和部分的统一，真正认识系统必须把整体与部分有机结合起来，整体对系统的存在和发展起着决定性的作用，而部分（或要素）则起基础作用，应当用系统与要素的关系范畴取代整体与部分的关系范畴，"人们在认识系统时，应该着重把握整体，同时要兼顾部分，并把二者有机结合起来，这样就为辩证系统观的确立打开了思路"[②]。钱学森是我国现代系统论的开创者，高度概括现代系统论的核心是"我们所提倡的系统论，既不是整体论，也非还原论，而是整体论与还原论的辩证统一"[③]。同时把现代系统论与唯物辩证法紧密结合，确立了辩证系统观，"因为局部与全部的辩证统一，事物内部矛盾的发展与演变等，本来是辩证唯物主义的常理，而这就是'系统'概念的精髓"[④]。

辩证系统论是总体国家安全观中"总体"思维的理论基础。总体国家安全观中的"总体"主要体现在："一是揭示了国家安全含义的全面性，总体国家安全体系涵盖传统安全与非传统安全全部领域；二是突出了国家安全布局的系统性，不同国家安全领域构成了一个相互联系相互影响的有机系统；三是强调了国家安全效果的可持续性，即'发展与安全并重以实现持久安全。'"[⑤] 总体思维与总体国家安全体系充分体现辩证系统论的思想精髓。

系统与组成部分之间的辩证关系是总体国家观的体系基础。辩证系统论认为世界是以系统存在的整体，世界上任何系统客体都是结构与功能的统一体，整个物质世界是由不同层次的等级结构组成的统一体，世界上任何客体都是动态的开放系统，世界处于永不停息的自组织运动中。[⑥] 总体国家安全观以传统

---

① 路·冯·贝塔郎菲：《普通系统论的历史和现状》，载《国外社会科学》1978 年第 2 期。

② 常绍舜：《从经典系统论到现代系统论》，载《系统科学学报》2011 年第 3 期。

③ 于景元：《钱学森科学历程中的三大创造高峰》，载《科技日报》2009 年 11 月 12 日。

④ 钱学森等：《论系统工程》，上海交通大学出版社 2007 年版，第 288 页。

⑤ 全国干部培训教材编审指导委员会：《全面践行总体国家安全观》，人民出版社、党建读物出版社 2019 年版，第 27–28 页。

⑥ 李香晨：《现代系统论丰富了辩证唯物主义》，载《社会科学辑刊》1985 年第 3 期。

安全与非传统安全分类为基础，形成不同领域的系统化，从而构建完整国家安全体系。传统安全与非传统安全的分类，是国际关系视野下对国家安全领域的基本分类。而总体国家安全观重点研究国家安全整体与不同国家安全领域之间的关系。马克思将生产方式视为由各个独立要素构成的理论系统，分析了这些要素在系统中的独立运转方式，认为社会变化是由原系统的内部过程和阶级矛盾所产生，形塑社会经济形态的分析模型是一个由三个主要子系统构成的生产方式系统，这些子系统是经济基础、政治和法律上层建筑、社会和文化意识的形式，"马克思构想的整个分析结构是全体论性质的。这个模型成为整体、统一体。但是它却是一个由非同质的要素构成的统一体，是由分析起来明显不同的要素组成的综合。因此，也可以从它的组成的要素这一级来进行理论分析"①，从而形成国家安全的整体与部分关系。

不同国家安全领域的组合，反映了国家安全的整体状态。"一个系统对它的各个要素的影响是马克思研究方法的核心。我们所达到的结论并不是说：生产、分配、交换、消费都是相同的。而是说：它们构成一个总体的全部肢体，都是一个统一体内部的差别。生产居支配地位，在不同的环节之间，存在着交互作用。每一个有机的整体都是这种情形。"② 政治安全、经济安全、社会安全、生态安全、网络安全、科技安全等领域中的重大风险，并非在某一领域单一存在、发生、发展，随着不同风险的发酵、变异，不同风险的叠加、混同，最终危及国家安全整体，不同领域风险与组合反映了国家安全处于危险与受到威胁的整体状态。

三、中国"和合"传统思想体系是总体国家安全观的本体渊源

"和合"是指自然、社会、人际、心灵、文明中诸多元素、要素的相互冲突、融合，与在冲突、融合过程中各元素、要素和合为新结构方式、新生命、新事物的总和。③ 宇宙间一切现象都蕴含着和合，一切思维都浸润着和合。在和合的视野中，自然、社会、人际、心灵、文明都是和合，乃至存有的追根究底，亦是和合。它是对和合经验的反思、梳理和描述。④ 和合思想是中国古代思想的结晶。孔子弟子有子说："礼之用，和为贵。"（《论语·学而》）孔子曰："君子和而不同，小人同而不和。"（《论语·子路》）孟子说："天时不如

---

① D. 麦奎里、T. 安贝吉：《马克思和现代系统论》，载《国外社会科学》1979 年第 6 期。
② 马克思：《政治经济学批判大纲》（第一分册），刘潇然译，人民出版社 1975 年版，第 24 页。
③ 张立文：《中华和合人文精神的现代价值》，载《社会科学研究》1997 年第 5 期。
④ 张立文：《中华和合人文精神的现代价值》，载《社会科学研究》1997 年第 5 期。

地利，地利不如人和。"(《孟子·公孙丑下》) 老子说："道生一，一生二，二生三，三生万物。万物负阴而抱阳，冲气以为和。"(《道德经·第四十二章》) 古代先贤的和合思想历经多世，传承至今。和合思想是中华民族传统的价值判断范式，和合精神是中华民族历史长河中化解冲突的根本之道，"天人相互协调，人与自然和谐相处，这是中华和合文化的重要内涵，'万物并育而不相害，道并行而不相悖'，应是人类所追求的理想境界。'万物并育而不相害'即保持生态平衡。'道并行而不相悖'即贯彻百家争鸣，这应是和合的理想状态"①。"天人合一"的最高理想状态是构建"和谐"，和谐观念因而成为和合思想的主要体现，自然的和谐、人与自然的和谐、人与人的和谐、人自我身心内外的和谐构成了中国哲学的"普遍和谐"的观念。② 在当代中国，"研究、弘扬和推广中华和合文化，对于推动社会的长治久安和国家的安定团结，促进祖国和平统一，推动世界的和平与发展具有重要的时代意义；也可使中华和合文化在解决人类的冲突中，走向世界，并使世界认同中华文化的和合精神"。③

　　人与自然、人与社会、人与人、人与心灵的和合，是相互渗透、联系的。天和、政和、人和、心和是有机的整体系统。四种类型的和合具有四种特质："第一，和合是诸多异质因素、要素的对立统一，即多元和合首先需要承认多元的、多样的事物的存在，它不是一元的，一元即是同一、单一、唯一，'同则不继'；第二，和合是诸多优质因素、要素的融合；第三，和合是有机的、有序的；第四，和合是动态分析的理论结构，这种理论结构具有相对论和对称论的方式，也具有综合论和相济论的方式。"④ 总体国家安全观是中华传统文化和合思想特质的直接反映。

　　五对关系、五大要素的有机组合共同构成总体国家安全观的有机系统。发展与安全、外部安全与内部安全、国土安全与国民安全、传统安全与非传统安全、自身安全与共同安全五对关系，是践行总体国家安全观需要统筹的基本关系。发展利益与安全利益，是国家核心利益的重要内容；既重视外部安全，又重视内部安全是系统性战略安排；突出国民安全的主导性地位，同时强调国土安全不可或缺的地位；传统安全与非传统安全相互联系、相互影响、相互转

　　① 张岱年：《漫谈和合》，载《社会科学研究》1997 年第 5 期。
　　② 汤一介：《世纪之交看中国哲学中的和谐观念》，载《大国方略——著名学者访谈录》，红旗出版社 1996 年版，第 192 页。
　　③ 中华和合文化弘扬工程组委会秘书处、中华和合文化弘扬工程组委会成都分组委会：《中华和合文化研究及其时代意义》，载《社会科学研究》1997 年第 6 期。
　　④ 张立文：《中国文化的精髓——和合学源流的考察》，载《中国哲学史》1996 年第 1－2 期。

化；国家安全与国际安全紧密关联，自身安全与共同安全相辅相成。以人民安全为宗旨，以政治安全为根本，以经济安全为基础，以军事、科技、文化、社会安全为保障，以促进国际安全为依托，五大要素共同构成了总体国家安全观对立统一、同则不继的有机系统。总体国家安全的实现需要融合内部不同领域、关系、要素，统筹协调才能达到和谐发展的理想状态。各种领域、关系、要素在总体国家安全体系内有机、有序不断磨合，始终处于动态发展变化中。

第四节　总体国家安全观方法论基础

方法论是认识世界的工具与手段，"方法论的任务是说明这样一种方法，凭借这种方法，从我们想象和认识的某一给定对象出发，应用天然供我们使用的思维活动，就能完全地、即通过完全确定的概念和得到完善论证的判断来达到人的思维为自己树立的目的"①。正如马克思曾经指出："真理不仅仅包括在结果之中，也包括在实现结果的方法之中。"② 总体国家安全观对国家安全的认识，运用了诸多学科的知识体系与方法，首先是政治学中国际关系研究理论，揭示了外部安全与内部安全的辩证关系，为维护国家安全提供了国际安全保障体系；其次是情报学，情报是维护国家安全的基本工具，是国家安全能力的重要体现；最后是管理学中的风险社会与危机管控理论，为防范、化解重大风险提供理论支撑。在总体国家安全观研究与应用中，军事学、地理学、民族学、生物学、核物理学、信息工程学等自然科学与社会科学学科一道为国家安全对应领域提供认知基础、认识工具、认识方法，本书无法尽举，只能有所选择，重点阐述具有普遍性、代表性、重要性的方法论学科知识。

一、政治学国际安全理论

有关安全与国家安全的研究最早开始于国际政治研究。国家的建立就是为了捍卫人民"免遭外来者的侵略和彼此间的伤害"。维护国家安全是国家最重要的职责，是国家对外政策的核心。③ 国家中心主义背景下的国家安全与国际政治、世界秩序密不可分，因而在国际关系研究中，国家安全与国际安全、世界安全（全球安全）形成一个有机体系。"这三个概念表现了安全的不同层

---

① 阿·迈纳：《方法论导论》，王路译，生活·读书·新知三联书店1991年版，第7页。

② 信春鹰：《当代西方法哲学的认识论和方法论》，载《外国法译评》1995年第2期。

③ Harold Brown, *Thinking about National Security*, West View Press, 1983, p. 4.

次。简言之,'国家安全'是就单个国家而言,'国际安全'是就若干国家而言,'世界安全'则是就全球国家而言"①。在国际政治中,"国家安全"、"国际安全"和"世界安全"密切相关,无法截然分开,随着全球化的发展,在高度相互依存的世界体系中,国家安全的国际政治色彩日益浓厚,研究国家安全、维护国家安全必然与国际安全、全球安全紧密关联,内部安全以外部安全为保障与依托,只有在国际政治、全球安全视野下才能形成总体国家安全体系。

现实主义、理想主义、建构主义是国际关系的三大基本理论流派。三大理论流派在不同历史时期对国际安全进行了深入研究,成果丰富。每一理论流派都是对当时国际政治实践的总结,指导国际安全秩序构建,即使是在当代也可以在特定领域、特定事件中作为维护国家安全的工具与手段。

所有现实主义理论都遵循一个基本假设,"国家是国际社会的主要行为者,国际事务在国际无政府状态(anarchy)下发生"。国家间无政府状态导致国家间相互猜忌和恶意揣测②,由此每个国家都处于战争状态,处于"安全困境",在国际无政府状态下,安全困境不能从根本上摆脱,而只能改良,解决安全困境的唯一选择就是"均势","在由主权国家组成的国际大家庭中,均势和旨在维持均势的政策是个必不可少的因素"③。毋庸置疑,均势安全观在某种意义上有助于国际和平,但显然无法确保持久的国际和平与安全。霸权安全观或霸权稳定论认为,一个霸权国家的存在有利于国际秩序稳定和安全。在"冷战"时期,均势论与霸权论是维护国际安全、世界秩序的主要工具,但在非两极对抗的多元中心世界格局中,均势论与霸权论均不再适用于全球范围,但在地区安全平衡体系中,均势论仍然有一定指导意义。反对现实主义割裂"国际"和"国内"政治关系是理想主义的基本观点,强调国际关系中"各国的共同利益、共同价值观念和共同规范保证了国际社会具有和谐的本质",④通过建立国际法和国际组织能够规范国家的行为,国际合作能够制止侵略,达到国际和平的目的。

理想主义安全观主要代表理论有集体安全观、相互依赖观、民主和平论。集体安全观念是在国际无政府状态下,通过制度、约束来谋取和平的理想模式,联合国成立以来一直是集体安全观的主要践行者,联合国的作用及其在国际法律体系中的核心地位是集体安全理念得以实施的基础和关键。相互依赖是保障集体

---

① 李少军:《论安全理论的基本概念》,载《欧洲》1997 年第 1 期。

② Robert Keohane, *Neorealism and Its Critics*, Columbia University Press, 1986, p. 172.

③ Hans Morgenthau, *Politics among Nations: The Struggle for Power and Peace*, 6th ed., Alfred A. Knopf, 1985, p. 187.

④ 宋德星:《国际关系三大理论流派对国际安全的思考》,载《国际论坛》2000 年第 4 期。

安全的国际关系基础，随着全球化的深入，全球安全治理是国际安全的趋势。

　　建构主义主要从社会文化层面解释国际安全，认为对国际安全起关键作用的是观念、文化、认同和规范等因素。安全共同体理论是建构主义代表性理论，该理论认为国家之间可以通过互动，培养共同的文化观念，形成高度互信和集体认同，建立安全共同体，从而摆脱"安全困境"。安全共同体是区域经济一体化发展到一定水平的客观产物，是相互依赖理论在地区领域的实践，是国际政治中解决安全困境较为理想的一种模式，但由于各个国家、地区、民族观念、文化、制度多样化的历史传统与现实存在，安全共同体的实现缺乏现实基础。

二、情报学分析研究工具

　　从历史发展来看，世界各国国家安全工作都经历了从狭义的情报、反间谍工作向广义的国家安全工作演变的过程。狭义的国家安全工作是指专门国家情报机关与安全部门的情报收集与反间谍工作，如美国中央情报局、俄罗斯联邦安全局、英国秘密情报局、以色列摩萨德、法国对外安全总局、德国联邦宪法保卫局、中国国家安全部等。在"冷战"期间，世界各国情报与安全机构主要工作集中于面向境外敌对国家与组织的情报收集与反间谍工作。《1947年美国国家安全法》奠定了战后美国军事和情报体系的基础，经过不断的调整和完善，最终形成了一个自上而下、相互分工配合的国家情报体制，"以总统为主席的国家安全委员会对整个国家安全情报系统实施指挥和管理，向各个情报部门提出和下达任务；国家安全情报系统各成员单位在国家情报主任领导下，各司其职，通过国家情报主任向国家安全委员会和总统负责"。① 美国国家安全情报系统共分为五个层级，在不同层级内，各司其职，共同构成一个层级分明、分工严密、专业高效的情报系统。② 根据《1947年美国国家安全法》，美国成立第一个独立情报机构——美国中央情报局后，逐渐形成了以中央情报局

---

　　① Offiee of the Director of National lntelligence, *An Overview of The United States Intellgence*, Community, 2007, p. 2.

　　② 第一层级是国家安全委员会，是美国国家安全事务最高权力机构，是国家安全体制中的决策机构；第二层级是国家情报主任，为指挥协调层级，是总统、国家安全委员会的首席情报顾问；第三层级是国家情报主任办公室，为执行机构，下设国家情报委员会、国家反情报办公室、国家反恐中心、国家反扩散中心等具体的情报管理执行机构，这些执行机构分别协调和指导美国国家安全情报系统的情报搜集、评估、反情报、反恐、防止大规模杀伤性武器扩散和情报资源共享的事务；第四层级是咨询机构，包括总统外国情报顾问委员会、国家对外情报委员会，前者负责就情报的搜集、分析及情报工作的发展等事项向总统提出建议，并对国家安全情报系统的工作进行总体评估，后者是协助国家情报主任管理国家安全情报系统的高级顾问班子；第五层级是监督机构，主要为参众两院的情报委员会，是情报工作的监督机构，负责对国家安全情报工作的立法、审核情报预算及情报活动进行监督。

为主，军政两条线，多部门参与的情报机构格局。①

总体国家安全体系下的情报工作仍然是国家安全工作的核心，"随着人类社会的发展和时代的进步，面对'和平与发展'的时代主题，情报工作已经从以国家关系为基础的政治、军事等传统安全领域逐渐扩展到以全球化为背景的经济、科技、文化、资源、环境、有组织犯罪、恐怖主义等非传统安全领域，情报已经成为提高国家综合国力的一个重要因素"②。我国《国家情报法》对国家情报工作进行了明确界定，并说明了国家情报工作的重要性。"国家情报工作坚持总体国家安全观，为国家重大决策提供情报参考，为防范和化解危害国家安全的风险提供情报支持，维护国家政权、主权、统一和领土完整、人民福祉、经济社会可持续发展和国家其他重大利益"（《国家情报法》第2条）。《国家情报法》将国家情报定义为总体国家安全观下国家安全工作的重要组成部分，国家情报学也将成为国家安全学一级学科之下必不可少的二级学科。国家情报工作有其特定的工作方法，"国家情报工作机构根据工作需要，依法使用必要的方式、手段和渠道，在境内外开展情报工作"。（《国家情报法》第10条）情报学以这些特定的情报方式、手段、渠道为研究对象，其研究方法区别于法学、政治学、社会学、管理学等其他相邻学科。

情报学是以情报工作为研究对象，探索情报工作规律，研究改进情报工作途径的学科，西方称之为情报研究。我国现代情报学主要由三个部分构成：一是科技情报体系，以科技情报为研究对象，主要服务认知和科技发展领域；二是国家安全情报体系，即所谓战略情报，是"对于国家生存来说至关重要的知识"③，包括军事情报学、公安情报学等，主要服务国家安全领域；三是竞争情报体系，主要服务市场竞争与信息分析。情报流程一般分为：计划与指导、搜集、处理与加工、分析与生产、分发与整合、评估与反馈。情报学主要研究方法也因而被概括为情报收集、研究、分析与应用，其中情报收集、研究与分析是情报学核心，是生产、运用情报的基本工具。情报的任务在美国被总结为支援美国的外交，支援并监督条约与协议的签署和履行，支援军事行动，支援防务计划制订，经济情报支援，防范威胁美国利益的跨国行动，为职能机构提供相关信息支援、信息战情报支援等方面，④ 在总体国家安全观指导下，

---

① 钱立伟、张继业：《美国情报机构改革现状综述》，载《国际资料信息》2005年第6期。

② 包昌火、马德辉、李艳：《Intelligence视域下的中国情报学研究》，载《情报杂志》2015年第12期。

③ 谢尔曼·肯特：《战略情报——为美国世界政策服务》，刘微、肖皓元译，北京金城出版社2012年版，第2页。

④ The Aspin–Brown Commission, *Preparing for the 21st Century*, pp. 20–27.

我国情报学正在重新认识学科任务与目标，以服务国家安全为基本目标，整合不同情报体系，形成融合不同体系、包容不同方法、应用广泛的综合情报系统，成为总体国家安全体系的有机组成部分。

三、防范化解重大风险的风险社会理论

坚持底线思维、着力化解防范重大风险是当前国家安全工作的核心。"面对波谲云诡的国际形势、复杂敏感的周边环境、艰巨繁重的改革发展稳定任务，我们必须始终保持高度警惕"①，重点防范化解政治、意识形态、经济、科技、社会、外部环境、党的建设等领域的重大风险，要"建立健全国家安全风险研判、防控协同、防范化解机制"，"提高防范抵御国家安全风险能力"②。了解、掌握现代社会风险的规律是防范化解重大风险的基础，风险社会理论为认识、发现、化解、防范重大风险提供理论基础。

现代社会的风险本性上意味着，为现代性所推动的、作为理性化核心内容的经济和科学技术的发展，给人们带来的无法预见并且难以控制的不确定性社会后果，当这种风险既成为内在于社会发展的根本因素又成为推动社会发展的主要动力时，风险社会形态便开始形成。③ 风险的特征是认识风险规律的基础。其一，风险是未来可能发生的危害后果。正如贝克所定义，"所谓风险，是预测和控制人类活动的未来结果，即激进现代化的各种各样、不可预料的后果的现代手段，是一种拓殖未来（制度化）的企图，一种认识的图谱"④。其二，风险能够被观察与控制，虽然风险存在的客观性存在争议，但客观主义和主观主义一致认为风险是能够被人的意识感知和认识的。其三，风险存在与成因的广泛性。风险社会跨越了国家、民族、社会制度的壁垒，同样具有明显的全球性特征，"随着两极世界的消退，我们正在从一个敌对的世界向一个危机和风险的世界迈进……每个社会都经历过危险，但风险社会制度是一种新秩序的功能，它不是一国的，而是全球性的"⑤。风险最初出现于经济领域，随后逐渐蔓延到政治领域、经济领域、生态领域、文化领域，风险不仅涉及社会利

---

① 《习近平在省部级主要领导干部坚持底线思维着力防范化解重大风险专题研讨班开班式上发表重要讲话强调　提高防控能力着力防范化解重大风险　保持经济持续健康发展社会大局稳定》，载《北京人大》2019 年第 2 期。

② 《中共中央关于坚持和完善中国特色社会主义制度　推进国家治理体系和治理能力现代化若干重大问题的决定》，载《中国文化报》2019 年 11 月 6 日。

③ 韩德明：《风险社会中的司法权能——司法改革的现代化向度》，载《现代法学》2005 年第 4 期。

④ 乌尔里希·贝克：《世界风险社会》，南京大学出版社 2004 年版，第 84 页。

⑤ 乌尔里希·贝克：《世界风险社会》，南京大学出版社 2004 年版，第 85 页。

益，还涉及个人权益与生活，现代社会中风险无处不在。

风险治理是控制风险的主要方式，关于风险的"治理性"理论是现代风险管理的基石，它坚持启蒙现代性的理性立场，相信知识和专家的力量，认为现代性知识与政治权力的同构和共谋能够实现对风险的有效管理。贝克提出从三个方面进行风险治理。

一是意识的启蒙，即"第二次启蒙"，唤起人们对现代工业社会风险的认识进行反思，积极应对；二是再造政治，即确立政治和道德对科学的"优先权"，其具体对策是对现存的政治制度进行反思和改革，破除专门知识与专家垄断，在决策中重视参与范围、参与程度、参与方式公开化、多元化，由专家与其他决策主体充分对话，并将这一过程纳入法律和制度化的框架；三是复合治理，所谓复合治理主要指政府组织、非政府组织、企业组织、家庭以及个人等各方面主体对于社会公共事务共同进行协调式管理，以实现预定利益或价值目标的过程与方式。① 复合治理中个体是最基本的单位，只有个体意识到风险存在并自觉地控制风险，才能最大限度地解决风险。复合治理可以分为四个阶段：风险发现、选择风险、分配风险以及规避或者减小风险。"无论是国家、市场还是被许多人寄予厚望的公民社会都无法单独承担其应对风险的重任。在风险治理所要达到的秩序目标中，分担风险最为关键，只有解决了由哪些社会群体来共同承担风险，分担哪些风险以及多少风险，才能在治理过程中划分清楚各个利益相关者的权利与职责，使相关各方在应对风险中找到自己的位置，然后才能把如何预防和规避、减少风险提到日程上，并使各方承担起相应的责任。"②

综上，理论基础研究是现代科学发展的基础，是学科、理论发展成熟的标志。然而，对于理论基础体系是一元体系还是多元体系，多元体系应该包括哪些内容，具体学科、理论的理论基础到底包括哪些，在理论与学科发展过程中一直存在诸多争论，大多数学科正是在这些争论基础上不断成熟、完善。随着中国特色社会主义建设的不断深入，国家安全工作瞬息万变，总体国家安全观自提出以来，一直处于不断发展之中。完善国家安全体系，增强国家安全能力，调整国家安全战略，推进国家安全法治，加强国家安全宣传与教育，丰富国家安全理论，总体国家安全观逐渐成熟。总体国家安全观的理论基础及其体系构建研究，只是处于起步阶段，随着总体国家安全观的不断发展、成熟，其理论基础研究也将不断深入，并最终为总体国家安全观的继续发展提供理论积淀与认识基础。

---

① 卢建平：《风险社会的刑事政策与刑法》，载《法学论坛》2011 年第 4 期。

② 杨雪冬：《全球化、风险社会与复合治理》，载《马克思主义与现实》2004 年第 4 期。

第三章　总体国家安全观基础理论

理论基础是学科和理论的逻辑起点，是"元科学"和应用哲学的母体，它是一门独立的学科，并且是区分理论与相关学科和理论的核心依据。基础理论则是在理论基础上发展起来的基本范畴、基本原理，是"从一门学科的逻辑始点开始，或者说在一门学科的理论基础之上，围绕着该学科的研究对象所建造或发展起来的各种基本概念、原理、命题等等"[1]。任何一门学科、理论必然有其特定的基本概念、原理、命题，这是学科、理论独立和成熟的重要标志。一般来说，"基础理论"是指一门学科或理论的最基本、最基础的理论。总体国家安全观以传统安全与非传统安全为分类标准，以国家安全领域为基础，构建了一个全面、开放、完整的国家安全体系。国家安全体系是总体国家安全观的领域基础，因此形成的国家安全体系论是总体国家安全观的重要基础理论。

以人民安全为宗旨、以政治安全为根本、以经济安全为基础，以军事、科技、文化、社会安全为保障，以促进国际安全为依托，勾勒了总体国家安全观的基础要素，对各要素在总体国家安全观中的地位与作用进行了详细说明，因此形成的国家安全要素论是总体国家安全观的核心基础理论。

既重视发展问题，又重视安全问题；既重视外部安全，又重视内部安全；既重视国土安全，又重视国民安全；既重视传统安全，又重视非传统安全；既重视自身安全，又重视共同安全。这些构成总体国家安全观的五大基础关系，因此形成的国家安全关系论是总体国家安全观的关键基础理论。

上述五大要素与五大关系是总体国家安全观的核心要义。

第一节　国家安全体系论

2014 年 4 月 15 日，习近平总书记在主持召开中央国家安全委员会第一次

---

① 程焕文：《关于目录学理论基础研究的几个问题》，载《广东图书馆学刊》1988 年第 2 期。

会议时的讲话中，首次提出要构建集政治安全、国土安全、军事安全、经济安全、文化安全、社会安全、科技安全、信息安全、生态安全、资源安全、核安全等于一体的国家安全体系，为开创国家安全工作新局面指明了方向。2015年修订的《国家安全法》全面反映总体国家安全观指导思想，其第3条明确了"坚持总体国家安全观"为国家安全工作指导思想，指明了"构建国家安全体系"的基本任务，在第二章"维护国家安全的任务"中，第15～34条以列举维护国家安全任务的方式，明晰了国家安全体系的具体领域，包括人民安全，政治安全，军事安全，国土安全，经济安全，金融安全，资源能源安全，粮食安全，网络信息安全，文化安全，科技安全，社会安全，极地、深海、太空安全，核安全，海外利益安全等广泛领域。2017年，党的十九大报告提出为维护国家安全，要"健全国家安全体系，加强国家安全法治保障，提高防范和抵御安全风险能力"。2019年，《中共中央关于坚持和完善中国特色社会主义制度　推进国家治理体系和治理能力现代化若干重大问题的决定》强调要"健全国家安全体系，增强国家安全能力"。2021年，党的十九届六中全会通过的《中共中央关于党的百年奋斗重大成就和历史经验的决议》指出："党着力推进国家安全体系和能力建设，设立中央国家安全委员会，完善集中统一、高效权威的国家安全领导体制，完善国家安全法治体系、战略体系和政策体系，建立国家安全工作协调机制和应急管理机制。"2022年10月，党的二十大报告提出"推进国家安全体系和能力现代化，坚决维护国家安全和社会稳定"。在党的二十大报告中，除了对既往国家安全体系的强化，又增加了"风险监测预警体系"和"重点领域安全保障体系"以及"重要专项协调指挥体系"，提出"完善国家安全力量布局，构建全域联动、立体高效的国家安全防护体系"。2023年5月，习近平总书记主持召开二十届国家安全委员会第一次会议强调"加快国家安全体系和能力现代化，以新安全格局保障新发展格局"。习近平总书记进一步强调："要加快推进国家安全体系和能力现代化，突出实战实用鲜明导向，更加注重协同高效、法治思维、科技赋能、基层基础，推动各方面建设有机衔接、联动集成。"[①] 同时，会议审议通过了《加快建设国家安全风险监测预警体系的意见》，该文件的通过对推进国家安全体系现代化具有重要作用。

　　总体国家安全观构建的国家安全体系具有全面性的突出特征，这也是

---

　　① 《习近平主持召开二十届中央国家安全委员会第一次会议强调　加快推进国家安全体系和能力现代化　以新安全格局保障新发展格局》，载中国政府网，2023年5月30日，https：//www.gov.cn/yaowen/liebiao/202305/content_6883803.htm。

"总体"的直接反映。构成国家安全体系的各个领域是国家安全体系的基本要素，不同要素相互区分、相互影响、相互作用，共同构成国家安全系统，国家安全"总体"与"部分"国家安全领域之间的辩证统一形成了"总体"的系统性特征。随着国内外政治、经济形势的不断变化，构成国家安全体系的国家安全领域一直处于不断发展与变化之中，开放性、发展性是国家安全体系的动态特性。总体国家安全观指导构建的全面、系统、发展的国家安全体系是总体国家安全观的核心思想，是与其他国家安全观区分的显著特征，由此所构成的国家安全体系论是总体国家安全观的重要基础理论。国家安全体系论以宏观性视角看待国家安全，以全局化的眼光研究总体国家安全观，从体系化的方向分析国家安全内部子系统的联系和发展，通过分析其全面性、系统性、开放性、发展性的特点对国家安全进行总体把握，以更加全面的视角看待国家安全问题，发展国家安全学科。

一、全面的国家安全体系

总体国家安全观提出之前，我国的国家安全观还不成体系。在理论上，不够全面、不够完善；在实践中，无法统筹全方位格局指导国家安全工作。于是在理论和实践的共同需求下，2014年习近平总书记在中央国家安全委员会第一次会议上创造性地提出总体国家安全观这一理念。至此，总体国家安全观成为我国国家安全的标识性概念。

总体国家安全观博大精深，对其全面程度可以从领域、内容以及对国家安全工作的指导三个角度进行论述。

（1）领域的全面性。总体国家安全观提出之后，我国国家安全所包含的领域逐步扩展。其中涵盖了可能威胁国家安全的各个领域，可谓非常丰富，主要为以下几个方面。首先，既包括对内的，又包括对外的。对内的国家安全观主要立足于我国目前的基本国情和实际状况，强调以人民安全为宗旨，在维护国家与社会稳定的前提下，不断谋求发展。对外的国家安全观主要以共同、合作、对话为主旨，号召在世界范围内建立新的国际安全体制机制。其次，既有传统的，又有非传统的。不仅包括政治、军事等传统安全，还包括生态、科技、资源等非传统安全。再次，既有人的安全，又有事物的安全。总体国家安全观中人民、国民安全是重中之重；同时有关事物的安全也非常丰富，比如核安全、政治安全等。最后，还包括面向现在的和面向未来的。不仅包括目前问题比较突出的网络环境、恐怖主义、生态环保等领域，还涉及未来可能需要更多保护的极地、太空、海洋等领域的安全。总之，总体国家安全观涉及的领域有关国家活动和人民生活的方方面面，对国家安进行了全面的维护。

（2）内容的全面性。总体国家安全观吸收、结合了古代中国国家安全思想、近代西方安全理论、马克思主义国家安全理论，以及新中国成立后不断探索的国家安全思想，可以说是贯通古今，兼容并包。首先，中国自古以来就倡导"以和为贵""天下大同"，中国人民也多有"家国天下"的情怀，这是中华民族热爱和平的本源，也是总体国家安全观中表达的我国对于国际安全的期望。同时，总体国家安全观对"以人民安全为宗旨"的纲领和"国民安全"重要性的多方面论述，更是中国传统文化中"仁爱善良"价值取向和"以民为本"思想主张的当代落实。① 其次，总体国家安全观还吸收了西方安全观中"综合安全""共同安全"思想的合理成分。"综合安全"强调维持国内各方面的安全以达到总体国家安全的稳定，强调通过提高对风险的预防达到维护国家安全的目的。"共同安全"则是通过安全主体在一定范围内的合作谋求国家安全、地区安全，甚至国际安全的主张。总体国家安全观中吸收"综合安全"关于风险防控的相关理论，进一步深化了"共同安全"的意义，将安全的范围拓展到全世界、全人类，并形成了更加系统性的认识。此外，总体国家安全观吸收了马克思主义国家安全理论，认为国家发展与国家安全之间并不矛盾，倡导自我利益的相对追求和相互的安全，以此推动发展与安全的良性循环，从根本上消除"修昔底德陷阱"。最后，总体国家安全观在新中国成立以来不断总结的国家安全思想的基础上，与我国的现实国情相结合，最终形成极具中国特色又符合历史发展潮流的国家安全思想。

（3）总体国家安全观实现了对国家安全工作的全面指导。总体国家安全观符合保障国家安全的现实需要，使国家安全工作发生了历史性的变革，牢牢把握了国家安全的全局。近几年以总体国家安全观为指导，国家安全工作全面化、系统性开展，涉及国家安全宣传教育、国家安全法治完善、国家安全体系建设、国家安全治理能力提升等多个方面，取得了十分显著的成果。而国家安全工作如此有条不紊地开展与党的领导有密不可分的关系。只有发挥了党领导的绝对优势，才能建立完善集中统一、高效权威的国家安全领导体制②，才能将国家安全工作合理布局并落到实处。总而言之，维护国家安全和坚持党的领导不可分割，只有坚持党的领导，才能真正实现国家安全。

---

① 刘跃进：《总体国家安全观：民心基础与理论溯源》，载《人民论坛》2014 年第 11 期，第 25 页。
② 陈文清：《总体国家安全观的生动实践和丰富发展》，载《中国信息安全》2020 年第 4 期，第 9 页。

二、系统的国家安全领域

总体国家安全观以现代系统论为基础，系统性是它的基本性质之一。系统论认为，任何系统都是一个有机的整体。它由各要素组合而成，但并不是各个要素的机械组合或简单相加，而是形成了具有系统特征和性质全新的整体。系统论还认为，要素是整体中的要素，如果将某要素从系统整体中割离出来，必然会导致整个系统发生变化。① 总体国家安全观与各个领域的子安全也正是如此。各个领域的子安全并不是孤立存在的，它们是国家安全的不同方面，各自起着特定的作用，相互关联、影响，共同构成总体国家安全。

（一）国家安全与各领域安全之间的关系

1. 维护国家安全是各领域安全产生的原因

在人类文明不断发展创造出国家之后，国家安全便自然产生了。而为了维护国家安全，防止国家利益在战争和冲突中遭受损害，需要先进的兵器、年轻的士兵，军事安全由此产生。之后为了维护国家整体态势的平稳，统治阶级必须要保证人民的基本生存需要，防止天灾人祸的发生，由此便逐渐产生了粮食安全、社会安全、资源安全、经济安全等。到了近代，欧洲早期殖民国家开始采用传教士等方式，扩大自己的文化影响力，其他国家也逐渐意识到文化安全的重要性，开始通过维护文化安全的方式保障国家安全。由此可以看出，其他各领域安全产生的原因实际上就是为了维护国家安全。

2. 保障国家安全是维护各领域安全的目的

各领域安全由国家安全产生，因此必须在保障国家安全这一前提下，维护其他领域安全。因此，保障国家安全就成为维护各领域安全的根本目的。同时，虽然各领域安全自身存在一定的独立性，但绝不能脱离国家安全体系这一整体。因为一旦要素脱离系统，就无法发挥其作用，所以决不能离开国家安全空谈其他领域的安全，要将维护各领域安全所发挥出的积极作用统一于维护国家安全这一根本目的上。

（二）各领域安全之间互相影响

系统受内外部影响持续处于动态变化中，国家安全体系内部的各领域安全也并非静止不动的，而是相互影响、相互转化的。这一点在非传统安全问题中体现得尤为突出。非传统安全领域之间互相影响的速度更快，影响力也更广。

---

① ［美］冯·贝塔朗菲：《一般系统论基础、发展和应用》，林康义、魏宏森译，清华大学出版社1987年版，第28-36页。

也正是由于这种特性，非传统安全问题一旦发生，就会对其他领域产生巨大影响并形成逐级放大效应。值得一提的是，相比其他安全，网络安全对其他领域安全的影响体现得更为强烈。由于网络自身作为媒介具有传递性和外溢性，网络安全与其他安全比如社会安全、文化安全联系得更为紧密。有些危害国家安全的案件，就是通过舆论在网络上发酵，对网络安全进行威胁，再逐步深入，利用信息的传播达到危害政治、经济、文化等领域安全的目的。

（三）各领域安全与国家安全的关系

1. 不同时期各领域安全在国家安全中的地位不同

虽然总体国家安全观中的每一领域的安全都不容忽视，但各领域安全在国家安全中的地位却有所不同，在不同的发展阶段可能会有不同的侧重。比如，新中国刚成立时，在政治领域要防范政权颠覆，还要警惕外敌的入侵。所以当时重视的国家安全主要是政治安全、军事安全等一些传统领域的国家安全。经过七十多年几代中国人的共同努力，中国经历了站起来、富起来、强起来三个阶段。到了 21 世纪，我国各领域快速发展，仅维护国家传统安全领域已经不能满足国家安全的需要，生态安全、网络安全等非传统安全成为我国现阶段维护国家安全的重要领域。

2. 某一领域安全受损都可能威胁国家安全

虽然在维护国家安全上，对不同的安全领域有所侧重，但维护国家安全不能忽视任何领域的任何安全，因为任何一个领域安全受到严重破坏或威胁，国家安全必然会受到冲击，正所谓"牵一发而动全身"。因此，任何一种安全问题都不能被忽视。同时，国家安全工作必须着眼于总体国家安全这一整体，绝不能顾此失彼，被某一种安全问题牵着鼻子走。

总之，要把握好国家安全的系统性，必须从维护国家安全这一整体出发，保障各领域子安全不受威胁与侵害。同时，又要对重点领域的安全问题加强防控，以免危害到其他领域，导致总体国家安全受到威胁。

三、开放的国家安全战略

事实上，国家安全所包含的安全领域一直在持续增加中。首先，需要强调的是国家安全与"国家安全"概念并不是同时产生。国家安全伴随着国家的产生而产生，而"国家安全"概念最早出现在美国报纸专栏作家李普曼 1943 年的著作《美国外交政策》中。第二次世界大战结束后，"国家安全"一词才成为国际政治中的标准概念。① 所以国家安全的产生与发展，并不受有无"国家安全"概念的影响。在这里所说的"国家安全"是研究领域对国家安全研究内容的扩充，而不是实践领域国家安全包含的内容。国家安全研究的根源要追溯到"安全"理论的相关研究。"安全"一词一直是西方国际关系领域研究的重要内容，通过对"安全"主体的拓展，有关"国家安全"的研究正式出现，但当时国家安全领域只包括军事领域。后来逐步扩展到政治安全、国土安全、军事安全等，也就是我们现在所说的传统安全领域。从 20 世纪 90 年代开始，宗教冲突、金融危机、传染性疾病、生态保护，还有恐怖袭击事件对国家安全影响越来越大，这类安全通常具有潜在性、长期性，并且能造成非常大的危害，这类安全问题被归纳为非传统安全问题。此后的这几十年，非传统安全问题一直是全世界面临的最棘手的问题。

从以上对国家安全体系的分析中可以看出，国家安全所包含的领域一直在持续增加，所以国家安全体系并不是封闭的系统，而是动态开放的。伴随着人类文明的不断发展，一些新领域的安全问题也会逐渐浮现。例如，核能是 20 世纪人类的重大发现，它是寄托着人类希望的未来能源，但它作为武器的杀伤力也是前所未有的。所以必须在善用核能的基础上，最大限度避免受其侵害。所以核安全这一全新领域也被总体国家安全观包含在内。还有很多领域的安全问题在一开始并没有达到危害国家利益的程度，但随着国家的不断发展，此领域的重要性逐步显现，最终被纳入总体国家安全领域。生态安全就是这样一个典型的例子。改革开放初期我国大力发展经济，当时国家安全工作的重点也主要放在经济安全上。在这种背景下，我国走上了"先污染，后治理"的道路，给我国的生态环境造成了不可挽回的破坏。几十年后的今天，人们才逐渐意识到维护生态环境的重要性，生态环境领域的安全才作为非传统安全的重要部分纳入总体国家安全观中。

如今，总体国家安全观作为一个开放性的安全战略，其包含的安全内容仍然在不断丰富中。2014 年 4 月 15 日，在中央国家安全委员会第一次会议上，习近平总书记首次提出了总体国家安全观，并提出构建集政治安全、国土安全、军事安全、经济安全、文化安全、社会安全、科技安全、信息安全、生态安全、资源安全、核安全等于一体的国家安全体系。2020 年伊始，新型冠状病毒引起疫情暴发，在控制疫情的同时，生物安全问题成为社会各界关注的重点。2020 年 3 月 2 日，习近平总书记在全面深化改革委员会第十二次会议上

---

① 刘跃进：《论国家安全的基本含义及其产生和发展》，载《华北电力大学学报》2001 年第 4 期，第 62 页。

正式将生物安全纳入国家安全体系。目前为止，国家安全体系包括政治、国土、文化、科技、生态、资源、海外利益等几个领域，以及太空、深海、极地、生物等不断拓展的新兴领域安全。所以目前的国家安全体系包含的领域可以用"12＋4"进行描述。但这实际上是一种不完全列举，因为未来在哪些领域会出现安全问题或者有哪些领域的安全问题会上升到危害国家利益的程度，目前还无法预知，所以真正的总体国家安全观包含的领域可以用"12＋4＋N"进行描述，"N"即代表未知的安全领域。总而言之，总体国家安全观将国家安全目前所包含的领域和今后可能包含的领域全部归纳其中，符合历史的发展潮流，同时确保总体国家安全观的可持续性发展，能更好地防范和化解新风险，同时便于国家安全战略的动态调整。

四、统筹发展和安全

（一）统筹发展和安全的哲学基础

发展和安全的关系理论可以用唯物辩证法进行解释。唯物辩证法首先认为，世界上的一切事物都存在联系，且联系具有客观性和多样性，不以人的意志为转移，并且存在的方式多种多样。

首先，唯物辩证法肯定了发展和安全存在客观、多种联系。其次，唯物辩证法认为，规律具有客观性、稳定性、可重复性和普遍性，不依赖于人的主观意识，不能被人创造、消灭，只要条件具备就一定要发生作用。但辩证法也强调人类主观能动性的重要性，只有发挥主观能动性，透过现象、把握规律才可以因势利导地改变规律发生的条件。安全与发展之间的规律也正是如此，无论是有关安全的规律，还是有关发展的规律，或者是安全和发展之间的规律，都建立在深刻的研究探索的基础之上。只有对安全、发展、安全和发展进行全方位、系统的掌握，才有可能作出正确的决策，真正在实际运用中统筹发展和安全。再次，唯物辩证法矛盾论认为，矛盾同一性和斗争性的关系是辩证统一的。矛盾既具有同一性，又具有斗争性，两者相互制约：同一性是指矛盾双方相互依存、相互联系、相互吸引、相互贯通或相互渗透的性质和趋势，表现了矛盾双方共处于一个统一体中的内在的统一性；斗争性是指矛盾双方相互排斥、相互限制、相互否定、相互分离或互相批评的性质和趋势。如果说唯物辩证法的性质和规律的一般性原理肯定了研究安全和发展的可能性和必要性，那么矛盾的同一性和斗争性原理，揭示了安全与发展的关系——安全与发展本来是矛盾的双方，如果安全和发展之间处于协调状态，那么安全会促进发展，发展会保障安全。但如果破坏了这种平衡，那么安全和发展就会互相牵绊、互相阻碍。以习近平同志为核心的党中央深谙安全和发展的关系，所以在发展过程中一直强调："……正确处理安全和发展的关系，坚持发展决不能以牺牲安全为代价这条红线。"① 最后，唯物辩证法认为，任何事物的产生、发展和灭亡都是内因和外因共同作用的结果。但内因是事物发展的根本原因，外因是事物发展的次要原因。从一个国家发展的角度来讲，发展是根本，安全次之。所以发展始终是第一位的，但安全也不可放松。

（二）安全与发展理论内涵的扩展

现代安全经济学从经济学角度为安全和发展理论提供了基础。现代安全经济学认为，经济是两条边，安全是底边，如果没有底边的支撑，即使经济发展再快也构不成稳定的三角形，由此可见安全与经济的关系。安全生产与经济社会发展之间是相互支持、相互促进的关系，安全生产是经济社会持续发展的基础，经济社会水平的提高为安全生产工作的顺利进行提供物质和文化保障。② 而我国对于安全和发展的理论也起始于解决安全生产问题。

21 世纪初，我国经济迅速发展，但工业化发展也带来许多问题，其中首要危害就是安全。2002 年各类事故死亡总数超过 14 万人，平均每天约有 380 人丧生于各类事故。③ 2002 年 6 月 29 日，第九届全国人民代表大会常务委员会第二十八次会议通过了《中华人民共和国安全生产法》（以下简称《安全生产法》）。2005 年，安全发展被写入党的十六届五中全会文件，2011 年，国务院 40 号文件将安全发展提升到国家战略的高度。但此时的安全发展战略中，安全的内涵仍是指在安全生产中保护人民的生命、财产安全。2013 年 11 月 15 日，《中共中央关于全面深化改革若干重大问题的决定》发布，指出要健全公共安全体系，从三个方面拓展了安全的实际含义。首先，提出加强食品、生产领域的安全把控，同时提出加强社会治安管理。其次，提出保障网络信息安全。最后，提出设立国家安全委员会，完善国家安全体制和国家安全战略，确保国家安全。此后，安全的内涵和外延不断拓展，安全与发展的理论亦逐步拓展并完善。

2014 年 4 月 15 日，中央国家安全委员会第一次会议召开，习近平总书记强调，"坚持总体国家安全观，走中国特色社会主义道路"。同时指出，"我国

---

① 《习近平对加强安全生产和汛期安全防范工作作出重要指示》，载中国新闻网，2016 年 7 月 20 日，http：//www. chinanews. com/gn/2016/07－20/7946271. shtml。

② 刘祖德、王帅旗、蒋畅和：《我国安全生产与经济发展关系的研究》，载《安全与环境工程》2013 年第 5 期，第 103－104 页。

③ 《2002 年度各类生产事故死亡总数超过 14 万人》，载中新网，2003 年 1 月 17 日，https：//www. chinanews. com/n/2003－01－17/26/264482. html。

国家安全内涵和外延比历史上任何时候都要丰富，时空领域比历史上任何时候都要宽广"。党的十九大提出"统筹发展和安全"，近年来在习近平总书记重要讲话和中央重大决策部署中，把"安全"与"发展"并列已经成为一种常态。2020 年，习近平总书记在中央政治局第二十六次集体学习时强调"坚持系统思维构建大安全格局"，进一步强调安全的内涵与重要性，构建大安全格局理念。坚持统筹发展和安全，坚持发展和安全并重，实现高质量发展和高水平安全的良性互动，既通过发展提升国家安全实力，又深入推进国家安全思路、体制、手段创新，营造有利于经济社会发展的安全环境，在发展中更多考虑安全因素，努力实现发展和安全的动态平衡，全面提高国家安全工作能力和水平。① 大安全格局进一步明确了安全的内涵和外延，同时明确了将安全问题贯彻到国家发展的各领域，通过国家安全工作将高水平安全落实到位。此外，大安全格局中还强调高质量发展的重要性，以供给侧改革为主线，深化改革创新，以全面建设社会主义现代化国家为目标，实现高水平安全与高质量发展的良性互动，把安全发展贯穿国家发展各个环节，防微杜渐，确保社会主义现代化事业顺利推进。

五、维护与塑造国家安全

维护与塑造国家安全是贯彻落实总体国家安全观的必然要求。理解总体国家安全观首先要系统、科学地把握国家形势，深刻了解国内、国际两个大环境。从国内角度出发，经历了改革开放 40 多年，我国经济实力快速发展，中华民族实现了从站起来到强起来的伟大飞跃。但同时，发展带来的各种安全问题激增。目前我国国内非传统安全问题与传统安全问题交织，网络信息安全、社会安全等突出问题亟须解决。同时需要明确的是我国发展仍然处于可以大有作为的重要战略机遇期，当前危机与机遇并存。正确应对危机，挑战就有可能转危为机。新冠疫情暴发对人民的生命安全造成了极大的破坏，但由于处理及时得当，极大地降低了风险，减少了经济损失，同时提升了民族自信心，在全世界体现了大国担当。此外，在这种环境下提升对危机的处理能力，提高对风险的防控能力是非常必要的。因此，必须坚持安全这一底线，推进重点领域的国家安全工作，着力于防范重大风险，把总体国家安全观的理论思想落到实处。

从国际视角出发，中国逐渐走向国际舞台中央，必须讲好中国故事，做出

---

① 《坚持高质量发展与高水平安全良性互动》，载新华网，2020 年 12 月 25 日，http：//www. xin-huanet. com/politics/2020 – 12/25/c_1126905668. htm。

大国担当。"冷战"结束后，虽然局部地区仍有战争，但国际总体局势趋于稳定，非传统安全问题成为亟须解决的问题。同时，全球化促使世界的发展和安全深深交织在一起，"单打独斗"的方式根本无法满足维护国家安全的需要，"闭门造车"也无法实现真正的发展。只有在发展过程中互惠互利、互帮互助，在维护安全问题上，着眼于国际安全，推动世界的和平与发展，维护共同安全，才能真正防患于未然，实现国家安全战略。

事实上，塑造是更高层次、更具前瞻性的维护。可以说，塑造国家安全就是主动地、预先性地维护国家安全。那么塑造国家安全必须全面开展才能达到维护国家安全的作用。维护与塑造国家安全不仅是对总体国家安全观的深入阐释，也为国家安全工作指明了方向：在经济上，要坚持以世贸组织为基石的多边贸易体系，落实新发展理念，牢牢抓住经济发展的阶段性特征，建立现代化经济体系；在外交上，坚持求同存异的基本外交政策，加强与周边国家合作交往，建立新型大国关系，反对滥用"长臂管辖"和单边制裁，引导国际社会共同塑造更加公正合理的国际新秩序；在科技上，提高自主创新能力，构建科技协同创新平台，努力实现科研资源的优化配置和资源共享；在军事上，提高军事"反介入/区域拒止"能力，培养军事人才，提升军事领域的信息化水平；在生态上，大力发展绿色产业，提升绿色环保技术，避免走上"先污染，后治理"的老路……通过全方位、多领域的国家安全塑造，建立良好的国内、国际环境，将国家安全牢牢掌握在自己手中。对于国际社会来说，中国主动塑造国家安全的方式，常被误解为"中国威胁"。实际上中国塑造国家安全，不是走强国霸权之路，而是坚定和平发展的道路；也不是要进行"零和"博弈，而是推动全世界共同发展，共同维护安全；更不是要推翻现有的国际秩序，而是以《联合国宪章》为基础，进一步完善国际秩序，寻求全世界共同发展的治理机制。在未来的发展道路上，中国以不断增强的综合实力、促进世界和平发展的信心、勇于面对各种风险挑战的决心，以国内安全为基础，以国际安全为依托，维护与塑造国家安全统一，进一步提升国家安全的保障能力。

第二节　国家安全要素论

总体国家安全观中涉及的安全要素众多，内容复杂，且每一种安全要素代表的领域安全都有自己的特点，治理的手段也不尽相同。国家安全要素论以总体国家安全观中提出的"五大要素"为基础，增加党的十九届四中全会强调的"科技安全"为保障，分析各要素面临的问题并提出解决办法，强调通过把不同的要素放在不同位置，协调好国家安全各要素之间的关系，以期真正达到维护国家安全的作用，走出一条中国特色的国家安全道路。

一、以人民安全为宗旨

坚持以民为本、以人为本，坚持国家安全一切为了人民、一切依靠人民，不仅是唯物史观和党的性质、宗旨在国家安全领域的必然要求和集中体现，而且是总体国家安全观的根本目的所在。坚持以人民安全为宗旨必须理解人民安全的深刻内涵，认识到人民安全在国家安全体系中的根本性地位，才能进一步开展国家安全工作，在工作中切实保护人民的利益。

（一）将人民安全落实到国家安全的各个领域

我国自古以来就有以民为本的治国思想，西汉史学家陈寿曾写道，"为国者以民为基"，直观地描述了国家与人民的关系。到了近代，毛泽东时期的共产党人在长期斗争中形成一切为了群众，一切依靠群众，和从群众中来、到群众中去的群众路线，更加明确了在治国理政中人民群众的重要性。党的十八大以来，以习近平同志为核心的党中央强调重视国家安全，同时也无刻不将人民安全放在国家安全首位。除了历史因素和我党的性质和宗旨外，确定人民安全的宗旨地位还有一个原因，即人民安全之于国家安全体系的特殊地位。从安全的定义——"在客观层面，安全表现为对所获得价值不存在威胁；在主观层面上，安全表现为这样的价值不存在受到攻击的恐惧"[1] ——加以引申，人民安全可以概括为客观层面人民的人身安全、财产安全及其他合法权益的保护，主观层面人民的精神需求得到满足，即文化繁荣、人民心理健康。而实现主客观目标有赖于社会和国家的共同维护。所以国家安全各领域安全实际上是服务于人民安全，而人民安全也蕴含在各种不同领域的安全之中，这也是国家安全的"12 + 4 + N"个领域中并没有包括人民安全的原因，也是人民安全成为国家安全宗旨的必然原因（如图 3 - 1 所示）。综上所述，贯彻落实总体国家安全观，必须把人民安全落实到国家安全的各个领域，将人民安全落实到具体的国家安全工作中，从各个方面切实维护人民群众的利益，为人民安居乐业、幸福生活提供坚强的保障。[2]

---

[1] 李少军：《国际政治学概论》，上海人民出版社 2009 年版，第 150 页。

[2] 刘跃进：《把"以人民安全为宗旨"落实到国家安全各个领域》，载人民论坛，2017 年 10 月 13 日，http：//www. rmlt. com. cn/2017/1013/499407. shtml。

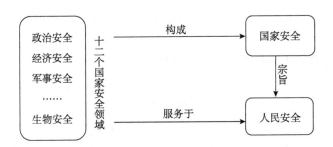

图 3 - 1 人民安全与其他安全的关系

（二）正确把握人民安全的科学内涵

在安全理论早期发展阶段，安全的主体只有国家。直到 20 世纪 80 年代，才慢慢延伸到政治、军事等领域。1984 年，宽泛安全研究传统路径的开拓者巴里·布赞在《人、国家与恐惧：后冷战时代的国际安全研究议程》中明确安全的广义概念，同时将安全的主体向下延伸到个人，向上扩展到国际体系，以宽泛的安全概念，回避安全概念中的种种矛盾。[①] 1994 年，联合国发布的《人类发展报告》中首次对"人的安全"进行定义，一是拥有免于诸如饥饿、疾病和压迫等长期威胁的安全；二是获得避免在家庭、工作或社区等日常生活中对突如其来的伤害性的骚扰的保护。"人的安全"和"人民安全"的落脚点都在于人，目的也都是为了人。所以结合我国的情况、特点与国家安全体系的现实状况，人民安全的内容可以分为生命和健康安全、财产安全、海外公民权益以及其他合法权益。

在不同的社会发展阶段，人民群众生命、健康和财产等面临的公共安全威胁会发生变化，因此，维护人民安全应该关注不同时期安全事件的不同特点。比如，2014 年，我国发生多起暴力恐怖袭击事件，对人民的生命财产安全造成了很大威胁。习近平总书记及中央领导同志高度重视并作出重要指示，要求迅速处置，确保社会大局稳定。在当时的情况下，恐怖主义和暴力袭击成为对人民安全危害最大并亟须解决的问题。2016 年颁布了《反恐怖主义法》，正式将恐怖主义纳入国家安全的治理范围，充分体现了党中央对人民安全的重视，始终把人民安全放在首位。在维护人民安全的过程中关注不同时期的不同特点，是贯彻落实总体国家安全观、把握我国国家安全形势新特点新趋势的基本

---

① 闫健：《巴里·布赞的安全理论解读》，载《当代世界与社会主义（双月刊）》2009 年第 4 期，第 108 页。

要求①，也是准确把握人民安全的科学内涵、正确认识总体国家安全观的必然要求。

（三）始终把人民群众生命安全和身体健康放在首位

为中国人民谋幸福是中国共产党始终坚持的初心与使命，正如习近平总书记所强调的"党性与人民性从来都是一致的、统一的，没有脱离人民性的党性，也没有脱离党性的人民性"。② 党和人民的利益是一致的，人民最关心的问题，就是最需要解决的。因此，在国家安全工作中，维护人民的生命安全无疑是最为重要的，所以"始终把人民群众生命健康安全放在第一位"一直以来都是党的重要工作，也是维护人民安全的最根本要求。③ 2013 年至 2014 年，全国范围内发生多起重大安全事故，对人民的生命安全造成极大威胁。对此党中央高度重视，最高人民检察院派员直接参加国务院调查组，介入特别重大事故的调查，同时颁布《安全生产法》，依法保护人民群众的生命安全。经过几年的综合治理，我国安全事故发生率大幅度降低。2019 年，事故起数和死亡人数分别下降 18.3% 和 17.1%，较大事故、重特大事故起数分别下降 10.2% 和 5.3%。④ 新中国成立以来，党中央一直高度重视维护公民的健康水平，号召人民健康生活，从各个方面努力提高公民的身体素质水平。同时，加大对医疗产业的投入，促进医疗改革随着生活条件不断改善，将维护人民群众的生命安全和身体健康落到实处。2016 年 8 月 19 日，习近平总书记在全国卫生与健康大会上正式提出"大健康、大卫生"理念，扩大了我国传统健康服务工作的范围，创新了健康服务的工作理念。⑤ 将未患病老人、儿童和亚健康人群纳入服务对象，同时高度重视群众广泛关注的心理健康问题，从实际情况出发，不断提高人民的健康素养水平，塑造出真正的"健康中国"。2020 年伊始，新型冠状病毒引发的传染性疾病在短时间内迅速蔓延，严重威胁了人民群众的身体健康，党中央高度重视并迅速开展行动，以防控救治为关键，国务院建立联防联控机制并及时发布信息与世界卫生部门沟通，沉着应对，最终打赢了这场疫情防控阻击战，将维护人民生命、健康工作落到了实处。反观一些大肆宣扬"自由""民主"的国家，因为前期没做好疫情防控，大搞"阴谋论"，导致后

---

① 习近平：《在十八届中央政治局第十四次集体学习时的讲话》，载《人民日报》2014 年 4 月 27 日。

② 习近平：《始终不渝坚持党性和人民性相统一》，载《光明日报》2013 年 8 月 28 日。

③ 习近平：《把确保人民群众生命安全放在首位》，载《光明日报》2016 年 7 月 25 日。

④ 《2019 年全国安全生产形势总体稳定　事故起数和死亡人数"双下降"》，载央视网，2020 年 1 月 6 日，http://news.cctv.com/2020/01/06/ARTId3d4RXdjs6d0Co5ThMT7200106.shtml。

⑤ 《全面实施健康中国战略》，载央广网，2018 年 12 月 25 日，https://baijiahao.baidu.com/s?id=1620799805853360271&wfr=spider for=pc。

期疫情扩散严重，甚至引发社会骚乱。综上，维护人民的生命和健康安全是维护人民安全的第一要义，是维护人民安全的基础性要求，只有人民的生命安全和身体健康得到保障，才有可能享受其他的权益。

（四）保障人民群众财产安全

物质基础是人民群众生活的必要因素，而财产权是宪法赋予公民的一项基本权利。正如古语所言"有恒产者有恒心"，保障公民的财产安全，不仅直接关系到人民的幸福，而且对于维护社会稳定也有重要作用。随着经济社会的持续发展，人民群众拥有的个人财富将会越来越多，如何维护公民财产安全成为一个摆在眼前的现实问题。

首先，要维护国家层面的经济稳定。国家经济稳定是保障公民财产安全的基础。其次，随着互联网与工作、生活的深度融合，在提升便利度的同时，个人信息泄露及相关诈骗活动亦呈高发态势。目前，我国仍属于经济犯罪案件高发时期，很多传统经济犯罪案件结合互联网产生了犯罪新形态，如网络传销、网络诈骗等，严重危害了人民的财产安全。在这种情况下，公安部门对经济犯罪案件开始进行严厉打击。仅 2018 年至 2019 年，公安机关打击非法集资等各类经济犯罪案件就近 10 万起①，对维护人民的经济安全起到了极大作用，人民的财产安全感大幅度上升。总之，对经济犯罪案件的有效打击，成为保障人民财产安全的重要部分。同时，有利于增强社会信心，实现长治久安。

（五）海外公民权益保护

维护人民安全不仅仅是维护国内人民的安全，海外中国公民的安全也是人民安全的一部分。这几年"海外利益保护"成为热门话题，但保护海外利益不仅要保护国家的相关利益，也要维护在海外的中国公民利益。近年来，随着我国的全面崛起和"一带一路"倡议的推进，外出工作、学习、旅游的国民数量急剧增加。如何保护海外中国公民的安全成为摆在有关部门眼前亟须解决的重大事项。对此，必须在提高公民安全意识的基础上，进一步提高外交领事保护能力，培养懂得领事工作的相关人才，保证在第一时间为境外中国公民提供帮助，同时建立以预防为主的公民海外安全保护机制，将公民在海外遇到安全威胁的可能性降到最低，最大限度地保护人民的利益。此外，还可以进一步发挥社会力量，建立和完善相关的社会团体和组织，拓展中国公民海外利益保

---

① 《去年来公安打击非法集资等各类经济犯罪案件近 10 万起》，载《新京报》，https：//baijiahao.baidu.com/s?id=1633660121618917012&wfr=spider&for=pc。

护渠道。① 要继续推进海外利益保护的法律、制度建设，完善相关的法律保障和风险预防机制，让海外公民也能安居乐业。

国家安全必须以人民安全为落脚点，同时要依靠人民，只有依靠人民才能汇聚强大的力量，将国家安全贯彻到底。坚持以人民安全为宗旨，符合社会主义民主政治的要求，是我们维护国家安全的必然要求。

（六）人民群众的其他合法权益保护

党的十九大报告指出，当前我国社会主要矛盾已经转变为人民日益增长的美好生活需要和不平衡不充分的发展之间的矛盾。② 而人民"美好生活需要"日益广泛，不仅对物质文化生活提出了更高要求，而且在民主、法治、公平、正义、安全、环境等方面的要求日益增长。实现上述目标，有赖于人民群众法定权益的实现和拓展。不能仅仅将人民安全停留在物质层面，还应全力将人民群众依法享有的其他方面的权益落到实处。因此，完善法治建设和促进社会公平正义势在必行。完备的法治体系不仅能以法律形式牢牢保护人民的权利，还能妥善处理人民各方面的利益问题，有利于增进人民福祉，创造良好的社会环境，同时这也是维护人民利益的长远之策。2020 年 5 月 28 日，中国第一部以"法典"命名的法律——《民法典》面世。《民法典》的出台不仅是依法治国的必然要求，也是保护人民群众生命健康、生活幸福、人格尊严，乃至交易便利、权利平等的现实体现。此外，我国正处于经济改革和社会转型的关键时期，由此可能会导致社会矛盾突出，所以保证社会的公平正义至关重要。在此基础上不断提高人民群众的安全感和幸福感，不断提高人民的生活质量，才能真正做到为人民所想，满足人民群众对美好生活的向往。

二、以政治安全为根本

政治安全主要包括一个国家的政权安全、主权安全、国家基本制度安全和意识形态安全等要素。就中国来说，政治安全主要包括确保中国共产党的执政地位不受挑战，保持国家的主权独立与国家统一，维护中国特色社会主义制度的稳固，以及保障马克思主义主流意识形态占据指导地位。③ 政治安全是我国安全之根之本，其核心是政权安全和制度安全，维护的关键是要坚持中国共产

---

① 张青磊：《总体国家安全观视域下的"人民安全"：生成逻辑、内涵与保障路径》，载《理论界》2019 年第 9 期，第 7 页。

② 习近平：《决胜全面建成小康社会夺取新时代中国特色社会主义伟大胜利》，人民出版社 2017 年版，第 19 页。

③ 刘建飞：《中国特色国家安全战略研究》，中共中央党校出版社 2016 年版，第 32 页。

党的领导和执政地位。当前政治安全面临的风险主要来自内部和外部两个方面。

(一) 应对内部风险的战略

1. 始终坚持党的统一领导

党的领导是中国特色社会主义最本质的特征，是中国特色社会主义制度的最大优势，是维护政治安全的根本政治保证，是中国特色社会主义事业的领导核心。始终坚持党的集中统一领导，是中国特色社会主义事业发展的必然要求，是确保中国始终沿着正确方向前进的关键所在，是我国社会主义政治制度优越性的一个突出特点。① 党的十九大报告在党的历史上首次把党的政治建设纳入党的建设总体布局，强调"把党的政治建设摆在首位""以党的政治建设为统领"，实现了马克思主义党建理论的新飞跃，标志着我们党对自身建设规律的认识达到了新高度。同时，随着党的领导制度的不断完善，党内部的自身修养和素质水平不断提高，我国的国家制度和国家治理体系的优势将得到更好发挥。

2. 坚持中国特色社会主义制度

在坚持根本政治制度的基础上，要把制度自信和不断改革创新统一起来，不断推进制度体系的完善和发展。正如习近平总书记在党的十九届中央全面深化改革领导小组第一次会议指出的："我们全面深化改革，不是因为中国特色社会主义制度不好，而是要使它更好，我们说坚定制度自信，不是要故步自封，而是要不断革除体制机制弊端，让我们的制度成熟而持久。"② 坚持中国特色社会主义制度符合我国的历史发展和现实国情，在新时期必将引领我国全方位快速发展。同时，在新时期不断完善中国特色社会主义制度，有利于维护我国的政治安全，使中国特色社会主义制度不断焕发新的生机与活力。

3. 维护主权安全

中国幅员辽阔、民族众多，加之历史遗留问题导致内部分裂势力长期存在，内部分裂活动时有发生，近些年来甚至出现恐怖主义倾向，给中国的主权安全造成很大威胁。目前存在的分裂势力可以分为两种，一种是以"藏独""疆独"为代表的分裂势力。这种分裂势力主要利用宗教挑拨民族矛盾，进一步使用暴力手段进行犯罪活动，威胁人民的生命财产安全，社会危害性十分严

---

① 甄占民：《深刻认识党的领导制度在国家制度中的统领地位》，载《人民日报》2019 年 11 月 20 日。

② 习近平：《十九届中央全面深化改革领导小组第一次会议上的讲话》，载中国政府网，2018 年 1 月 26 日，http：//www.gov.cn/xinwen/2017－11/20/content_5241134.htm。

重。另一种以"港独""台独"为代表，这种政治势力主要以政治事件为导火索，大力宣扬西方的"民主""自由"，通过煽动人民情绪、制造混乱，达到政治目的。为维护国家主体安全，首先，要建立健全相关法律体系，为维护主权安全提供法律依据。近年来，中国已经开始通过完善法律、法规进行主权维护。2005 年制定《反分裂国家法》，2015 年修订《国家安全法》，2020 年颁布实施《中华人民共和国香港特别行政区维护国家安全法》（以下简称《香港国安法》），为维护国家主权安全提供了坚实的法律基础。其次，必须加强对青年一代的教育。青年一代热情且单纯，很容易被一些居心不良的势力所利用，必须加强青年一代的思想政治教育，让他们用科学理论武装头脑，客观认识历史发展，把握国情，真正成为道路自信、理论自信、制度自信、文化自信的中国新生力量。

（二）应对外部风险的战略

1. 加强意识形态领域工作

意识形态安全一直是我党关心的重要问题。习近平总书记在党的十九大报告中提出"牢牢掌握意识形态工作领导权"；[①] 2018 年 8 月，习近平总书记在全国宣传思想工作会议上再次强调，"坚持党对意识形态工作的领导权"。[②] 我国既是世界上为数不多的共产主义国家，又是世界上最大的发展中国家。这样特殊的"身份"导致某些国家长久以来对我国持有偏见，甚至妄图从思想领域同化我们。对此，习近平总书记指出，"一个政权的瓦解往往是从思想领域开始的，政治动荡、政权更迭可能在一夜之间发生，但思想演化是个长期过程。思想防线被攻破了，其他防线也就很难守住"[③]。一旦西方政治理念成功入侵我国意识形态领域，那么我党的执政党地位以及国家的安全与稳定将面临巨大风险和挑战。所以，坚守思想防线就需要我们长期坚持不懈。此外，维护意识形态安全，必须坚持党对意识形态领域的全面领导，增强人民群众在意识形态领域的敏感度，大力弘扬主流文化，把意识形态工作始终放在国家安全战略的突出位置。

2. 维护政权安全

目前为止，西方国家策动的"颜色革命"是中国政权安全面临的最紧迫

---

① 习近平：《决胜全面建成小康社会　夺取新时代中国特色社会主义伟大胜利》，载新华网，2017 年 10 月 27 日，http：//www. xinhuanet. com/2017 – 10/27/c_1121867529. htm。

② 习近平：《在全国宣传思想工作会议上的讲话》，载中国精神文明网，2018 年 8 月 24 日，http：//www. wenming. cn/specials/zxdj/xcss/。

③ 文秀：《习近平总书记的执政理念》，载人民网，2014 年 3 月 3 日，http：//theory. people. com. cn/n1/2017/0801/c40531 – 29442583. html。

的、最主要的挑战之一。① 所谓"颜色革命"，泛指美欧国家以西方价值观颠覆某国政权建立新政权的政治行为，如中东和北非地区的政治动荡，即所谓"阿拉伯之春"等。"颜色革命"一般从宣扬"民主""民意"出发，从当事国家内部制造混乱，再通过国际舆论对当事国家施压，从而达到乱中取利的目的。"颜色革命"虽然采用非暴力武装的方式，但却会对当事国造成极大危害。2019年6月，我国香港地区一些激进暴力分子打着反对"修例"的幌子游行示威，实际上却持续制造暴力事件。然而，面对香港地区激进分子的暴行，美国等一些西方国家却颠倒黑白、混淆是非，甚至公然为香港地区激进暴力分子的违法行为撑腰打气，竭力破坏香港地区的繁荣稳定和安全。美国利用"修例"事件，公然干涉中国内政，目的就是扰乱中国社会，以达到自己不可告人的目的。从历史的经验及目前的形势来看，"颜色革命"是摆在全党面前的一场复杂严峻的政治考验，也是一场要面对的持久战。虽然我国现在综合国力不断增强，国际地位也有了显著提高，但国际社会上仍有不少国家对中国表示不信任，甚至妄图用西方价值观颠覆中国。我们必须始终绷紧这根弦，时刻保持头脑清醒，强化忧患意识，切实增强政治敏锐性和政治鉴别力，善于从战略上把握大势，研判形势，从政治上观察问题，分析问题。

3. 在对外开放中维护政治安全

虽然外部阻碍重重，但维护政治安全决不能故步自封，"关起门来搞建设"，反而要坚持对外开放这一基本国策。身处全球化时代，不合作、不交流是无法实现发展的，实际上对外开放与维护政治安全并不矛盾，反而是相辅相成的。只有在全球化浪潮中进一步实现自身发展，在国际领域树立良好的大国形象，才能达到维护政治安全的根本目的。此外，由于宗教极端主义是全世界爱好和平的主权国家面临的共同问题，在对外开放中可以通过交流与合作，学习与借鉴其他国家的方式方法，达到由外而内的维护政治安全的效果。

总体国家安全观为我们描述了新时期对政治安全的新认识，反映了我国维护政治安全的迫切需要。鉴于此，必须以坚定的决心、强硬的立场维护国家的政治安全，牢固树立政治安全在国家安全中的根基地位。

三、以经济安全为基础

经济基础决定上层建筑，国家安全的方方面面都离不开经济基础。人类社会发展历史表明，经济实力的强弱不仅影响政治和社会稳定、人民生活水平的高低，而且关系国防军事等领域建设的财力保障。而经济安全主要是指"一

---

① 刘建飞：《中国特色国家安全战略研究》，中共中央党校出版社2016年版。

国维护国民经济发展和经济实力处于不受根本威胁的状态和能力，具体体现为一国保障其经济主权独立、经济发展所需资源有效供给、经济体系独立稳定运行、整体经济福利不受侵害和非可抗力损害的状态和能力"。①

自"冷战"结束后，经济全球化迅速扩展，经济互动日益增多，经济竞争成为大国竞争的主战场，不定期出现的经济危机、贸易摩擦和单边制裁成为世界各国面临的突出问题，经济安全在国家安全体系中的重要地位越来越凸显。虽然目前中国与国际社会的互动呈现出立体化趋势，但在未来的较长一段时间里，其核心部分仍然是经济因素。

（一）坚持和完善基本经济制度

现阶段我国的基本经济制度符合目前的中国国情和发展需要，是经济发展必须要坚持的根本制度。改革开放以来我国经济的飞速发展，就是目前经济制度适应中国发展的最好证明。在坚持基本经济制度的过程中，实践也在推动基本经济制度的发展和完善。党的十九届四中全会《决定》将公有制为主体、多种所有制经济共同发展，按劳分配为主体、多种分配方式并存，社会主义市场经济体制等作为社会主义基本经济制度，从坚持和完善中国特色社会主义制度、推进国家治理体系和治理能力现代化的全局和战略高度，对坚持和完善社会主义基本经济制度作出新论断新部署。

（二）防范金融风险

防范和化解金融风险，是维护经济安全的重要部分。近些年对于金融风险的集中治理达到了非常显著的效果。2019 年 11 月 25 日，央行发布的《中国金融稳定报告（2019）》指出，2018 年以来，金融系统按照中央战略部署，落实各项举措，对防范化解金融风险起到了积极作用，已经出现的金融风险得到了有效的化解，一些不良的金融势头也被扼杀在摇篮里。同时，金融市场平稳发展，金融监管有序进行。但需要强调的是我国目前仍处于经济发展方式转变、经济结构优化的关键阶段，维护金融安全、防范金融风险，仍然是未来一段时间里需要重点关注的问题。

（三）保障资源安全

资源是支持经济发展的物质需要，也是支持国家发展、人民生活的基础保障。资源安全在国家安全中具有基础性地位。我国地大物博，资源总产量位居世界前列，但仍然面临着人均资源占有量不足、资源供需矛盾突出、资源对外依赖度高、资源利用不充分等多种问题。保障资源安全仍然是我们面临的挑

---

① 刘建飞：《中国特色国家安全战略研究》，中共中央党校出版社 2016 年版，第 54－55 页。

战，必须坚持以提高资源利用率为基础，从宏观角度关注全球资源供需关系，建立世界资源为我所用的资源利用理念，维护资源领域的可持续发展，保障资源安全。

（四）确保粮食安全

中国有句古话"民以食为天"。粮食是人类生存的基础，"粮食安全"一直都是全人类关注的热点话题。1996 年，联合国粮农组织提出粮食安全的目标为"所有人在任何时候都能在物质上和经济上获得足够、安全和富有营养的粮食，来满足其积极和健康生活的膳食需要及食物爱好"。从这个标准看，虽然目前我国粮食自给率保持较高水平，粮食安全也在持续稳中向好，但还是需要通过提高技术水平，突破环境、资源的约束，最大限度地提高粮食生产率。另外，需要通过完善法律法规，制约跨国粮商垄断行为，保护粮食市场稳定。

中国受到经济全球化影响的同时，中国的经济发展也影响着世界经济。在这种情况下，维护经济安全不仅是保障我国国家安全的必要条件，也是维护世界经济的必然要求。而作为世界第二大经济体，最大的发展中国家，中国不负众望，在全球经济环境寒气逼人的 2019 年，还是交出了令人满意的答卷。不仅给当时的世界经济市场带来了希望，也用实际行动回答了那些质疑中国发展道路的声音。2020 年，中国经济迎来重要里程碑。2021 年 1 月 18 日，国家统计局发布数据，2020 年我国国内生产总值（GDP）首次突破 100 万亿元大关，占世界经济总量比重 17%。[1]

四、以军事、科技、文化、社会安全为保障

（一）军事安全

军事安全，主要是指保障国家不受外部军事入侵和战争威胁的能力和状况。[2] 在传统国家安全观中，军事安全是整个国家安全体系的关键，处于支柱地位。"冷战"结束以来，世界各国的竞争由军事实力竞争转问综合国力竞争，国家安全的内涵和外延也随之不断扩大，军事安全在国家安全中的作用有所调整，但仍然处于极其重要、不可替代的地位，军事手段始终是维护国家安全的根本保障。

1. 加强军队安全管理

保障军队的安全稳定是维护军事安全的首要任务。现阶段，保障军队的安

---

① 刘建飞：《中国特色国家安全战略研究》，中共中央党校出版社 2016 年版，第 54 - 55 页。
② 刘建飞：《中国特色国家安全战略研究》，中共中央党校出版社 2016 年版，第 106 页。

全与稳定首先要从军队的安全管理入手。为此，中央军委主席习近平于2019年12月16日签署命令，发布新修订的《军队安全管理条例》，对军队的安全管理进行全方位、系统性规范。要求以习近平强军思想为指导，坚决贯彻军委主席负责制，切实转变军队管理思维模式，落实科学发展安全理念。从小事做起，全面从严，建立安全风险评估机制，坚决杜绝安全事故的发生。此外，《军队安全管理条例》还从设施设备、环境、人才方面对安全基础建设作出了具体规范。《军队安全管理条例》的修订，立足于军队管理新实践，全面涵盖军队安全管理的各领域，符合现代军事思维、军事理念，对于加强部队管理、维护军队安全有重大意义。

2. 增强信息化作战能力

工业社会向信息社会的转变，带动军事领域的信息化革命。世界新军事革命由此展开。对我们来说这不仅是严峻的挑战，也是前所未有的机遇。我们必须掌握信息主动权，建立信息化作战新理念，致力于研发信息化军事武器与技术，积极投身信息化浪潮，努力应对挑战。相信只要我们"既勇于突破思想观念的障碍，又勇于突破利益固化的藩篱"[1]，坚持用新的理念、新的视野、新的方法、新的标准推进军事斗争准备和各项建设，中国的军事安全必将在新军事革命的推动下达到新的高度。

3. 提高及时对抗能力

中国一直以来都是爱好和平的国家，但拒绝战争，并不等于不需要军事能力。甚至可以说，只有具备合格的军事能力，才能更好地维护和平。而面对太平洋的军事威胁，提高及时对抗、打击能力，体现了中国保护国家、爱好和平的决心，同时对于那些外来威胁起到极大的震慑作用。目前，我国在"海、陆、空"领域的实力不断增强，其中最引人注目的当属火箭军。

2019年，新中国成立70周年国庆阅兵，多种现代化军事装备先后驶过长安街，在亿万人民的目光中接受检阅。其中，东风-31与东风-41洲际弹道导弹最引人注目，具有快速打击、连续突击、高效毁伤能力，充分展示了改革发展和国防建设的巨大成就。以这样的军事能力为保障，极大地增强了维护国家安全的能力与信心，中国军队完全有决心、有能力、有信心维护国家主权和领土完整。

4. 培养新型军事人才

"一年之计，莫如树谷；十年之计，莫如树木；终身之计，莫如树人。"

---

① 习近平：《习近平谈改革：冲破思想观念障碍突破利益固化藩篱》，载人民网，2014年8月9日，http://politics.people.com.cn/n/2014/0809/c1001-25434950.html。

近年来，习近平总书记在不同场合与不同会议上多次强调了人才的重要性。同样，军事改革和创新必须以人才培养为基础。军事院校必须贯彻新时代军事教育方针，进一步提高办学素质，增强师资力量，为学生提供最新的教学设备，将为战育人的办学思想落实到教学的方方面面。努力打造政治坚定、素质过硬、理论扎实的新型军事人才，并从实战角度出发，以聚焦备战打仗为基础，开展充分的实践课程，努力打造高素质、高水平的学员队伍。2020 年 12 月，中央军委主席习近平签署命令，正式发布《军队军事职业教育条例（试行）》。《军队军事职业教育条例（试行）》从宏观上构建了军事职业教育体制机制，为培养高素质军事职业人才构建了制度基础，对军事教育的职业化发展具有重要意义。

纵观全球，虽然局部地区战乱不止，但目前世界局势总体稳定，抑制战争的因素不断增多，爆发大规模局部战争的可能性不大。同时，新军事革命已经进入发展阶段，美、俄等国纷纷开始验收初期军事改革成果。在这样的背景下，我们必须进一步加快军事创新型改革，从管理体制、技术形态、作战方式方法等方面全面开展军事创新，加强军队现代化建设，为实现新时代的强军目标努力奋斗。鉴于此，必须积极融入全球军事变革的大潮，抓住机遇，提高军事能力建设，维护国家安全。

（二）科技安全[①]

工业革命以来科学技术已经成为一个国家发展至关重要的因素。虽然"中国制造"早已享誉全球，但有些方面也折射出长时间以来我国科学技术落后的现实。近年来，由于国家投入大量资金用于科技创新，使得我国科学技术领域不断增添新成果——高速磁浮列车、火箭海上发射技术试验系统、克隆杂交稻种子等，不断刷新中国科技成绩单。

1. 科技安全预警监测体系建设

随着科技的进一步发展，生物合成技术、基因编辑等技术，虽然让我们看到了一些新的可能性，但这无疑也打开了新的潘多拉魔盒，试想如果这些技术用于非法领域，后果将是不堪设想的。此外，还有一些具有争议的科学技术，如果不尽快出台相关法律法规进行规制，就会造成严重后果。2018 年，南方科技大学教授贺建奎通过直接用人类胚胎进行试验的方式创造出首个免疫艾滋病基因婴儿，这项技术的意义有待探究，但用人体进行试验，完全违背了生物医学伦理，并且很有可能对人类的基因造成巨大的风险。对于这样的科技前沿问题，必须加快预警监测体系建设，围绕技术安全、道德伦理、产业安全等多

---

① 胡尔贵：《科技安全保障国家安全的时代意蕴》，载《中国青年报》2023 年 4 月 18 日第 07 版。

方面进行监测。同时，对于人工智能、基因编辑、医疗诊断、自动驾驶、无人机、服务机器人等还未立法的空白领域，要加快法治建设，弥补相关的法律漏洞，充分发挥法律的规范作用，防止科学技术滥用造成的不良影响，将违法行为扼杀在摇篮里。

2. 发挥科技的安全防线作用

科技不仅与我们的生活、国家的发展息息相关，也与国家安全有着密不可分的关系。科技领域安全是国家安全的重要组成部分。从发展的角度来说，强化科技安全能以科技创新方式改变以往经济安全、军事安全、生物安全等领域的发展模式，建立全新的发展机制体制，促进各领域现代化发展。从安全的角度来说，科技安全能为其他领域安全建立对应的安全防线提供技术基础，防范各领域安全风险，进一步提高国家安全治理能力，为维护国家安全增加保障。总之，加强科技安全，一方面，要增强自主创新能力，进一步增强科学技术实力，进一步维护自身安全，以科技为支撑，中国创造才能落到实处；另一方面，要充分应用科学技术，维护其他领域的安全，最终达到维护国家安全的作用。科技创新带领我们不断探索一个又一个未知的世界，但这样的未知总会带来一定的风险，合理规避科技带来的风险才能更好地体验科技所带来的便利，所以必须加快科技安全预警监测体系的建设，并在保障科技安全的前提下建立其他领域安全的科技防线，提高各类风险的防控能力，坚持落实底线思维。

3. 产业体系建设提升安全能力

2020 年 10 月，党的十九届五中全会深入分析了我国发展环境面临的深刻复杂变化，明确强调"当前和今后一个时期，我国发展仍然处于重要战略机遇期"。对于推动经济高质量发展来说，加快发展现代产业体系，推动经济体系优化升级至关重要。根本原因是产业体系建设能进一步优化产业结构，推动产业自主建设，由此才能摆脱桎梏，真正达到产业自主。只有真正实现产业自主，才有可能真正实现产业安全。产业安全对国家的经济、金融、信息等领域都有极大的影响。2014 年，美欧对俄进行经济制裁——国际银行卡组织停止对俄罗斯部分银行的服务，致使俄罗斯改用中国银联网络进行替代。与俄罗斯不同的是，我国未雨绸缪，牢牢掌握了境内银行卡网络的自主权，并且在支付网络、移动支付领域不断探索发展，成为全球移动支付领先的国家。移动支付的发展不仅促进了我国 GDP 的提高，还促进了相关产业发展，同时保护了公民的信息安全，进一步拓展了国际化布局，体现了大国全方位实力。此外，近几年我国 5G 相关产业发展迅速，华为 5G 目前在技术和商用上均处于全球领先水平，虽然 2020 年华为 5G 发展受阻，但华为所拥有的 5G 专利技术仍排在全球前列，所以未来的发展潜力仍然很大。类似 5G 这种高科技产业后续发展所带来的经济红利必然会越来越多，所以在当前时期，加快发展现代产业体系，不仅是增强我国国际竞争力的必然选择，也必将成为推动我国经济高质量发展的重要基础。

（三）文化安全

文化是实现民族振兴的重要支撑，它能起到凝聚人民精神共识的重要作用，是促进民族团结的重要力量，是"国家大战略的根本价值系统"。而文化安全是确保一个民族、一个国家独立和尊严的重要精神支撑，它主要是指一个国家的主流文化价值体系免于内部或外部敌对力量的破坏，确保文化主权的独立与完整。[①] 文化兴则国家兴，文化亡则国家亡。当今世界，各种思想文化交流、交融、交锋更加频繁，文化在综合国力竞争中的地位和作用更加凸显，开放环境下维护文化安全任务更加艰巨。维护文化安全必须坚持社会主义核心价值观，弘扬优秀的传统文化，面向世界讲好中国故事。

1. 增强文化自信

我国拥有五千年灿烂文明，其广度和深度在世界范围内都首屈一指。中华文化博大精深，源远流长，在世界文化之林中独树一帜，且对整个东亚文明乃至世界文明都产生了巨大的影响。2021 年 7 月，在庆祝中国共产党成立 100 周年大会上，习近平总书记明确指出："要坚持'四个自信'，做到'两个维护'。"[②] 强调了文化自信的重要性。增强文化自信是维护文化安全的根本之策。首先，文化是更基础的自信。只有提升了全民族的文化自信心，我们才能在各种民族文化激荡的世界文化环境中，吸收借鉴其他民族的优秀文化，又坚持走中国特色的文化道路，将中华文化发扬光大。其次，文化是更广泛的自信。经济基础决定上层建筑，上层建筑对经济基础存在反作用。积极的文化会对经济基础产生正面的影响，促进生产发展水平的进步。最后，文化是更深厚的自信。中华民族精神深深地植根于中华民族优秀的文化中，只有整个中华民族都对中华文化有坚定的信心并饱含热情与敬仰，才能让中华民族精神经久不衰，成为中华民族的脊梁。

2. 推动文化产业高质量发展

近年来，一系列优秀的文化产品，例如，电影作品《哪吒之魔童降世》，科幻小说《三体》《流浪地球》系列，受到国内外观众的喜爱，达到口碑与收益双丰收的局面。究其原因是近年来文化产业的高质量发展，带动文化创造

---

① 胡惠林：《中国国家文化安全论》，上海人民出版社 2005 年版，第 23 页。

② 习近平：《在庆祝中国共产党成立 100 周年大会上的讲话》，载《人民日报》2021 年 7 月 1 日。

力、文化生产的进一步提升。2004 年我国文化及相关产业增加值占国内生产总值的比重为 2.5%，2012 年达到 3.8%，2016 年跃升到 4.14%①，2019 年则达到 4.5%，成为我国新的支柱性产业。我国文化产业创造了全球同期文化产业发展的奇迹，为国民经济实力增长和文化"走出去"作出了卓越贡献。例如，《舌尖上的中国》系列纪录片，通过烹饪美食的形式，宣扬了中华民族文化。该片凭借其精良的制作和优秀的剪辑，不仅增强了国人的文化自信，唤起了身在海外华侨华人的思乡之情，而且吸引了很多海外游客来中国品尝美食，探寻中国文化。

3. 加强对外文化交流

文化的对外交流不仅能在经济上为国家带来可观的收益，而且对塑造国际形象、提升国际地位有很大的帮助。近几年，在"一带一路"倡议的引导之下，我国与"一带一路"倡议国家的文化交流也愈加密切。除了在海外创办孔子学院，我们还提供更多到国内留学的机会，有越来越多的其他国家的年轻人到中国来学习语言，学习文化知识。此外，利用网络媒体也是加强文化输出的一种新方式。"李子柒"是一位拍摄带有中国民风气息的视频播主，她的短视频在海外受到许多人的喜爱，让更多的国际友人了解中国。

鉴于此，维护我国文化安全，既要建设具有强凝聚力和引领力的社会主义意识形态，提升国家文化软实力，又要加强各级各类思想文化阵地管理，旗帜鲜明地反对和抵制各种错误观点；既要积极参与国际文化竞争，在"走出去"中维护意识形态安全，又要主动提升国家形象和国际亲和力，增强中华文化国际影响力，在开放发展中维护国家文化安全。同时，反对文化决定论。要尊重不同国家、不同民族的文化，让世界文化之林一直丰富多彩、生机勃勃。

（四）社会安全

社会安全的特殊之处在于，从某种程度上来说它连接了人民安全与国家安全。一方面，社会是由人民构成的，社会安全对人民安全会产生直接的影响。马克思在对人进行定义时指出，"人的本质是社会关系的总和"②。社会是人生存的基本形式，社会安全是生活在社会之中的人的安全的根本保障。另一方面，社会与国家之间联系紧密，社会情况的不稳定对国家安全会产生直接的影响。社会安全是国家改革发展的重要保障，是国家安全的"晴雨表"，直接反映人民群众的幸福感和满意度。总之，社会安全是国家安全、人民安全、社会

① 《新时代应着力推动文化产业高质量发展》，载《中国经济时报》2018 年 10 月 17 日。
② 马克思、恩格斯：《马克思恩格斯选集》（第二卷），中共中央著作编译局编译，人民出版社 2012 年版，第 65 页。

文明进步和改革发展的前提。

1. 防范和化解社会风险

防范化解重大风险是全面建成小康社会三大攻坚战的首要战役。只有深刻认识新形势下防范化解重大风险的重大意义，始终把防范化解重大风险摆在突出位置，切实肩负起政治责任，才能打赢防范化解重大风险攻坚战。要积极预防、减少和化解社会矛盾，妥善处置公共卫生、重大灾害等影响国家安全的突发事件。贯彻落实新安全格局，强化意识，深化理解，广泛正确认知社会风险，着力提高防范化解能力，同时完善相关体制机制，建立以防为主、防治结合的现代风险防治体系，充分发挥预防风险的有效作用。

2. 常态化推进扫黑除恶

2018 年 1 月，中共中央、国务院发出《关于开展扫黑除恶专项斗争的通知》，在全国开展扫黑除恶专项斗争。深入推进扫黑除恶专项斗争，事关社会大局稳定和国家长治久安，事关人心向背和基层政权巩固，事关社会正义与人民的幸福感。在党中央的领导下，扫黑除恶专项斗争将打击黑恶势力犯罪和"打虎""拍蝇"相结合，同时与基层自治组织建设相结合形成长效机制，人民群众获得感、幸福感和安全感显著提升。必须推进扫黑除恶常态化，系统总结扫黑除恶斗争的实践经验，以法律形式完善扫黑除恶工作，既保持对黑恶势力违法犯罪的高压打击，又加强行业领域监管和专项整治。此外，还有必要斩断黑恶势力的经济渠道，从根本上降低其再犯的可能性，坚持巩固扫黑除恶的有效成果。

3. 建立共建共享的社会机制

社会安全关系着千家万户，维护社会安全必须建立长效的社会机制，推进社会各领域的共建共享。社会共建共享机制要求改变过去把政府作为单一治理主体的传统思维，正确处理政府与市场、社会的关系，让广大人民群众和其他主体在不同领域都能通过制度化渠道有序参与社会治理，意味着治理不是为了少数人，而是为全体人民服务，不断增加公共服务供给，维护社会稳定，构建良好的社会秩序，使所有参与社会治理的主体都有更多的获得感。总之，共建共治共享社会治理格局彰显出治理目标为了人民、治理活动依靠人民、治理成果由人民共享的鲜明特质，是维护社会安全的重要手段。

4. 提升公众的社会安全意识

社会安全与人民息息相关，发挥人民的主动性，通过提高公民的国家安全意识，更好地发挥群众力量。要贯彻落实从群众中来、到群众中去的工作路线。从 2018 年重庆市万州区公交车坠江事件、2024 年珠海驾车撞人案件等一系列危害公共安全典型案件中，应该认识到公众安全意识的缺失是事故发生的深层次原因，因此必须提升公民的安全意识，尽可能地预防安全事故的发生，保护自己和他人的安全，从而维护整体社会安全。

新形势下我国社会面临的威胁和挑战增多，特别是各种威胁和挑战联动效应明显。为此，要协调社会利益关系、化解社会矛盾、促进各阶层和谐共处，最终实现人民安居乐业。同时，也要严厉打击暴力恐怖活动，妥善处置公共卫生等影响国家安全和社会稳定的突发事件，促进社会和谐，维护公共安全和社会安定。

五、以促进国际安全为依托

纵观全球局势，虽然局部地区仍战火不断，但国际形势基本保持稳定，全球经济化进一步推进，国家间的联系愈加紧密，国家安全也开始向"你中有我，我中有你"的态势发展。与此同时，我国正处在发展的重大战略机遇期，必须以国际安全为依托，紧跟全球大发展大变革的浪潮，将中国的发展和安全推向新的高度。

（一）坚持和平发展的道路

中华民族自古以来就是热爱和平的民族，"以和为贵""天下大同"的思想一直以来都是中华民族奉行的处事之道，而坚持和平发展的道路也一直是我们党和国家坚守的信念。2005 年年底，《中国的和平发展道路》白皮书的发表，阐述了中国走和平发展之路的立场和决心。2017 年 10 月，习近平总书记在党的十九大报告中提出"坚持和平发展道路，推动构建人类命运共同体"①。2018 年 3 月 11 日，第十三届全国人民代表大会第一次会议通过的宪法修正案序言中增加了"坚持和平发展道路，坚持互利共赢开放战略……推动构建人类命运共同体"的内容，坚持和平发展的道路被写入《宪法》。② 2019 年 10 月 1 日，习近平总书记在庆祝中华人民共和国成立 70 周年大会上再次强调了和平发展道路的重要性："前进征程上，我们要坚持和平发展道路，奉行互利共赢的开放战略，继续同世界各国人民一道推动共建人类命运共同体。"③

（二）以全球安全倡议推进国际共同安全

"全球安全观"是新时代中国对国际安全与全球安全治理的核心理念，内

---

① 习近平：《决胜全面建成小康社会　夺取新时代中国特色社会主义伟大胜利》，载新华网，2017 年 10 月 27 日，http://www.xinhuanet.com/2017-10/27/c_1121867529.htm。
② 《中华人民共和国宪法修正案》，2018 年。
③ 习近平：《在庆祝中华人民共和国成立 70 周年大会上的讲话》，载新华网，2019 年 10 月 1 日，http://www.xinhuanet.com/politics/2019-10/01/c_1125065799.htm。

涵是共同、综合、合作、可持续安全，源自"总体国家安全观"的国际共同安全，前身是习近平主席亲自提出的"亚洲安全观"，现已成为内外兼修的总体国家安全观的对外呈现。

1. 亚洲安全观阐释了中国式安全理念

2014 年 5 月 21 日，习近平主席在"亚洲相互协作与信任措施会议"（"亚信"）上海峰会发表《积极树立亚洲安全观　共创安全合作新局面》的主旨讲话，首次提出共同、综合、合作、可持续的亚洲安全观。习近平总书记提出："安全应该是普遍的，不能一个国家安全而其他国家不安全，一部分国家安全而另一部分国家不安全，更不能牺牲别国安全谋求自身所谓'绝对安全'。……安全应该是平等的，各国都有平等参与地区安全事务的权利，也都有维护地区安全的责任。任何国家都不应谋求垄断地区安全事务，侵害其他国家正当权益。安全应该是包容的，应恪守尊重主权、独立和领土完整、互不干涉内政等国际关系基本准则，尊重各国自主选择的社会制度和发展道路，尊重并照顾各方合理安全关切，强化针对第三方的军事同盟不利于维护地区共同安全。"这一讲话进一步阐释了中国式安全理念。具体而言，"共同安全"就是指全球范围内不论地区或民族、体制，每个国家都处于安全、不受威胁的状态。"综合安全"就是要处理各领域安全，使整体安全状况趋于稳定。"合作安全"就是呼吁国家之间通过合作、协商等非暴力的方式维护自身以及共同安全。"可持续安全"实际上就是追求一种长期安全，并将人类长期安全与个人目前需要的安全联系在一起。

2. 从亚洲安全观到全球安全观

2017 年 9 月 26 日，习近平主席在国际刑警组织第八十六届全体大会开幕式上发表《坚持合作创新法治共赢，携手开展全球安全治理》的主旨演讲，指出"各国应树立共同、综合、合作、可持续的全球安全观，以合作谋安全、谋稳定，以安全促和平、促发展"。中共中央政治局于 2020 年 12 月 11 日就切实做好国家安全工作举行第二十六次集体学习，习近平总书记就贯彻总体国家安全观提出 10 点要求，其中第八点是坚持推进国际共同安全，高举合作、创新、法治、共赢的旗帜，推动树立共同、综合、合作、可持续的全球安全观，加强国际安全合作，完善全球安全治理体系，共同构建普遍安全的人类命运共同体。中共中央政治局于 2021 年 11 月 18 日召开会议审议《国家安全战略（2021—2025 年）》，强调要积极营造良好外部环境，在国家核心利益、民族尊严问题上决不退让，坚决维护国家主权、安全、发展利益；树立共同、综合、合作、可持续的全球安全观，加强安全领域合作，维护全球战略稳定，携手应对全球性挑战，推动构建人类命运共同体。2022 年 4 月 15 日，在总体国家安全观提出 8 周年之际，由中宣部、中央国安办组织编写的《总体国家安全观学习纲要》出版发行。《总体国家安全观学习纲要》指出，总体国家安全观彰显了新时代国家安全的大国担当。当前传统安全和非传统安全问题复杂交织，安全问题的联动性、跨国性、多样性更加突出，建设持久和平、普遍安全的世界任重道远。总体国家安全观树立共同、综合、合作、可持续的全球安全观，坚持通过和平方式解决问题和争端，同各国合力应对气候变化、恐怖主义、网络安全、公共卫生、难民等非传统安全挑战，为推动解决地区热点和全球性安全问题发挥了建设性作用。总体国家安全观注重内外兼修、内圣外王、兼善天下，"全球安全观"便是其对外呈现。

（三）建立新型大国关系

近几十年来，中国快速发展，与其他国家特别是美国、俄罗斯等大国的关系一直是国际关注的热点。对此，习近平总书记在党的十九大报告中明确指出："要相互尊重、平等协商，坚决摒弃冷战思维和强权政治，走对话而不对抗、结伴而不结盟的国与国交往新路。"① 在大国关系中，指出"中国和俄罗斯之间的关系是世界上最重要的一组关系，更是最好的一组大国关系"。② 近年来，中俄关系发展情况持续向好，不仅坚持友好往来还进一步开展深入合作。近年中俄关系发展情况如表 3 - 1 所示。

表 3 - 1   2013—2024 年中俄关系发展情况

事　件	主要内容
2013 年 3 月 22 日，习近平总书记访问俄罗斯	双方签署了《中华人民共和国和俄罗斯联邦关于合作共赢、深化全面战略协作伙伴关系的联合声明》
2018 年 6 月 10 日，俄罗斯总统普京对中国进行国事访问	习近平总书记表示，中俄关系处于最好时期
2018 年 9 月 11 日至 12 日，习近平总书记赴俄罗斯出席第四届东方经济论坛	习近平总书记在俄参加一系列双边、多边活动
2019 年 9 月 17 日，在中俄建交 70 周年之际，李克强总理对俄进行访问	发布《中俄总理第二十四次定期会晤联合公报》，表示中俄关系"达到前所未有的高水平"

---

① 习近平：《决胜全面建成小康社会夺取新时代中国特色社会主义伟大胜利》，载新华网，2017 年 10 月 27 日，http：//www. xinhuanet. com/2017 - 10/27/c_1121867529. htm。

② 《习近平在莫斯科国际关系学院的演讲》，载新华网，2013 年 3 月 14 日，http：//www. xinhuanet. com/politics/2013 - 03/24/c_124495576. htm。

事　件	主要内容
2020 年 9 月 11 日，国务委员兼外长王毅在莫斯科同俄罗斯外长拉夫罗夫会谈	双方强调在抗疫、大国关系、前沿科技、国际正义 4 个方面加强合作
2021 年 6 月 28 日，习近平主席同俄罗斯总统普京举行视频会晤，两国元首宣布《中俄睦邻友好合作条约》延期	双方强调，共同坚定维护以联合国为核心的国际体系和以国际法为基础的国际秩序，维护全球战略安全稳定，支持和践行真正的多边主义，反对打着"民主"和"人权"幌子干涉别国内政，反对搞单边强制性制裁。双方一致同意，共同弘扬和平、发展、公平、正义、民主、自由的全人类共同价值，加强团结协作，合力应对共同挑战，推动构建人类命运共同体
2022 年 2 月 4 日，发表《中华人民共和国和俄罗斯联邦关于新时代国际关系和全球可持续发展的联合声明》	双方呼吁各国从全人类共同福祉出发，加强对话，增进互信，凝聚共识，捍卫和平、发展、公平、正义、民主、自由的全人类共同价值，尊重各国人民自主选择发展道路的权利及各国主权安全发展利益，捍卫以联合国为核心的国际体系和以国际法为基础的国际秩序，践行联合国和联合国安理会发挥核心协调作用的真正的多边主义，推进国际关系民主化，实现世界和平、稳定与可持续发展
2023 年 12 月 20 日，发布《中俄总理第二十八次定期会晤联合公报》	双方重申，巩固和深化新时代中俄关系是双方基于各自国情作出的战略选择，符合两国和两国人民根本利益，符合时代发展潮流，不针对第三方，也不受外部影响和左右。双方将以两国元首共识为根本遵循，推动双边关系前行，始终在互利原则基础上深化和拓展重点领域合作，保障中俄两国共同发展和繁荣
2024 年 5 月 16 日，发表《中华人民共和国和俄罗斯联邦在两国建交 75 周年之际关于深化新时代全面战略协作伙伴关系的联合声明》	双方将以元首外交为引领，推动中俄新时代全面战略协作伙伴关系全方位发展。双方将全面贯彻落实两国元首达成的重要共识，继续保持密切高层交往，确保政府、地方及民间交往机制顺畅运行，积极研究创建新的合作渠道等

　　自 2019 年以来，中俄两国贸易额持续增长，2023 年更是达到了历史新高，显示出两国经贸合作的强劲势头和巨大潜力。2019 年，中俄贸易额达到 1107.57 亿美元，同比增长 3.4%。① 2021 年，中俄双边贸易额达到 1468.7 亿

---

　　① 《中国海关总署：2019 年中俄贸易额为 1107.57 亿美元 同比增长 3.4%》，俄罗斯卫星通讯社，2020 年 1 月 14 日，https：//sputniknews.cn/20200114/1030443262.html。

美元，同比增长 35.9%。① 2022 年，中俄贸易额增长至 1902.72 亿美元，同比增长 29.3%。2023 年，中俄贸易额创历史新高，达到 2401.1 亿美元，同比增长 26.3%。其中，中国对俄罗斯出口增长 46.9%，总额约 1109.7 亿美元；俄罗斯商品进口增长 12.7%，总额为 1291.4 亿美元。② 根据最新数据，2024 年前 11 个月，中俄贸易额为 2227.75 亿美元，同比增长 2.1%。其中，中国对俄出口 1041.96 亿美元，增长 4.0%；中国自俄进口 1185.79 亿美元，增长 0.4%。③ 2024 年 5 月 16 日，《中华人民共和国和俄罗斯联邦在两国建交 75 周年之际关于深化新时代全面战略协作伙伴关系的联合声明》，我们有理由相信中俄未来会在更多领域续写睦邻友好的新篇章。

2018 年 4 月 4 日，美方发布对部分中国商品加征关税的清单，自此中美贸易战正式拉开，对全球经济产生巨大的影响。在中美贸易摩擦过程中，我国始终保持冷静，有理有力有节地对美方的施压进行反抗，在保证国内经济稳定的同时，保护第三方国家的利益，彰显大国风范。经过近两年的磋商，2020 年 1 月 16 日，中共中央政治局委员会国务院副总理、中美全面经济对话中方牵头人刘鹤与时任美国总统特朗普在白宫签署中美第一阶段经贸协议，这标志着中美贸易关系终于开始朝健康、积极的方向发展。但从总体上来说，中美关系仍未走向正轨，主要是由于一部分美国政客竭尽所能地歪曲历史、无中生有、挑拨离间。维护中美关系稳定是大势所趋、人心所向，中国希望美国能及时改弦易辙，回到中美关系健康发展的轨道。

全球化发展到今天，将全世界紧密联系在一起。2020 年伊始，新型冠状病毒引发的疫情出现。中国政府及时采取行动，封锁一些地区、停止航班运行、分享部分毒株全基因组序列、帮助其他国家进行医疗救助，为控制疫情在全球范围内传播和全世界人民的健康贡献力量。这是因为中国深谙国际安全的重要意义，决不支持霸权主义、强权政治，也绝不会陷入所谓的"修昔底德陷阱"。中国会坚持以促进国际安全为依托，始终不渝走和平发展道路，在注重维护本国安全利益的同时，注重对外求和平、求合作、求共赢，推动建设持久和平、普遍安全、共同繁荣、开放包容、清洁美丽的世界。

综上所述，五大要素清晰揭示了国家安全的整体性及其内在逻辑关系。国

---

① 《中国连续 12 年稳居俄罗斯第一大贸易伙伴国——中俄经贸合作成果丰硕》，中国政府网，2022 年 2 月 9 日，https://www.gov.cn/xinwen/2022-02/09/content_5672647.htm。

② 《中国海关总署：2023 年中俄贸易额增长 26.3%，达到创纪录的 2401.1 亿美元》，俄罗斯卫星通讯社，2024 年 1 月 12 日，https://sputniknews.cn/20240112/1056298976.html。

③ 《中国海关总署：今年前 11 个月中俄贸易额 2227.5 亿美元，同比增长 2.1%》，俄罗斯卫星通讯社，2024 年 12 月 10 日，https://sputniknews.cn/20241014/1062040100.html。

家安全是一个不可分割的安全体系，每一要素虽各有侧重，但是都必然与其他要素相互联系、相互影响。同时，五大要素也清晰勾勒了中国特色国家安全道路的基本要求，不仅充分体现了新时代中国国家安全工作的道路自信，而且将"国家安全道路"作为中国特色社会主义道路的具体延伸，也彰显了国家安全工作的崇高地位。

第三节　国家安全关系论

系统论和要素论分别从宏观、微观角度分析总体国家安全观，而国家安全关系论是从目前的国际、国内的安全形势出发，以总体国家安全观中的"五对关系"为基础，通过辩证角度论述总体国家安全观，分析现阶段面对目前国际国内的新环境、新变化以及国家安全新发展路线和方向，推动实践领域国家安全工作的进一步开展。

一、发展与安全的有机统一

2019年1月21日，习近平总书记在"省部级主要领导干部坚持底线思维着力防范化解重大风险专题研讨班"的开班式上发表重要讲话指出："我们要统筹国内国际两个大局、发展安全两件大事，既聚焦重点、又统揽全局，有效防范各类风险连锁联动。"[①] 实际上早在党的十九大报告中，习近平总书记就指出，"统筹发展和安全，增强忧患意识，做到居安思危，是我们党治国理政的一个重大原则……安全是一个国家最为重要的问题"[②]。"安而不忘危，存而不忘亡，治而不忘乱。"近代中国的深刻历史教训还摆在我们面前。当时，整个中国动荡不安，中华民族忍辱负重，抗击外敌，多少先辈用自己的生命拼死全力维护国家安全。但事实上，经济、政治、文化的落后，才是导致当时国家安全受到侵害的根本原因。所以维护国家安全一定要把发展放在首位，以发展求安全，以发展促安全。同时，安全是发展的条件，发展必须依托安全稳定的环境。改革开放以来，发展表现在中国综合国力、社会、政治、经济、文化等各个方面，正是这种全面发展，为国家安全奠定了坚实的物质基础。如果在发

---

① 习近平：《习近平在省部级主要领导干部坚持底线思维　着力防范化解重大风险专题研讨班开班式上发表重要讲话》，新华社，2019年1月21日。

② 习近平：《决胜全面建成小康社会夺取新时代中国特色社会主义伟大胜利》，载新华网，2017年10月27日，http://www.xinhuanet.com/2017-10/27/c_1121867529.htm。

展过程中对提升国家安全的能力和意识重视程度不够，安全事件可能会时而发生，对国家安全造成诸多挑战。因此，统筹好安全与发展这两件大事，仍然是新的历史时期维护国家安全的基本要求。但这并不意味着安全重要性已经超过发展，在今后的很长时期里，发展仍然是党和国家的中心工作和第一要务，发展利益与安全利益，是国家核心利益的重要内容。总体国家安全观深刻揭示了发展与安全关系的本质，即发展与安全犹如硬币的"两面"，二者相互支撑、相互促进、高度融合。

一方面，发展是安全的基础，不可能离开发展谈安全。发展就是最大的安全，国家落后可能会使其面临的安全威胁变得更加严重。要实现可持续安全，就必须坚持可持续发展。近年来，我国在很多领域都取得了新成绩，各行各业从追求高速发展向追求高质量发展转变。当前，我国已进入高质量发展阶段，而高质量发展并不仅限于经济领域，还涵盖党和国家事业发展的各个领域。在经济上，坚持稳中求进的基本要求，深化供给侧改革，将高质量发展落到实处。从国家统计局发布的关于国民经济运行情况的数字来看，2019 年，全国国内生产总值达 99 万亿余元，按可比价格计算比上年增长 6.1%；GDP 总量接近 100 万亿元，人均国内生产总值达 70892 元，按年平均汇率达 10276 美元，较好地达成预期目标，实现了新的跨越。① 在文化上，党的十八大以来，各种有关文化的重大战略陆续出台，2014 年 3 月，《深化文化体制改革实施方案》正式出台，为文化体制改革指明了方向。2016 年 2 月，中央全面深化改革领导小组第三十一次会议审议通过了《关于加快构建中国特色哲学社会科学的意见》，以期通过中国特色思想、中国特色哲学解决目前发展中遇到的实际问题。2017 年 1 月 25 日，中共中央办公厅、国务院办公厅出台了《关于实施中华优秀传统文化传承发展工程的意见》，对传承中华优秀传统文化进行明确、系统性的指导。这一系列文化战略充分体现了党中央对文化发展的重视。在这样的环境下，2024 年上半年，全国规模以上文化及相关企业实现营业收入 64961 亿元，比上半年同期增长 7.5%。② 接下来，必须继续以文化自信为导向，与时俱进地推动文化体制机制改革，以文化产业高质量发展为目标，积极推进社会主义文化强国的建设。在科技上，高度重视发展创新，进一步优化科技产业升级。2016 年 5 月 30 日，全国科技创新大会在人民大会堂隆重召开，

---

① 《国家统计局介绍 2019 年国民经济运行情况》，载国家统计局网，2020 年 1 月 17 日，http：//www. stats. gov. cn/tjgz/spxw/202001/t20200117_1723534. html。

② 《2024 年上半年全国规模以上文化及相关企业实现营业收入增长 7.5%》，载国家统计局网，2024/07/30，https：//www. stats. gov. cn/sj/zxfb/202407/t20240730_1955888. html。

会议上对我国的科技事业提出了明确的目标,即到 2020 年使我国进入创新型国家行列,到 2030 年使我国进入创新型国家前列,到新中国成立 100 周年使我国成为世界科技强国。2020 年,中央层面部署的"新基建"相关的任务,主要包括七大领域:5G 基站建设、特高压、城际高速铁路和城市轨道交通、新能源汽车充电桩、大数据中心、人工智能和工业互联网,同时重点支持"两新一重"建设。"新基建"在科技创新驱动下快速发展,让中国经济不断释放新动能。在党中央的支持下,近几年我国在提高自主创新力、科技人才培养领域都有了突破性的进展。在实践领域,"蛟龙"号载人潜水器刷新了中国深度;高铁运营里程达到 3.5 万千米,居世界第一;神舟十一号与天宫二号实现距离地面 393 千米的太空自动交会对接……科技事业的迅速发展不仅为经济水平高质量发展提供动力,也让世界看到了中国科技力量。此外,近年来合作化发展模式也是发展的新方向。比如,农业合作化发展的新模式通过农业基础设施保障、农村公共产品供给、农业技术推广、农产品销售渠道拓展、农业产业链延伸等方面为农民参与市场竞争提供了机会,增强了农民的市场谈判地位和议价能力,进一步增加了农民的收入。总之,近年来国家发展总体保持稳中有升的基调,为维护国家安全打造了坚实基础。

另一方面,安全是发展的条件。如果没有安全作保障,发展将无从谈起。改革开放以来取得的重大发展成就充分印证了,只有具备安全稳定的国际国内环境,才能心无旁骛地发展生产,绝不能为了发展罔顾安全。正如习近平总书记所说,"贫瘠的土地上长不成和平的大树,连天的烽火中结不出发展的硕果"①。2014 年 4 月 15 日,习近平总书记在国家安全委员会第一次会议上首次提出总体国家安全观。2015 年 7 月 1 日,第十二届全国人民代表大会常务委员会第十五次会议通过新的《国家安全法》,将总体国家安全观以法律形式确定下来。之后《国家情报法》《反恐怖主义法》《核安全法》等出台,国家安全法律法规不断趋于完善,各领域安全都在法律上进行保护,维护国家安全迈向新的历史阶段。2020 年 12 月 11 日,习近平总书记在主持中共中央政治局就切实做好国家安全工作举行第二十六次集体学习时强调:"……把国家安全贯穿到党和国家工作各方面全过程,同经济社会一起谋划、一起部署,坚持系统思维,构建大安全格局,促进国际安全和世界和平,为建设社会主义现代化国家提供坚强保障。"在大安全格局背景下,安全的范围是贯穿国内到国际,达到国内与国际共同的和平稳定,这样才能真正保障安全。

---

① 习近平:《在亚洲相互协作与信任措施会议第四次峰会上的讲话》,载《人民日报》2019 年 5 月 21 日。

贯彻落实总体国家安全观，统筹发展和安全最为紧迫，也最为关键。正如党的十九届五中全会强调的，必须实现高水平安全与高质量发展的良性互动，坚持底线思维和辩证法思想，从整体视角处理安全与发展的关系，使高质量发展和高水平安全在更深层次、更多领域相辅相成。需要注意的是，发展和安全并重，不等于二者总是保持同步性。例如，发展并不必然带来安全，因为国家发展后又会产生新的安全问题。特别是与新时代国家发展需求相比，我国的国家安全保障能力还有较大差距。党的十八届五中全会提出的新发展理念，不仅是破解发展难题、厚植发展优势的理念，也是指导新形势下国家安全工作实践的重要理念。

二、外部安全与内部安全的良性互动

"当前中国国家安全内涵和外延比历史上任何时候都要丰富，时空领域比历史上任何时候都要宽广，内外因素比历史上任何时候都要复杂……"① 正是由于这样的安全环境，总体国家安全观要求"既重视外部安全，又重视内部安全"。正如习近平主席在博鳌亚洲论坛 2013 年年会上的主旨演讲中所言："中国将通过争取和平国际环境发展自己，又以自身发展维护和促进世界和平。"② 当今世界，安全问题的外延不断扩大，各种安全问题互相交织。对于国家安全来说，外部安全问题逐渐演化势必威胁内部安全，而内部安全问题逐渐加剧也很有可能会导致外部安全受到影响。各种主体安全互相交织，只有统筹协调才能得到解决。例如，恐怖主义所导致的安全问题就既是内部安全问题，又是外部安全问题。这类安全问题所体现的境内与境外安全威胁的交织，是当代主权国家所面临的典型的全球性安全问题。由于恐怖主义活动可能发生在任何时间、任何地点，不受边界限制，因此解决这类安全问题需要系统应对国内外安全形势的复杂变化，迫切要求统筹好国内与国外两个安全。③

首先，内部安全是维护国家安全的根本基础。而维护内部安全的重中之重就是打击民族分裂势力。台湾、香港、新疆、西藏地区都是中国的固有领土，而有些心怀不轨的分子妄想利用宗教和一些历史遗留问题，挑拨离间，分裂中国。为了防止民族分裂势力再次挑起事端，减少社会矛盾、保障社会的和谐稳定是关键的一步。2014 年 4 月 25 日，习近平总书记在党的十八届中央政治局

---

① 《习近平新国家安全观》，载人民网，2014 年 06 月 06 日，http：//world. people. com. cn/n/2014/0606/c1002 – 25114042. html。

② 《习近平在博鳌亚洲论坛 2013 年年会上的主旨演讲（全文）》，载央视网，2013 年 4 月 17 日，http：//news. cntv. cn/2013/04/07/ARTI1365332326638958. shtml。

③ 张雪嫣：《中国特色国家安全战略的实践路径》，载《求知》2018 年第 1 期，第 34 页。

第十四次集体学习时强调："维护国家安全，必须做好维护社会和谐稳定工作，做好预防化解社会矛盾工作，从制度、机制、政策、工作上积极推动社会矛盾预防化解工作。"① 党的十八大以来，以习近平同志为核心的党中央，贯彻落实总体国家安全观，以人民安全为宗旨，维护社会和谐稳定，进一步推进国家安全工作，为我国构筑了一个良好的国内安全环境。对于这些妄图分裂国家的不法分子，国家和地方有针对性地设立法律法规，严打暴力恐怖犯罪活动，维护内部的安全与稳定。

其次，外部和平稳定的国际环境和国际秩序是国家安全的重要保障。加强与周边国家的合作与交流，着力营造周边良好环境具有重大意义。2013 年 10 月，中央召开周边外交工作座谈会，确定当时和今后一个时期我国周边外交的战略目标、基本方针和总体布局，明确提出"亲、诚、惠、容"的理念。为了进一步加强与周边国家的团结与合作，实现中华民族伟大复兴的中国梦，习近平总书记亲自倡导推动"一带一路"倡议构想，积极推动中国特色的大国外交，为维护地区的和平与稳定提供了可靠的保障。2014 年 5 月 21 日，习近平在亚信峰会上提出"共同、综合、合作、可持续"的亚洲安全观，为维护亚洲乃至世界安全稳定提供了思路和理念。"大周边"外交战略指导和布局的日臻完善，对保障我国战略安全、拓展战略空间、突破遏制我国的战略包围具有重大意义。这些战略机制一方面再次强调了我国和平友好的外交策略，另一方面又为营造外部和平稳定的环境提供了宏观规划。

我国是一个邻国众多的国家，与周边一些国家面临着领土的争议，中印边境问题就是其中的典型代表之一。中印建交以来，中印关系一直起起落落，曲曲折折，问题与合作并存。对于维护国家主权和领土完整，"我们不惹事但也不怕事"。但中国仍希望与印度建立良好的互信关系，避免两国的分歧成为争议，维护周边地区的稳定与安全。中国与韩国、日本的关系可谓是一波三折。相比韩国而言，日本与中国的羁绊更加深远。日本曾经给中国和亚洲各国人民带来灾难，之后日本领导人反省历史并意识到友好邻国关系的重要性，所以中日邦交向和平友好的方向发展。但时至今日，日本国内一小部分政客仍然没有认清历史、看清现实，导致中日关系并没有顺利发展。但中国一直以来都希望能与日本和韩国在各方面开展合作，实现真正意义上的互惠共赢。2020 年 11 月，这样的坚持收获了回报，在各方的共同努力下，区域全面经济伙伴关系协定（RCEP）正式签署，促进了中、日、韩三国的经济合作，提振了中日韩自

---

① 习近平：《切实维护国家安全和社会安定　为实现奋斗目标营造良好社会环境》，载《人民日报》2014 年 4 月 27 日。

贸区缔结的信心，未来三方合作将迎来更稳定的环境、更大的可预测性。澜湄流域国家众多，历史遗留问题复杂。对此，2015 年 11 月 12 日，在中国的积极倡议下，中国、泰国、柬埔寨、老挝、缅甸、越南六国外长就进一步加强澜沧江—湄公河国家合作进行深入探讨，宣布澜湄合作机制正式建立。多年来，合作成果丰硕，在水资源合作、农业技术推广、市场开放等领域都有不错的成绩。我国与朝鲜交往的历史悠久，同时朝鲜也是全世界少有的共产主义国家，但由于种种原因，半岛局势持续复杂多变，我国始终坚持朝鲜半岛无核化、避免半岛生乱生战、通过对话和平解决争端的国家安全理念，有力维护了半岛局势总体稳定。

总之，要持续塑造稳定的内部环境，以人民利益为根本，促进社会公平正义，防范社会重大风险，既警惕"黑天鹅"事件，又防范"灰犀牛"事件，坚持底线思维，以内部环境驱动外部环境。同时，要积极塑造外部安全环境，加强各领域安全国际合作，倡导国际社会共同维护国际安全，努力建立良好的外部环境，同时防止外部风险对内部安全造成威胁，最终实现内外部良性互动。

三、国土安全与国民安全的共同巩固

总体国家安全观提出之前，传统的国家安全观常常只强调国土安全、军事安全等传统安全，忽视国民安全在国家安全中的重要地位。但总体国家安全观提出国土安全与国民安全并重，既维护了国土安全在国家安全中的基础地位，又强调了国民安全是国家安全中绝不能忽视的重要领域。

实际上，总体国家安全观在"五大要素"中明确了以人民安全为宗旨；在"五对关系"中提出了既重视国土安全，又重视国民安全。从学理上来说"国民安全"比"人民安全"更具有科学性、概括性，而且包容度更广，可以代表古今中外所有国家的人的安全，更能体现总体国家安全观中倡导的共同理念。当然，"人民安全"一词更能体现中国共产党的性质和宗旨，也便于人民群众理解。[①] 在封建主义统治时期，国民安全往往是最容易被忽略的。虽然"以人为本"是传统治国理政的思想之一，但封建社会的"人本"思想仅仅是为了维护极权统治，并不是为了维护公民的利益。自新中国以来坚持群众路线、群众道路，一切从人民出发，才真正做到为人民所想，为人民服务。

国土安全不同于领土安全，国土安全是美国在"9·11"事件后提出的新

---

① 刘跃进：《总体国家安全观视野下的传统国家安全问题》，载《当代世界与社会主义》2014 年第 6 期，第 13 – 14 页。

概念，从世界各国法律政策看，国土安全包括以下几个方面：第一，国家领土主权及空间管辖权不受侵犯；第二，边境安全稳定；第三，国民生命财产不受威胁（免受恐怖主义的侵害）；第四，网络空间安全。^① 前两点基本符合传统的领土安全的内涵，在此基础上丰富和发展了保护国民不受恐怖主义侵害和维护国家网络主权这两个部分。从国土安全的范围中可以看出，国土安全作为国家安全的基础性安全之一，与国民安全紧密相关。这主要是因为国土安全、国民安全与政治安全同是国家安全的本源性范畴，它们在国家安全内在结构和关系网络中的地位决定了其在国家安全体系中的位阶和国家安全战略中的意义。^② 非传统安全理论未出现之前，现实主义国际关系理论中以汉斯·摩根索为代表的经典现实主义一派，强调军事力量和国家硬实力对于国家安全的决定性作用。所以国土安全对国民安全的影响主要是战争以及领土侵略与被侵略造成的影响。而"冷战"结束后，国际关系总体趋向于和平。此时，非传统安全理论异军突起，国土安全对国民安全的影响也因此扩张至免于恐怖主义侵害和网络袭击。在目前我国国土安全相对处于较为稳定的情况下，可能对国土安全造成威胁的问题，主要集中在以下三个方面。

（一）海洋国土安全问题突出

一直以来，我国都被称为"陆上大国"，但实际上我国海洋国土面积达300 多万平方千米，临海区域众多。近代历史纷繁复杂，再加上美国长期以来企图抑制中国发展，导致新中国成立以来领土纠纷问题时有发生，极大地破坏了海洋国土安全。自"2012 年中国国家安全十大事件"研究公布以来，海洋国土相关问题屡屡上榜，从 2012 年榜单第一的"日本政府'购岛'引发中日钓鱼岛危机、中菲黄岩岛对峙"到 2018 年位于榜单第七位、第八位的"中国首艘国产航母试航"和"中央军委南海阅兵"。海洋国土问题持续上榜，可见海洋国土安全问题是我国目前面临的十分重要的国家安全问题。而南海问题又是目前在海洋国土安全问题中最严峻的。南海地区资源丰富，有大量的石油和天然气储备，并且是海上交通要道和重要的海上枢纽，所以一直以来就是多国的必争之地。对于中国来说，从政治上讲，领海神圣不可侵犯，南海问题的解决能显示出中国对主权问题的决心，有利于增强国家凝聚力，对两岸问题和其他边界地区问题的解决都有很大作用；从经济上讲，南海丰富的资源储备为经济发展提供了资源支持；从国家安全上来讲，南海安全是国家安全的一部分，

---

① 曲秀君：《国家总体安全观视角下的大学生国土安全教育初探》，载《教育教学论坛》2019 年第 3 期，第 48 页。

② 常铁军：《国家安全的政治认同之维》，载《学习与探索》2019 年第 12 期，第 66 – 67 页。

南海地区的稳定与海洋国土安全稳定和国家安全稳定息息相关。对于海洋安全问题的解决，可以从以下三个方面进行。第一，用合作化解冲突。国土神圣不可侵犯，但过激的反应不利于和平稳定，也不符合中国一贯坚持的和平发展道路。在这种情况下，加强与周边国家的经济往来、文化交流，将南海问题上的敌对关系转化为合作关系，用软手段解决问题无疑为一种很好的方式。第二，加强我国海上军事力量。2018 年我国第一艘国产航母下水，是我国海上军事力量发展的重要表现。必须进一步发展海上军事科技，作为维护海洋国土稳定的保障。第三，提高民众的海洋安全意识。总体来说，民众的海洋国土安全意识较弱，主要体现在对于我国海洋国土问题的认识不透彻。在学校教育与舆论传播的过程中，需要进一步加深民众对于国土安全问题的认识程度，并及时关注民意，避免舆论发酵造成不良影响。

（二）恐怖主义势力威胁

恐怖主义被视为非传统安全问题中最为恶劣的安全问题。恐怖主义事件社会危害性极大，给人民的生命财产安全带来极大的威胁。目前，国际恐怖主义的进一步扩散，也对我国的国土安全造成了极大威胁。对我国来说，恐怖主义威胁主要有两个方面。第一，危害边疆地区的和平与稳定。"东突"恐怖组织、"藏独"恐怖组织等恐怖主义组织在我国云南、新疆边境多次活动，不仅严重危害了边疆地区人民的安全，造成社会恐慌，还对国土安全造成危害。第二，国际恐怖主义危害我国经济发展。目前，我国与中东、北非地区的许多国家都有经济往来，再加上"一带一路"倡议的实施，我国与中亚、西亚、非洲的经济往来日益频繁，但恐怖主义的威胁极大地危害着我国经济利益。针对这种状况，首先，要坚持对恐怖主义"零容忍"的态度，全面提升反恐怖工作能力和水平，不断夺取新时代反恐怖斗争新胜利。近年来，恐怖主义呈现出网络化和国际化趋势。反恐怖主义工作必须坚持专门工作与群众路线相结合、防范为主、惩防结合和先发制敌、保持主动的原则。其次，由于恐怖主义威胁的是全人类的安全，因此反恐工作必须坚持国际合作，吸取其他国家关于反恐的相关经验，进一步推动打击恐怖主义的国际、区域合作。我国一直以来呼吁国际合作，恐怖主义已经成为国际问题，必须依靠合作才能解决。通过加强与大国、周边国家，以及反恐经验丰富的国家的反恐合作，探索更适合中国的反恐方式和国家之间反恐合作的新模式，坚决有力地对恐怖主义进行打击。

（三）网络空间安全威胁

世界上很多国家都已经将网络空间作为国土的一部分，并以法律进行明文规定。① 网络空间的捍卫成为国际竞争的新领域，也成为国土安全中不可缺少的一部分。随着互联网的发展，网络已经涉及社会发展的方方面面。网络空间特有的信息高速传播方式，导致现实世界的安全壁障被打破，网络安全问题由此产生。首先，网络与传统犯罪的结合产生犯罪的新形势。这种形势下，犯罪的隐蔽性、活跃性大大增强，打击难度直线增加。比如，近年来，恐怖主义犯罪逐渐向网络化甚至暗网化发展，依托网络空间，恐怖主义跨境犯罪逐渐增加，犯罪活动的范围不断扩张。其次，一些国家企图利用网络对我国进行意识形态领域的攻击。长期以来，一些国家企图从意识形态领域对我国进行颠覆，现在网络成为他们的第一阵地，他们通过发表反动言论和一些煽动性话语，对我国的意识形态安全造成很大影响。

党的十九大以来，以习近平同志为核心的党中央面对网络空间的安全威胁高瞻远瞩、审时度势，提出了一系列网络空间治理的新理念、新思想、新战略。"要加强互联网内容建设，建立网络综合治理体系，营造清朗的网络空间"②；"要提高网络综合治理能力，形成党委领导、政府管理、企业履责、社会监督、网民自律等多主体参与，经济、法律、技术等多种手段相结合的综合治网格局……"③ 落实到实践工作中，主要有以下四点。第一，要进一步加强网络信息化建设，朝着网络强国的目标不断迈进。第二，不断提升网络空间治理能力，加快建立网络综合治理体系，全面提升综合治网能力，营造风清气正的网络空间。第三，要完善网络安全治理的立法。2016 年 11 月 7 日，我国颁布了首部关于网络安全的法律——《网络安全法》，是维护网络发展的客观需要，更是开启了网络安全立法的新篇章。第四，要进一步加强国际合作，共同构建网络空间命运共同体。总之，必须坚持正能量是总要求，管得住是硬道理，坚决打赢网络意识形态斗争，推动互联网这个"最大变量"释放"最大正能量"。

实践证明，国土安全作为国家安全中的敏感要素，具有很强的联动性。如果国土安全能够得到切实有效的维护，国家的政治、经济、文化安全就有保障，也就能更好地服务于国民、人民安全。一旦国土安全遭到破坏，将很快波及其他领域安全，进而引发国家安全的总体危机。总之，既要明确国民、人民

---

① 习近平：《决胜全面建成小康社会　夺取新时代中国特色社会主义伟大胜利》，载新华网，2017 年 10 月 27 日，http：//www. xinhuanet. com/2017 - 10/27/c_1121867529. htm。

② 习近平：《决胜全面建成小康社会　夺取新时代中国特色社会主义伟大胜利》，载新华网，2017 年 10 月 27 日，http：//www. xinhuanet. com/2017 - 10/27/c_1121867529. htm。

③ 习近平：《迈出建设网络强国的坚实步伐》，载新华网，2019 年 10 月 18 日，http：//www. xin-huanet. com/politics/2019 - 10/18/c_1125124230. htm。

安全的宗旨地位，又要认识到国土安全在国家安全中的基础保障作用。做到国民安全与国土安全的共同巩固，将国家安全理论体系的基础进一步加深、加固。

四、传统安全与非传统安全的统筹治理

"冷战"结束之后，安全研究开始进入新阶段。由于国家之间关系相对缓和，国家安全的维护也逐渐从军事领域转向经济、政治等领域。安全研究的内容也因此转向非军事威胁造成的影响和解决措施，非军事威胁造成的问题一般被称为"非传统安全问题"①。21世纪以来，全球化的发展进一步影响了非传统安全——移民数量逐年增加，生态环境形势不容乐观，恐怖主义屡屡制造事端……从这些事件中可以看出非传统安全问题比传统安全问题持续的时间更长、影响的范围更广，给国家甚至国际安全造成极大危害。

（一）传统安全与非传统安全的关系

1. 传统安全与非传统安全的联系

首先，非传统安全和传统安全一样并非新生事物，中国古代就有管仲利用经济助力齐桓公称霸的例子。不过由于之前世界相对封闭，非传统安全问题的危害程度较低，所以并未引起重视。而随着全球化时代的来临，国家之间的联系交往更为紧密，非传统问题的影响力逐渐扩大，随之在世界范围内引起关注。其次，传统安全和非传统安全在一定条件下是可以相互转化的。这是因为非传统安全本来就是由传统安全衍生而来，一旦非传统安全威胁到达一个不可控的程度，就会引发危机，造成冲突。最后，非传统安全威胁很有可能会导致传统安全——军事、政治安全受到威胁。比如，非传统安全领域的资源安全很容易导致国家之间发生冲突，恐怖主义的袭击事件也很容易导致被害国家以暴力解决问题。

2. 传统安全与非传统安全的区别

第一，不同国家对非传统安全的关注点是不同的。② 与传统安全不同，每个国家面临的非传统安全威胁大相径庭。比如，对于中东地区的大多数国家来说，恐怖主义是他们面临的最棘手的问题，而对于欧美国家来说，经济危机、难民潮、网络犯罪等问题是他们关注的重点领域。第二，非传统安全更加凸显国际、人类利益。传统安全维护的是单一层次的国家安全，即国家主权完整、

---

① 俞晓秋：《非传统安全论析》，载《现代国际关系》2003年第5期，第46页。
② 俞晓秋：《非传统安全论析》，载《现代国际关系》2003年第5期，第50页。

领土不受侵犯。而非传统安全问题涉及国民、国家、国际，问题出现之后往往产生连锁反应，对地区甚至国际产生影响。第三，与传统安全相比，非传统安全问题的潜伏期更长。以暴力为手段的传统安全总是一触即发，但非传统安全威胁出现时较为隐蔽，随着时间的推移，当客观条件满足时就会在某一临界点突然爆发。第四，非传统安全各领域之间变化的可能性更大。比如，恐怖主义逐渐向网络化方向演变，中东地区的宗教冲突导致恐怖主义，等等。

（二）传统安全与非传统问题的治理

1. 完善相关的法律法规

近年来，我国不断对非传统安全法律法规进行完善。2015 年颁布了《反恐怖主义法》；2016 年、2017 年先后出台《网络安全法》和《核安全法》。这几部非传统安全领域的法律，弥补了我国立法方面的空白，是维护非传统安全的客观需要，也是维护国家安全的必然选择。但非传统安全领域众多，且在不断扩展，还应继续完善相关法律法规。同时，进一步加强传统安全与非传统安全法律体系建设，明确相关法律，加强与其他行政法规之间的协调、配合，避免司法实践中出现"违法难究"的尴尬情形。

2. 建立安全预防机制

一般来讲，非传统安全问题最早出现的时候隐蔽性较强，极易被人忽视，但随着时间的推移，非传统安全问题会逐渐累积，直到达到某一个临界点之后突然爆发。所以治理非传统安全问题建立预防预警机制是十分必要的，通过预防预警可以将非传统安全问题解决于萌芽时期，在很大程度上减轻国家安全专门工作的压力，节约国家资源的投入。

3. 进一步加强国际合作

中国政府一贯坚持合作发展的战略，反对霸权主义、"零和"博弈，习近平总书记科学把握当今世界发展总趋势，高瞻远瞩地提出人类命运共同体、共同安全等思想。在解决国家安全和非传统安全的问题上，中国也一贯坚持开展国际合作，并且推动国际上其他国家共同参与合作。2019 年 11 月 4 日，李克强总理也在第十四届东亚峰会上强调，要坚持非传统安全合作，维护共同安全。面对恐怖主义、气候变化、网络安全、跨国犯罪、毒品传播等日益突出的非传统安全挑战，没有哪个国家可以独善其身，各方必须合力应对。① 非传统安全让人们认识到，有些问题只靠"单打独斗"是根本解决不了的，必须加强国

---

① 《李克强在 14 届东盟峰会上的讲话》，载新华网，2019 年 1 月 5 日，http：//www. xinhuanet. com/2019 - 11/05/c_1125196187. htm。

际合作，以维护人类和世界的安全为己任，才能最终实现自身安全。

总体国家安全观提出以前，我国提出了"新安全观"。然而，从国家安全的层次来说，"新安全观"表述的始终只是对外安全和国际安全，而不是完整的非传统国家安全观。① 总体国家安全观建立后，不仅将非传统安全的各个领域包含其中，还强调传统安全与非传统安全的并重，并且进一步进行辩证的理解和处置，完善了国家安全理论研究，是全面的国家安全观。必须认识到传统安全和非传统安全问题相互作用和彼此交叉，在制定和调整安全策略时都应予以充分考虑。国家安全原本就是一个整体，任何割裂这个整体的维护国家安全的方式都是不全面、不完善的，是无法真正达到维护国家安全的效果的。

五、自身安全与共同安全的相辅相成

20 世纪 80 年代初，西方学者率先提出"共同安全"的概念，认为持久的安全只有在所有国家能够共享安全时才能实现。此后，西方国家对共同安全的内涵有所发展，但始终难以超越霸权和平等等传统思维定式，也没有在世界范围内得到认同。中国一直以来坚持和平发展的道路，同时在世界范围内倡导安全共同体、共同安全的思想。2014 年在总体国家安全观中提出既要重视自身安全，又要重视共同安全，正式将共同安全纳入国家安全战略。与西方不同，中国的共同安全战略吸收了中华优秀传统文化和西方安全观中符合目前中国发展的部分，同时又实现质的超越，将共同安全设定为任何民族、文化的国家都可以参与，是真正意义上的共同安全。对此，习近平总书记进行了深刻阐述："各国要树立命运共同体意识，真正认清一荣俱荣、一损俱损的连带效应，在竞争中合作，在合作中共赢。在追求本国利益时兼顾别国利益，在寻求自身发展时兼顾别国发展。"②

（一）符合我国国家利益的需要

首先，中国的传统文化中一直就有"以和为贵""仁义"的思想，这些思想运用到外交领域，就变成了"睦邻友好""有朋自远方来，不亦乐乎"的外交思想，可以说是五千年传承下来的中国智慧。近代中华民族一度风雨飘摇，但始终凝聚在一起。经历了那段历史后，中华民族更加认识到和平的可贵，坚定不移地走和平发展道路，许诺绝不称霸，让其他国家再次承受刻骨之痛。其

---

① 刘跃进：《非传统的总体国家安全观》，载《国际安全研究》2014 年第 6 期，第 11 页。

② 习近平：《共同维护和发展开放型世界经济——在二十国集团领导人峰会第一阶段会议上关于世界经济形势的发言》，载新华网，http：//www.xinhuanet.com/politics/2013－09/06/c_117249618.htm。最后浏览时间：2024 年 9 月 1 日。

次，中国的快速崛起必将遭到诸多国家忌惮，对于周边的发展中国家，他们一方面想加强与中国的经济合作，实现自身的经济发展，另一方面又担心中国崛起后会走侵略的道路。共同安全这一理念能让周边国家放下成见，相信中国的和平发展道路。2013 年 10 月，习近平总书记在周边外交工作座谈会上指出："倡导全面安全、共同安全、合作安全理念，推进同周边国家的安全合作，主动参与区域和次区域安全合作，深化有关合作机制，增进战略互信。"① 此外，这种积极正面的理念和脚踏实地的行为，有助于中国进一步塑造国际形象，体现出中国力量、中国智慧，面向国际讲好中国故事。

（二）超越安全困境的内在逻辑

安全困境是指由于国家之间不可能互相信任，在不断维护自身安全的过程中，会增加其他国的不安全感。而这些国家可能会采取更强有力的安全保障措施，从而又导致前者陷入不安全的境地。美苏"冷战"时期就属于典型的安全困境。从美苏的经验可以看出，这种对抗是"损人不利己"的，这种道路是走不通的。合作共赢的时代已经来临，必须坚持共同安全的道路，正如习近平总书记所说，"明者因时而变，知者随事而制。形势在发展，时代在进步。要跟上时代前进步伐，就不能身体已进入 21 世纪，而脑袋还停留在冷战思维、零和博弈的旧时代"。②

（三）共同问题的解决

纵观全球，环境污染、资源危机、恐怖主义……这些安全问题已经成为全世界、全人类的问题，没有谁能独善其身。全球气候变暖，直接导致地表温度上升，形成温室效应，南北极冰川融化，海平面上升，龙卷风与海啸泛滥，生态环境受到破坏；恐怖主义势力暴虐、残忍，社会危害性极大，并且随着网络社会的进一步发展，辐射面越来越广，甚至通过网络培养、扶持恐怖主义势力，给全世界人民的生命和财产安全都带来极大的威胁。在这种情况下，共同安全的实现就显得十分必要。通过与其他国家开展共同安全合作，使不同发展程度、不同信仰、不同民族、不同政治路线的国家能坐在一起，为维护人类的共同利益，实现世界的可持续发展贡献自己的力量。

近几年，世界各国都逐渐认识到，实现全球范围内的资源整合，维护共同安全，不仅是维护世界人民福祉的必然要求，也是加强自身安全的必然选择。

---

① 《学习习近平同志重要讲话》，载人民网，2013 年 11 月 29 日，http：//cpc. people. com. cn/n/2013/1129/c371956 - 23696019. html。

② 习近平：《亚洲安全合作要跟上时代不能冷战思维》，载光明网，2014 年 5 月 21 日，http：//topics. gmw. cn/2014 - 05/21/content_11696670. htm。

2019 年 12 月，正值辞旧迎新之际，突然暴发传染性疾病，后被确认为由新型冠状病毒引起。而新型冠状病毒之前在人体内从未被发现过，在全球范围内都属于医学空白。在这种情况下，中国政府迅速反应，制定了合理的防治措施，同时进行了严格的出境限制，为其他国家抗击疫情争取了时间。中国秉承大国责任和人道主义，不遗余力地对其他国家进行帮助——派遣 5 位专家启程前往意大利；向日本国立传染病研究所捐赠一批新冠病毒核酸检测试剂盒并捐赠了5000 件防护服及 10 万只口罩；伊朗疫情加剧，中国驻伊朗大使馆第一时间向伊朗捐赠 25 万只口罩和 5000 份核酸检测试剂盒①……中国还向世界卫生组织捐款两千万美元用于新冠疫情防控。此外，中国在积极防治疫情的同时，与世界卫生组织进行及时沟通，迅速分享部分毒株全基因组序列，成功研制快速检测试剂盒，同时向全世界分享防控经验，受到国际社会的一致好评。中国离不开世界，世界也需要中国。虽然这场疫情给人民安全带来了威胁，但是中国大国精神与人道主义精神已经被瞩目，关于实现共同安全，中国也落在实处，携手世界各国实现共同体构想，维护世界的共同安全。

总体国家安全观立意深远，对国家安全的认识并不仅仅局限在国内，而是放眼全球，建立了以人类命运共同体思想为基础的共同安全思想，为国际关系的发展创造了全新的理念，显示了东方智慧，为世界各国所关注。

第四节　国家安全思想论

2020 年 12 月 11 日中共中央政治局第二十六次集体学习聚焦新时代国家安全工作，中共中央总书记习近平主持学习时强调了新时代国家安全工作的特殊重要性，提出要"坚持系统思维，构建大安全格局，促进国际安全与世界和平，为建设社会主义现代化国家提供坚强保障"②。新时期的国家安全工作，必须始终坚持总体国家安全观，特别是在新发展阶段，贯彻新发展理念，构建新发展格局，必须坚定统筹发展和安全，把国家安全贯穿到国家发展的全过程与各领域，贯穿到党和国家工作各方面、全过程，在长远规划与战略设计中，将国家安全同经济社会发展一起谋划、一起部署。习近平总书记就贯彻总体国

---

① 《全球战"疫" 有一种温暖叫"中国援助"》，载中国网，2020 年 3 月 11 日，http：//cppcc. china. com. cn/2020 - 03/11/content_75800994. htm。

② 《坚持系统思维构建大安全格局为建设社会主义现代化国家提供坚强保障》，载人民网，ht-tp：//cpc. people. com. cn/n1/2020/1213/c64094 - 31964463. html。

家安全观、做好新时代国家安全工作提出十个坚持，是对 2014 年提出的总体国家安全观的系统总结与升华，并形成稳定的思想体系，因而成为总体国家安全观的主体思想。

一、坚持党对国家安全工作的绝对领导

坚持党的领导是中国特色社会主义现代化建设的指导原则，也是国家安全工作遵循的根本政治原则，更是国家安全法治建设的基本原则和重要保障。无论在社会主义现代化建设事业中，还是在国家安全治理中，党的领导地位与核心作用都是成功的前提条件。《国家安全法》以法律形式进一步确认这一原则，《国家安全法》第 4 条规定："坚持中国共产党对国家安全工作的领导，建立集中统一、高效权威的国家安全领导体制。"这一规定明确了党的领导地位，以党的指挥为导向、同时协调各方的作用，特别是统筹应对内外安全威胁，提高决策效率与权威。中国共产党是中国特色社会主义事业的领导核心，这是中国特色社会主义的本质特征。中国的社会主义现代化建设事业由中国共产党领导，这个原则不能动摇，如果动摇，中国就要倒退到分裂和混乱，就不可能实现现代化。坚持党对国家安全工作的绝对领导，是面对新情况与新挑战时更好地解决国家安全重大问题所提出的根本政治要求，是确保国家安全工作不偏离正确方向的根本保证。

党的组织领导是政治领导、思想领导的保证。坚持党对国家安全工作的绝对领导，需要通过党的各级组织强有力地集中统一领导来实施。《国家安全法》第 4 条规定了国家安全工作领导体制，强调要坚持中国共产党对国家安全工作的指挥部署，建立集中统一、高效权威的国家安全领导体制。第 5 条规定了中央国家安全领导机构的职责，构建了集中统一、分级管理、相互配合的管理机制。以习近平同志为核心的党中央锐意改革创新，在国家安全领域推出一系列重大举措，例如：建立中央国家安全委员会，集中统一领导国家安全各项工作，维护党对国家安全工作绝对领导的权威；提出总体国家安全观，强调维护各领域国家安全的全面性；修订《国家安全法》，健全国家安全制度和国家安全保障措施，使维护国家安全更加有法可依、有章可循。尤其是国家安全委员会的建立，填补了中国缺少相关机制的空白，与国际接轨，进一步推进国家治理体系和治理能力现代化。国家安全委员会成立，使中国拥有了应对国内外综合安全和制定国家安全战略的顶层运作机制，是创新国家治理方式和维护国家安全需要的有机统一。

坚持党的领导，必须完善党的领导，确保党的领导的内容和要求与时代任务相一致。党对国家安全工作的绝对领导需要通过党的各级组织、党的干部和

广大中国共产党员去实施。如果党的领导能力不足，国家安全的各项工作就会落空。中国共产党要切实担负起领导国家安全工作的重任，必须不断提升自身领导能力。《国家安全战略纲要》的出台，明确新形势下国家安全工作的重大问题，为更好地维护国家安全提供战略指导，这是党在新形势下不断提升国家安全工作领导能力的重要体现。

提升党对国家安全工作的领导能力，首先，要着力加强国家安全工作思想政治建设，确保思想认识到位，坚持政治原则不动摇，充分认识维护国家安全的重大意义，要增强忧患意识，对可能存在的国家安全威胁提高警惕；要树立危机意识，准确把脉世界安全局势及其对国内安全环境的影响，对社会不稳定因素增强掌控能力；要提升使命意识，将国家安全工作与其他工作并重。坚持以总体国家安全观为指导，深刻理解坚持党对国家安全工作的绝对领导的极端重要性。其次，迫切需要加紧推出和落实相关举措，提升安全综合决策能力和水平，打造高素质专业化的国家安全队伍，善于学习和总结国际上的先进工作方法和工作经验，结合中国国情，因地制宜。各级党员干部要坚持以总体国家安全观为指导，增强国家安全责任感和使命感，在实践中不断提升国家安全工作能力。

坚持党中央对国家安全工作的集中统一领导，加强统筹协调，把党的领导贯穿到国家安全工作各方面全过程，推动各级党委（党组）把国家安全责任制落到实处。各级党委（党组）是负责本辖区、本单位国家安全工作的责任主体。党的十九届中央国家安全委员会第一次会议通过的《党委（党组）国家安全责任制规定》，明确了各级党委（党组）维护国家安全的主体责任，省、市、县、乡镇各级党委成立本级国家安全委员会，与上级国家安全委员会紧密连接，在本行政区域贯彻落实总体国家安全观，将党中央有关国家安全工作决策、战略部署落地实施，体现党中央的集中统一领导，通过指挥、协调、实施、督促、检查履行主体责任，确保党中央关于国家安全工作的决策部署落到实处。

二、坚持中国特色国家安全道路

坚持中国特色国家安全道路首先要以总体国家安全观为指导。党的十八大以来，习近平总书记针对当前和未来较长一个时期国家安全形势发展的新特点新趋势，为更好地解决国家安全面临的新问题新挑战，站在国家发展和民族复兴的新起点上提出了总体国家安全观，指明了中国特色国家安全道路为实现中华民族伟大复兴提供坚强安全保障。国家安全观是国家安全问题的根本态度和观点，是将国家安全的一系列思想、实践提升归纳为一种系统性和理论性思维的集合。观念指导道路，任何一个国家在确立国家安全的目的、内容和模式时，都需要一种系统性、持续性的安全观念进行指导。总体国家安全观构筑了一个内涵明确、目标清晰、手段科学的科学理论体系，极大地丰富了中国国家安全理论，对中国特色国家安全道路具有重要指导作用。中国特色体现中国政治制度的根本要求，反映中国传统文化的内在精神，顺应新时代国际安全形势的新变化。在总体国家安全观念指导下的中国特色国家安全道路，是一种国家安全战略的选择，也是理论和实践的结合。

坚持人民安全、政治安全、国家利益至上的有机统一是走出一条中国特色国家安全道路的必然要求，是维护和塑造中国特色大国安全的根本保证。以人民安全为宗旨既是总体国家安全观的精髓所在，也是总体国家安全观的根本目的所在，国家安全归根到底是保障人民利益。政治安全是维护人民安全和国家利益的根本保证。国家利益至上是实现人民安全和政治安全的基本途径。我国国体政体决定了党、人民和国家是一个共同体，决定了人民安全、政治安全、国家利益至上是相辅相成的有机统一体。① 我国国家性质决定了国家安全的根本基础在于人民认同，国家安全的根本力量在于人民支持，国家安全的根本目的在于保障人民利益。政治安全是国家安全的根本，是维护人民安全和国家利益的根本保证，核心是政权安全和制度安全，最根本的就是维护中国共产党的领导，维护中国特色社会主义制度，维护以习近平同志为核心的党中央的领导权威。国家利益至上是实现人民安全和政治安全的基本途径，捍卫国家利益既是国家安全工作的职责所在，也是国家安全工作的最高目标。只有坚持人民安全、政治安全、国家利益至上的有机统一，才能实现人民安居乐业、党的长期执政、国家长治久安。

坚持中国特色国家安全道路的根本目的是为实现中华民族伟大复兴提供坚强安全保障。习近平总书记强调，要加强党对国家安全工作的集中统一领导，正确把握当前国家安全形势，全面贯彻落实总体国家安全观，努力开创新时代国家安全工作新局面，为实现"两个一百年"奋斗目标、实现中华民族伟大复兴的中国梦提供牢靠的安全保障。总体国家安全观将"解决好大国发展进程中面临的安全共性问题"与"处理好中华民族伟大复兴关键阶段面临的特殊安全问题"有机结合，契合了新时代发展战略对国家安全的要求，符合中华民族伟大复兴新阶段对国家安全的新需求。总体国家安全观不仅总结了新时代国家安全的本质特征，也系统地阐释了国家安全的内核和外延，更明确了国

---

① 全国干部培训教材编审指导委员会：《全面践行总体国家安全观》，人民出版社、党建读物出版社 2019 年版，第 33 页。

家安全的长远目标，即着眼实现中华民族伟大复兴和推动构建人类命运共同体。总体国家安全观是新时代维护国家安全的行动纲领和科学指南，为新形势下维护和塑造中国特色大国安全提供了强大的思想武器。

三、坚持以人民安全为宗旨

2016 年 4 月，习近平总书记在第一个全民国家安全教育日到来之际专门作出重要指示："要坚持国家安全一切为了人民，一切依靠人民，动员全党全社会共同努力，汇聚起维护国家安全的强大力量，夯实国家安全的社会基础，防范化解各类安全风险，不断提高人民群众的安全感、幸福感。"[①] 人民安全是总体国家安全观的第一要义。以人民安全为宗旨强调了国家安全为了人民与依靠人民的辩证统一，既要把人民安全作为维护国家安全的根本目的，也要坚持把人民群众作为维护国家安全的主体力量。人民安全高于一切，是总体国家安全观的精髓所在，是总体国家安全观的根本目的所在。[②] 同时，我国的国家安全一切依靠人民，维护国家安全需要充分调动人民群众的积极性、主动性和创造性，广泛动员人民群众，凝聚维护国家安全的强大力量，夯实维护国家安全的基础。

坚持以人民安全为宗旨是党的性质在国家安全领域的必然要求和集中体现。坚持以人民安全为宗旨是中国共产党全心全意为人民服务的宗旨在国家安全理念上的直接体现，既体现了总体国家安全观的人民价值取向，同时也明确了实现和维护国家安全的正确目标方向。我们党的根基在人民，力量在人民，密切联系群众是我们党的优良作风，是国家安全工作的根本路线。坚持全心全意为人民服务的宗旨，不仅贯穿于我党治国理政的方针政策中，也贯彻于总体国家安全观的内涵与目标方面。要实现和维护广大人民群众的根本利益，就是要树立以人民为中心的总体国家安全观，坚持以人民为中心的价值取向，突出安全是中国最广大人民群众的根本利益所在，把实现好和维护好人民安全作为实现和维护总体国家安全观的核心目标追求。

党的十八大以来，以习近平同志为核心的党中央多次强调"全党同志要把人民放在心中最高位置"，并将"坚持以人民为中心"作为新时代坚持和发展中国特色社会主义的基本方略之一。国家安全的实现最终需要落实到和体现

---

① 习近平：《汇聚起维护国家安全强大力量不断提高人民群众安全感幸福感》，载新华网，2016 年 10 月 14 日，http：//www.xinhuanet.com/politics/2016 – 04/14/c_1118625785.htm。

② 全国干部培训教材编审指导委员会：《全面践行总体国家安全观》，人民出版社、党建读物出版社 2019 年版，第 19 页。

为人民安全，人民安全无法实现和维护，国家安全就不能真正实现。国家安全是人民安全的保证，人民安全要依赖于国家安全，离开了国家安全，人民安全也难以实现和持续。中国在面临新的历史条件和国内外复杂多变的形势下能够保持国家安全稳定，关键在于坚持马克思主义唯物史观，树立以人民为中心的国家安全观，尊重人民的历史地位和作用。

四、坚持统筹发展和安全

坚持统筹发展和安全体现了总体国家安全观的系统性思维。2014 年 4 月 15 日，习近平总书记在主持召开中央国家安全委员会第一次会议时强调："既重视发展问题，又重视安全问题，发展是安全的基础，安全是发展的条件，富国才能强兵，强兵才能卫国。"习近平总书记将国家发展与国家安全结合起来，实际上确立了发展与安全之间既独立又密切的关系。总体国家安全观将发展与安全之间的关系定位为"统筹"二字，即发展与安全不是对立的，而是要同步推进，形象地讲就是"一体两翼、驱动之双轮"。贯彻落实总体国家安全观，统筹发展和安全最为紧迫，也最为关键。[①] 安全与发展始终都是当代国家的根本问题，改革开放以来，确立了"以经济建设为中心"的基本路线，经济建设和发展成为党和政府的中心任务，由于国内国际形势的缓和安全问题被置于次要位置，工作实践中也存在"重发展，轻安全"的倾向。当前我国经济建设和社会发展已经取得重大成就，市场机制和社会运作已上正轨，然而，发展不平衡不充分问题日益突出。因此，不仅需要将安全和发展联系起来，也需要将安全和发展置于同样重要的位置。习近平总书记关于"安全是发展的条件，发展是安全的基础"的论述，很好地诠释了安全与发展之间的辩证关系。

安全是发展的条件，是发展的重要保障。发展是安全的基础，既包括国家综合国力的发展，也包括国家安全实力的发展，既需要通过发展提升国家安全实力，也需要推进国家安全思路、体制、手段的创新。新时代的国家安全是在发展基础上不断提升的安全，是在安全保障下不断实现的发展。在实践中，既要维护有利于经济社会发展的安全环境，又要在发展中考虑安全因素，以实现二者的动态平衡。如在生物安全领域中，存在发展生物技术和防范生物技术风险两条主线。2020 年通过的《生物安全法》，以发展生物技术与防范生物技术风险两条主线为立法思路，对生物安全领域风险的防范进行了有针对性规定的

---

① 全国干部培训教材编审指导委员会：《全面践行总体国家安全观》，人民出版社、党建读物出版社 2019 年版，第 24 页。

同时，也为生物技术创新、产业发展预留了空间。

统筹发展和安全并不是二者要保持同步性。发展并不必然带来安全，新发展后会产生新的安全问题，与新时代国家发展需求相比，我国的国家安全保障能力还存在较大的差距。新时代的国家安全必须坚持发展与安全并重，实现高质量发展和高水平安全的良性互动，达成高质量发展、高水平安全、高效能治理的共同目标。① 坚持统筹发展和安全的新思想理念，不仅有助于解决发展的难题，而且也是指导新形势下国家安全工作实践的重要理念。

因此，在大力推进国家安全工作时，要坚持"统筹安全和发展"的理念，坚持在改革发展中促进国家安全，增强发展的全面性、协调性、可持续性，同时也增强国家安全治理体系的系统性、整体性和有效性。

五、坚持把国家政治安全放在首要位置

党的十八大以来，习近平总书记高度重视国家政治安全，将政治安全视为国家安全的根本，将维护政权安全和制度安全作为政治安全的核心。政治安全攸关党和国家安危，是国家安全的根本，是维护人民安全和国家利益的根本保证，是坚持和发展中国特色社会主义的根本前提，是全面践行总体国家安全观的根本要求。②

中国特色社会主义的政党制度、国家政权、国家制度的同构性以及中国共产党领导一切的一体性决定政治安全的根本地位。2004 年，党的十六届四中全会关于《加强党的执政能力建设的决定》第一次明确地提出维护政治安全，"要坚决防范和打击各种敌对势力的渗透、颠覆和分裂活动，确保国家的政治安全"。随着非传统安全问题的凸显，执政党首次从党的执政地位和执政安全角度对政治安全问题提出了警示。③ 2007 年党的十七大进一步指出："世界仍然很不安宁，传统安全威胁与非传统安全威胁相互交织。"2013 年，习近平总书记在党的十八届三中全会上对国家安全形势作出新判断："中国面临对外维护国家主权、安全、发展利益，对内维护政治安全和社会稳定的双重压力。"2017 年党的十九大报告提出："坚决维护国家政治安全，严密防范和坚决打击各种渗透颠覆破坏活动、暴力恐怖活动、民族分裂活动、宗教极端活动。"党

---

① 北京大学习近平新时代中国特色社会主义思想研究院院长：《全面贯彻落实总体国家安全观深刻把握国家安全的辩证关系》，载《人民日报》2021 年 2 月 8 日第 15 版。
② 全国干部培训教材编审指导委员会：《全面践行总体国家安全观》，人民出版社、党建读物出版社 2019 年版，第 71 页。
③ 马振超：《当代中国政治安全的现实逻辑和终极价值》，载《国际安全研究》2018 年第 3 期，第 6 页。

的领导是中国特色社会主义最本质的特征和最大优势，是做好党和国家各项工作的根本保证。习近平总书记关于国家政治安全的重要论述，深刻体现了对总体国家安全观中政治安全位置的准确把握和理性思考。

以政治安全为根本，就是确保国家政权、政治制度、意识形态等相对处于没有危险和不受内外威胁的状态。国家政治的核心是国家政权，政治安全直接关系到国家政权的稳固。在这个意义上，所谓政治安全就是政权安全，政权安全在国家安全体系中居于核心地位和最高层次。政治安全的标准，就是坚持人民民主专政和中国特色社会主义制度的性质、坚持马克思主义意识形态的主导地位不动摇，就是确保中国共产党的领导地位和执政地位绝对巩固。[①]

将政治安全放在首要位置既是我国治国理政的重要历史经验，也是克服国内外危险因素的现实要求。新中国成立以来，在中国共产党的带领下实现了新民主主义到社会主义的过渡，确立了社会主义基本制度，建立并巩固了人民民主专政的国家政权，实现并捍卫了国家主权独立和领土完整。在面对西方敌对势力企图对我国西化、分化时，中国共产党多举措并施，坚决维护国家政权稳定，确保了政治安全。东欧剧变，苏联解体、西亚北非"阿拉伯之春"的历史教训证明，执政党削弱甚至放弃对国家安全工作的领导，是政权垮台的重要原因。当前，部分国家并未摒弃"冷战"思维，热衷于通过"颜色革命"颠覆他国政权。在此背景下，迫切需要坚持总体国家安全观，坚决捍卫中国共产党的执政地位，捍卫中国特色社会主义制度。

政治安全是坚持和发展中国特色社会主义的根本前提。坚持和发展中国特色社会主义，必须以维护国家政治安全为前提和保障。中国特色社会主义制度是当代中国发展进步的根本制度保障，也是维护国家政治安全的核心内容，必须把党的领导、人民当家作主、依法治国有机结合起来。

六、坚持统筹推进各领域安全

坚持统筹推进各领域安全实则是实现传统安全与非传统安全的统筹治理。传统国家安全，是指以军事手段为主，维护国家免于威胁甚至危险，确保国家政治、经济、社会和意识形态安全，尤其强调国家主权和国防安全。而非传统安全将重点转向超越国家差异之上的社会和人的安全。传统安全主要研究国家与国家之间的安全互动或安全问题，而非传统安全指向的则是跨国家以及国家内部产生的安全威胁。传统安全和非传统安全只有产生先后、表现形式不同的区分，并没有孰轻孰重的区分。不能因传统安全持续时间长、影响深而忽视非

---

① 光明日报评论员：《坚持总体国家安全观》，载《光明日报》2017 年 11 月 7 日第 1 版。

传统安全，也不能因非传统安全现实性强、威胁大而忘却传统安全。从总体国家安全观的系统性角度看，传统安全与非传统安全相互联系、相互影响，在一定条件下可以相互转换。如生态安全问题属于非传统安全问题，但水体、空气等跨境污染可能导致国家间关系的紧张而演变成政治安全问题。

维护国家安全不仅需要维护各领域的安全，也要维护整体和系统的安全。坚持统筹推进各领域安全体现了总体国家安全观的系统性。国家安全不是多个领域安全的简单叠加，而是由多个节点组成的系统性的体系。不同领域之间的安全是相互联系、相互影响的，在一定条件下可以相互转化，具有传导效应和联动效应。思考和处理国家安全问题需要考虑基本国情、发展阶段、综合实力水平及大国博弈关系"四个维度"①。总体国家安全观要求既要重视传统安全，又要重视非传统安全，蕴含的就是一种系统性战略安排。

对安全问题的看法是由我们的立场和国家本位所决定的，是由从中国的角度去解决什么样的安全问题所决定的。② 科学统筹是我们党领导各项工作的重要方法，也是坚持总体国家安全观并推进国家安全工作的重要方法。面对具体的安全问题时，不能简单地思考，需要进行综合考虑，处理好各种重大关系，如恐怖主义问题的蔓延是受经济发展、地缘政治、宗教文化等多种因素的影响，受境内境外安全威胁的交织，仅靠一种手段是无法解决的。当前我国仍处于转型期，存在各类风险和不稳定因素，涉及国家安全治理体系的方方面面，敏感度较高，关联性较强。因此，就需要对传统安全的问题进行非传统性思考，形成一种对传统安全问题的非传统性认识。

坚持统筹推进各领域安全既是保障国家相对处于没有危险或不受内外威胁的状态，也是保障持续安全状态的能力，发挥国家安全工作协调机制作用，用好国家安全政策工具箱，不断提升国家安全保障能力。

七、坚持把防范化解国家安全风险摆在突出位置

总体国家安全观强调，防范化解国家安全风险必须增强忧患意识，做到居安思危，与时俱进地识别风险、精确地从源头上控制风险，将着眼点放在前瞻治理、前端控制上，努力将矛盾消解于未然、将风险化解于无形。

总体国家安全观视域下防范化解国家安全风险需要完善机制建设，提高风险化解能力。首先，健全风险研判、防控协同、防范化解的风险防控体系。要

① 全国干部培训教材编审指导委员会：《全面践行总体国家安全观》，人民出版社、党建读物出版社 2019 年版，第 31 页。

② 朱锋：《"非传统安全"解析》，载《中国社会科学》2004 年第 4 期，第 144 页。

加强对风险的预测预防，深入追踪研究风险的态势、环境和机理，强化战略谋划和系统规划。要建立公共安全隐患排查和安全预防控制体系。党的十九届四中全会提出，完善和落实安全生产责任和管理制度，建立公共安全隐患排查和安全预防控制体系，进一步把建立公共安全隐患排查和安全预防控制体系上升到了完善共建共治共享的社会治理制度、推进国家治理体系和治理能力现代化的高度。

其次，充分发动广大基层党组织和基层党员，探索建立国家风险隐患举报奖励制度，加强国家安全教育，构建社会广泛参与、多方努力的工作机制，将基层党组织建成维护公共安全的重要前哨和坚强堡垒。要完善责任体系，落实各级党委、政府的主体责任和部门监管责任，将相关工作纳入各级党委、政府的重点考核内容，强化督导巡查、追踪问效和执纪问责。①

最后，全面推进以安全文化为指导的具体安全工作和行动，推动全社会对安全风险的高度重视。面对当前各领域存在的安全风险，要实现安全风险预警的关口前移，以预防文化为方向指引来加快公众安全教育体系的完善。

中国特色大国安全既要维护也要塑造，必须立足国际秩序大变局来把握规律，立足防范风险的大前提来统筹，立足我国发展重要战略机遇期来谋划。② 坚持把防范化解国家安全风险摆在突出位置，严密防范各种安全风险汇聚形成的风险综合体，守住不发生系统性风险和不犯颠覆性错误的底线。同时要加强对国内外安全形势的跟踪研判，主动塑造国内外安全环境。重视国家安全风险的预警与监测，提高风险预见能力、预防"灰犀牛"事件和"黑天鹅"事件的发生，为国家安全管理提供决策依据。

坚持底线思维是防范化解重大风险的科学方法。③ 底线思维是指客观地设定最低目标，立足最低点，争取最大期望值。在有关防范化解重大风险维护国家安全的论述中，习近平总书记多次强调坚持底线思维这一科学方法，"要善于运用底线思维，凡事从坏处准备，努力争取最好的结果，做到有备无患、遇事不慌，牢牢把握主动权"。需要着眼最严峻、最复杂的局面，深入研究突发事件发生发展的动态演化规律，以问题为导向，提出突发事件防范及应急能力建设需求，有针对性地做好各项应急准备，牢牢把握主动权。

---

① 郑国光：《统筹发展和安全着力防范化解重大安全风险》，载《红旗文稿》2021年第10期，第14页。

② 钟国安：《以习近平总书记总体国家安全观为指引谱写国家安全新篇章》，载《求是》2017年第8期。

③ 马宝成：《全面践行总体国家安全观着力防范化解重大风险》，载《行政管理改革》2019年第4期，第21页。

八、坚持推进国际共同安全

共同安全是我国长期探索国家安全道路过程中总结出来的发展理念，是符合我国国家利益与和平发展道路目标的价值取向，是践行总体国家安全观、走中国特色国家安全道路的必然要求。① 总体国家安全观要求"既重视自身安全，又重视共同安全"，与我国面临的内外部安全环境密切相关。当前，国际安全形势总体和平稳定的态势没有改变，但是局部地区的不安宁、不稳定的现象却现实存在，跨区域安全威胁不断升级，非稳定因素接连不断地挑战世界安全秩序，安全问题进一步复杂多变。面对复杂多变的国家安全形势，中国始终坚持和平发展道路，这是由我国根本利益、社会主义制度、历史文化传统及现实国情所决定的。中国一直将国家和民族发展放在第一位，并不断摸索适合自己的发展道路。在此背景下，中国始终保持与国际社会的紧密联系，既通过争取和平的外部环境来发展自己，又在发展中提升对世界和平安宁的贡献力。2014 年 5 月习近平主席在亚洲相互协作与信任措施会议第四次峰会上指出："应该积极倡导共同、综合、合作、可持续的亚洲安全观，创新安全理念，搭建地区安全和合作新框架，努力走出一条共建、共享、共赢的亚洲安全之路。"② 习近平总书记一直强调共同、综合、合作的可持续安全观，为加强全球安全治理提供了思想引领。共同安全就是尊重和保护每一个国家的安全。共同安全意味着安全是双向的，自己安全也要保证其他国家安全。综合安全强调安全威胁的多样性，主张统筹应对棘手的安全问题与潜在的安全威胁。国家安全与国际安全紧密相连，任何国家都不可能独自成为一个"孤岛"，我国所面临的安全问题很多都是与他国有密切联系的问题，甚至是全球性问题，如恐怖主义、环境污染等问题。这些问题不是一个国家可以妥善解决的，需要展开国际合作参与全球治理，谋求共同安全。合作安全着眼于安全问题的解决方式主张通过和平、合作的方式解决争端，通过对话协商等渠道增进战略互信。可持续安全关乎安全的长期性、战略性，主张发展和安全并重，以发展促安全，以实现持久安全。

国际社会中，各个国家强弱不同、意识形态和政治制度存在差异、利益诉求存在差别，但都是平等的成员，在安全互动中都是利益攸关方，是相互依

---

① 张雪嫣：《共同安全与中国特色国家安全》，载《中共山西省委党校学报》2017 年第 40 卷第 3 期，第 29 页。

② 习近平：《在亚洲相互协作与信任措施会议第四次峰会上的讲话》，载中国政府网，2014 年 5 月 21 日，http：//www.gov.cn/xinwen/2014－05/21/content_2684055.htm。

赖、休戚与共的关系。总体国际安全观强调，我国要加强同周边地区的外交与合作，推行"合作共赢"理念。在构建新型国际关系的倡导下，"合作共赢"已成为地区安全思想主流，周边各国对建立地区安全合作机制的需求也愈加迫切，有效地缓解了周边安全压力。近年来，中国同发达国家与发展中国家都建立了不同层次和形式的战略伙伴关系，构建起全球伙伴关系网络，这在不同程度上保障和促进了中国与相关国家关系的发展，体现出中国大国外交的特点和优势。

中国作为全球治理体系变革的主要参与者和推动者，要推动全球治理理念创新发展，"积极发掘中华文化中积极的处世之道和治理理念同当今时代的共鸣点，努力为完善全球治理贡献中国智慧、中国力量"。[①] 中国作为当今世界主要大国，主动承担与自身实力上升相匹配的国际责任和义务，积极参与和大力推动全球治理变革进程并发挥建设性作用。这既是中国作为一个负责任大国的表现，也是为自身发展创造有利外部环境的必然要求，如积极参与互联网安全、外层空间安全、应对全球气候变化等新兴领域国际治理规则的制定，为推动《巴黎协定》最终生效和建立公平合理的新型全球气候治理体系发挥不可替代的关键作用。

因此，维护国家安全，必须要树立大局意识和世界眼光，以长远的战略思维为基础构建国际安全环境，将中国的进步与世界的发展结合起来，看到国际环境对中国国家发展的巨大影响，也要看到中国的发展繁荣对国家社会的巨大贡献。

九、坚持推进国家安全体系和能力现代化

国家治理体系现代化和治理能力现代化，是以坚持和完善中国特色社会主义制度为目标，改革不适应时代发展变化、实践发展要求的体制机制，实现各项事务治理制度化、规范化、程序化。[②] 国家安全制度作为中国特色社会主义制度的有机组成部分，必然以推进国家安全体系和能力现代化为目标。

坚持推进国家安全体系和能力现代化首先要坚持党的领导。党的领导是中国特色社会主义的最本质特征和最大优势。坚持党的集中统一领导，继承好党的优良传统，发扬好党的优良作风，运用好党的理论武器，将党中央、国务院

---

① 中共中央宣传部：《习近平总书记系列重要讲话读本》，学习出版社、人民出版社 2016 年版，第 275 页。

② 孙志香：《新时代中国特色国家安全道路创新研究》，载《科学社会主义》2020 年第 3 期，第 80 页。

关于国家安全的决策部署不折不扣贯彻落实到各部门和地方各层级，确保落地见效。

国家安全是法治的前提，法治是国家安全的最佳保障方式。国家安全法治即人人服从良善的国家安全法律，国家依法实现和维护国家安全。2014 年 10 月 23 日党的十八届四中全会通过的《中共中央关于全面推进依法治国若干重大问题的决定》中要求，"贯彻落实总体国家安全观，加快国家安全法治建设，抓紧出台反恐怖等一批急需法律，推进公共安全法治化，构建国家安全法律制度体系"。2015 年 7 月 1 日，立足总体国家安全观重新制定的《国家安全法》颁布实施，为建立健全各领域国家安全法律制度提供了总纲。从形式上看，国家安全法治就是依法维护国家安全，即维护国家安全要有法可依；从价值上看，国家安全法治要求国家安全相关法律具有良法和善治的本质。加强国家安全法治建设，是全面依法治国的应有之义。通过构建国家安全制度体系，提高国家安全法治化水平，推动国家安全领域治理体系和治理能力现代化，为全面践行总体国家安全观、维护重点领域国家安全提供法治保障，为走中国特色国家安全道路奠定法治根基。

国家安全能力是国家防范和抵御各种威胁、风险和危机的能力，既包括军事国防能力等传统领域的安全能力，也包括科技、网络信息、文化等非传统领域的安全能力。[1] 国家安全能力是一种系统能力，是以总体国家安全观为指导、以国家安全制度体系为基础的总体安全能力，要体现在维护国家安全的实践中，落实到防范化解重大风险的效果中。首先，要加强新时代国家安全的整体性、综合性的国家安全能力，国家安全能力不是取决于某个或几个领域的安全能力，而是取决于整体性能力体系的建设。其次，要重视新时代国家安全领域特定领域能力体系建设，如网络信息能力、文化影响力、生物安全与科学性发展能力等。最后，需要根据国家安全形势的变化，重点加强特定领域的国家安全能力建设。

十、坚持加强国家安全干部队伍建设

全球范围内看，各大国都有长远的、全方位的国家安全体系建设，都将国家安全委员会等国家安全领导机构作为维护国家安全的重要部门。美国早在 1947 年就根据其《国家安全法》设立了国家安全委员会。俄罗斯、法国、印度等国也都设立了相应的国家安全领导机构。党的十八届三中全会提出设立国

---

[1] 张家年：《总体国家安全观视角下新时代国家安全及应对策略》，载《情报杂志》2019 年第 10 期，第 19 页。

家安全委员会，是一项具有战略性、全局性、创新性的重大决策，进一步加强党对国家安全工作的绝对领导，具有深远的历史意义和战略影响。

坚持加强国家安全干部队伍建设，强调国家安全工作的根本任务是维护党的领导，维护中国特色社会主义制度，深刻阐释了中国特色国家安全工作的本质特征。这从根本上抓住了国家安全的关键和要害，为从战略高度和事业全局谋划与推进各领域安全工作指明了方向。① 坚持党对国家安全工作的绝对领导，既是国家安全工作的需要，也是国家安全工作必须遵循的根本原则。中国特色社会主义进入新时代，当前面临着复杂多变的安全和发展环境，各种可以预见和难以预见的风险因素明显增多，维护国家安全的任务繁重艰巨。面对国家安全新形势新任务，深入学习践行总体国家安全观，坚持和加强党的绝对领导就成为构建安全工作的根本原则。

根本原则确定后，干部就是决定因素。做好国家安全工作，关键靠干部。习近平总书记强调，要加强国家安全系统党的建设，坚持以政治建设为统领，教育引导国家安全部门和各级干部增强"四个意识"、坚定"四个自信"，坚决维护党中央权威和集中统一领导，建设一支忠诚可靠的国家安全队伍。② 广大干部需要坚定理想信念，积极履行维护国家安全的责任，提高维护国家安全的能力水平。

坚定干部理想信念是做好国家安全工作的根本。广大干部是落实国家安全各项任务的主力军，是国家安全战略的组织实施者，关系国家安全工作的成败。面对复杂多变的安全和发展环境，广大干部必须坚定理想信念，牢固树立国家安全意识，从党和国家工作大局出发，坚决维护国家安全，维护党中央权威和集中统一领导。

广大干部要积极履行维护国家安全的责任。履行维护国家安全的责任，就是要树立强烈的政治意识、风险意识，提高政治敏锐性和政治鉴别能力。首先要自觉站稳政治立场，坚决维护党中央权威，在思想上、政治上、行动上同党中央保持高度一致。其次，广大干部既是国家安全工作的推动者和参与者，也是国家安全工作实践的引领者、示范者，必须发挥模范带头作用。广大干部要认识到国家安全工作的意义，找准国家安全工作的切入点和着力点，形成维护国家安全的思想自觉和行动自觉。最后，在实际行动上做到恪尽职守。维护国

---

① 全国干部培训教材编审指导委员会：《全面践行总体国家安全观》，人民出版社、党建读物出版社 2019 年版，第 9 页。

② 习近平：《全面贯彻落实总体国家安全观开创新时代国家安全工作新局面》，载新华网，2018 年 4 月 17 日，http://www.xinhuanet.com/politics/leaders/2018 - 04/17/c_1122697734.htm。

家安全是每一名干部的职责，必须体现在工作中，落实到工作上，坚决与危害国家安全的言行作斗争。

广大干部也需要提高维护国家安全的能力水平。广大干部要清醒认识维护国家安全的重要性、紧迫性，准确把握国家安全形势的严峻性、复杂性，进一步树立维护国家安全的忧患意识和创新意识，努力提高维护国家安全的能力和水平。要增强统筹协调能力，增强科学谋划能力。必须全面准确把握国家安全工作的内涵和外延，坚持综合考虑，整合多方力量来应对不同形式的安全问题。同时深刻领会国家安全的内涵和外延的新发展新变化，进一步解放思想，打破传统思维定式，保持思想的敏锐性和开放度，努力推进国家安全工作取得新成绩。

第四章 国家安全法治建设

当前我国的国家安全形势总体上处于有序可控的状态，但我们也要看到复杂多变的国内形势以及波谲云诡的国际形势给我国的安全与发展带来的极大挑战。因此，我们必须要做好长时间应对外部环境变化的思想准备和工作准备，坚持以总体国家安全观为指导，全面深入推进国家安全法治建设，不断运用法治思维和法治方式完善国家安全体系、增强国家安全能力，确保国家安全坚如磐石，确保人民安居乐业、党和国家长治久安。

随着总体国家安全观的形成和发展，国家安全法治的形成既符合客观现实的需要，也根植深厚的思想土壤。它反映了党对国家安全工作面临的新形势、新挑战、新任务的准确把握，也体现了党善于并勇于从战略高度和全局角度主动运筹国家安全工作的政治勇气和先进智慧。应对国家面临的安全挑战，将总体国家安全观法律化、制度化，构建国家安全法律制度体系，加快新时期国家安全法治建设是全面推动总体国家安全观发展与实践的重要内容。

第一节 坚持依法维护国家安全

一、依法治国方略下的国家安全法治建设

（一）依法治国基本方略的形成

依法治国，是社会主义法治的核心内容，是我们党领导人民治理国家的基本方略。习近平总书记指出："全面推进依法治国，总目标是建设中国特色社会主义法治体系、建设社会主义法治国家。"[①] 这个总目标，既明确了全面推进依法治国的性质和方向，又突出了工作重点和总抓手。思想是行动的先导，

---

① 习近平：《中共中央关于全面推进依法治国若干重大问题的决定》，载《人民日报》2014 年 10 月 29 日。

理论是实践的指南。推进全面依法治国是国家治理的一场深刻变革，必须以科学理论为指导，加强理论思维，不断从理论和实践的结合上取得新成果，总结好、运用好党关于新时代加强法治建设的思想理论成果，更好地指导全面依法治国各项工作。

新中国成立初期，我们党在废除旧法统的同时，于1954年制定了中华人民共和国第一部宪法，初步奠定了社会主义法制的基础。"文革"十年，社会主义法制遭到严重破坏。十年动乱之后，在总结"文革"深刻教训的基础上，我们党开始探索治国理政的新方法。在党的十一届三中全会召开前的中央工作会议上，邓小平同志强调："为了保障人民民主，必须加强社会主义法制，使民主制度化、法律化，使这种制度和法律具有稳定性、连续性和极大的权威，做到有法可依，有法必依，执法必严，违法必究。"① 这句话，把健全法制的基本要求准确而简洁地概括为16个字，体现了邓小平同志民主与法制思想的基本精神，为我国依法治国基本方略的形成奠定了基本理论基础。

党的十五大正式提出依法治国基本方略。党的十五大报告指出："依法治国，是党领导人民治理国家的基本方略，是发展社会主义市场经济的客观需要，是社会文明进步的重要标志，是国家长治久安的重要保障。"② 党的十五大正式将依法治国提升为国家治理的基本方略。虽然"法治"和"法制"只有一字之差，但内涵却有很大差别，即不再仅仅将"法"作为一种治理工具，而是作为国家制度的依据和基础，作为治国理政的基本方略。"法治"作为一种与人治相对立的治国方略，强调依法治理不仅要求具备"依法办事"的制度安排及运行机制，而且强调法律面前人人平等、规范权力、保障权利、程序公正、良法之治等精神和价值。党的十八大以来，我们党对社会主义法治的理论认识和实践探索达到了新的历史高度。以习近平同志为核心的党中央对全面依法治国高度重视，从关系党和国家长治久安的战略高度来定位法治、布局法治、厉行法治，把全面依法治国放在党和国家事业发展全局中来谋划，推进社会主义法治国家建设取得历史性成就。2014年10月，党的十八届四中全会中，习近平总书记对全面依法治国作出了深刻表述，首次提出了全面推进依法治国的总目标、首次宣示了坚定不移走中国特色社会主义法治道路、首次深刻回答了全面依法治国一系列重大问题、首次阐明了中国特色社会主义法治体系的科学内涵、首次明确了全面依法治国的基本框架和总体布局。这一系列对全面依

---

① 邓小平：《中国共产党十一届三中全会公报》，载《人民日报》1978年12月24日第2版。

② 本报法制组：《法治改变中国——写在依法治国基本方略实施十周年之际》，载《人民日报》2007年9月12日第13版。

法治国的思考在我国社会主义法治史上具有里程碑意义。

党的十九大对新时代全面推进依法治国提出了新任务，描绘了到 2035 年基本建成法治国家、法治政府、法治社会的宏伟蓝图。习近平总书记反复强调："法治兴则国家兴，法治衰则国家乱。什么时候重视法治、法治昌明，什么时候就国泰民安；什么时候忽视法治、法治松弛，什么时候就国乱民怨。"① 在我们这样一个大国，要实现经济发展、政治清明、文化昌盛、社会公正、生态良好，必须把全面依法治国坚持好、贯彻好、落实好。

2020 年 11 月 16 日至 17 日，在党的历史上首次召开了中央全面依法治国工作会议，将习近平法治思想明确为全面依法治国的指导思想。会议强调，习近平法治思想内涵丰富、论述深刻、逻辑严密、系统完备，从历史和现实相贯通、国际和国内相关联、理论和实际相结合上深刻回答了新时代为什么实行全面依法治国、怎样实行全面依法治国等一系列重大问题。习近平法治思想是顺应实现中华民族伟大复兴时代要求应运而生的重大理论创新成果，是马克思主义法治理论中国化最新成果，是习近平新时代中国特色社会主义思想的重要组成部分，是全面依法治国的根本遵循和行动指南。全党全国要认真学习领会习近平法治思想，吃透基本精神、把握核心要义、明确工作要求，切实把习近平法治思想贯彻落实到全面依法治国全过程。习近平总书记在讲话中强调，我们党历来重视法治建设，并对当前和今后一个时期推进全面依法治国的工作提出了 11 个方面的要求：第一，坚持党对全面依法治国的领导；第二，坚持以人民为中心；第三，坚持中国特色社会主义法治道路；第四，坚持依宪治国、依宪执政；第五，坚持在法治轨道上推进国家治理体系和治理能力现代化；第六，坚持建设中国特色社会主义法治体系；第七，坚持依法治国、依法执政、依法行政共同推进；第八，坚持全面推进科学立法、严格执法、公正司法、全民守法；第九，坚持统筹推进国内法治和涉外法治；第十，坚持建设德才兼备的高素质法治工作队伍；第十一，坚持抓住领导干部这个"关键少数"。习近平总书记指出，推进全面依法治国是国家治理的一场深刻变革，必须以科学理论为指导，加强理论思维，不断从理论和实践的结合上取得新成果，总结好运用好党关于新时代加强法治建设的思想理论成果，更好地指导全面依法治国各项工作。

（二）依法治国与国家安全法治建设

经过了 40 多年的改革开放和经济全球化的深入发展，中国在国际上的话

---

① 中共中央文献研究室编：《习近平关于全面依法治国论述摘编》，中央文献出版社 2015 年版，第 18 页。

语权不断增大，国际地位不断提高，迎来了更多的发展机遇。随着中国的崛起，中国与西方大国，尤其是美国之间的结构性矛盾开始凸显，国际破坏性因素渗透愈加激烈，我国的国家安全面临新的挑战。党的十八大以来，党中央开始高度重视国家安全法治建设，对国家安全法治建设提出了一系列新要求、新举措。

党的十八大明确提出，完善国家安全战略和工作机制，高度警惕和坚决防范敌对势力的分裂、渗透、颠覆活动，确保国家安全。① 在此基础上，党中央对政治、军事、经济、文化、信息等各领域安全工作作出具体部署。

党的十八届三中全会决定设立国家安全委员会，完善国家安全体制和国家安全战略，确保国家安全。全会提出要紧紧围绕新形势下的强军目标，着力解决制约国防和军队建设发展的突出矛盾和问题，创新发展军事理论加强军事战略指导，完善新时期军事战略方针，构建中国特色现代军事力量体系。

2014 年 4 月 15 日，习近平总书记在中央国家安全委员会第一次会议上提出坚持总体国家安全观，构建国家安全体系，走中国特色国家安全道路，并首次阐述了"总体国家安全观"这一概念，为我们解决新时期所面临的国家安全问题确立了指导思想。同时，党中央决定成立国家安全法立法工作领导小组，着手起草适应新时代法治需求的国家安全法。

党的十八届四中全会指出，全面推进依法治国，总目标是建设中国特色社会主义法治体系，建设社会主义法治国家。"法律是治国之重器，良法是善治之前提"②，要发挥立法的引导和推动作用，推进重点领域立法，"贯彻落实总体国家安全观，加快国家安全法治建设，抓紧出台反恐怖等一批急需法律，推进公共安全法治化，构建国家安全法律制度体系"③。

2015 年 1 月 23 日，中共中央政治局审议通过了《国家安全战略纲要》（以下简称《战略纲要》）。制定和实施《战略纲要》，是有效维护国家安全的迫切需要，是完善中国特色社会主义制度、推进国家治理体系和治理能力现代化的必然要求。《战略纲要》是我国首份指导国家安全工作的纲领性文件，为新《国家安全法》的出台奠定了基础。2016 年 12 月 9 日，中共中央政治局会议审议通过了《关于加强国家安全工作的意见》，指出了中国国家安全工作的具体任务，是一份从方针政策层面更加具体地规划国家安全战略的文本，是对

---

① 《坚定不移沿着中国特色社会主义道路前进，为全面建成小康社会而奋斗》，载人民网，2012 年 11 月 18 日，http：//politics. people. com. cn/n/2012/1118/c1001 - 19612670 - 1. html。

② 《中国共产党第十八届中央委员会第四次全体会议公报》，载共产党员网，2014 年 10 月 23 日，https：//news. 12371. cn/2014/10/23/ARTI1414063058032813. shtml。

③ 《中共中央关于全面推进依法治国若干重大问题的决定》，载中国政府网，2014 年 10 月 23 日，https：//www. gov. cn/xinwen/2014 - 10/28/content_2771714_2. htm。

《战略纲要》的具体化和进一步发展。这两份文件的出台体现出党中央在全面依法治国背景下维护国家安全的决心。

2017年10月18日，习近平总书记在党的十九大明确提出"坚持总体国家安全观"和"坚持依法治国"。将总体国家安全观写入十九大报告，体现出党中央对国家安全立法的重视，表明国家安全法治建设是国家安全的基本保障。法治是治国理政的基本方式，是国家治理体系和治理能力现代化的重要依托。因此，依法打击暴力恐怖、民族分裂、宗教极端等违法犯罪，维护国家安全，是全面依法治国的重要组成部分。

在依法治国的大背景之下，为贯彻落实党的十八大以来关于维护国家安全的一系列战略部署，迫切需要构建国家安全法律制度体系，推进国家安全法治建设，保护我国国家安全。

首先，国家安全法治意味着依法办事。从语义上看，法治指依据宪法和法律来治理国家，国家安全法治指依据宪法和法律来维护国家安全。但是，这并不意味着制定国家安全相关法律就能完全实现国家安全。国家安全治理是一个系统而复杂的工程，它会随着时代形势的不断变化而变化，与其相关的法律制定和实施必定也是十分庞杂的，完备的国家安全法律体系，要求国家安全相关法律在纵向上、横向上相互衔接、科学完备，并且在实施过程中不断完善、不断发展，那样才能应对当下的国家安全问题。

其次，国家安全法治建设要在全面依法治国的大框架之下进行。第一，必须坚持党的领导。我国法治建设的根本保证是党的领导，那么我国国家安全法治建设也应当在党的领导之下进行。第二，必须坚持宪法和法律至上。法治的本质是崇尚宪法和法律在国家政治、经济、社会生活中的权威，彻底否定人治，确立法大于人、法高于权的原则，使社会主义民主制度和法律不受个人意志的影响。这要求国家安全法治形成科学完备的国家安全法律制度体系，必须依法办事，任何违反国家安全法律的行为必须受到追究。第三，必须坚持以人为本。依法治国的根本目的是保证人民充分行使当家作主的权利，维护人民当家作主的地位。在这一点上，总体国家安全观五大要素之一的"以人民安全为宗旨"是与之相契合的。人民安全作为国家安全的核心部分，保障人民安全是国家安全工作的根本任务，这要求其他安全要统一于人民安全。

最后，国家安全法治要着重体现习近平法治思想。习近平法治思想根植于当代经济、政治、文化等诸方面的必然性要求之中，它是中国特色社会主义法治建设的灵魂，体现了中国特色社会主义法治的精神实质和价值追求，解决了如何进行中国特色社会主义法治建设的问题。国家安全法治作为中国特色社会主义法治的一部分，必然要体现习近平法治思想。

二、加强国家安全法治建设，推进国家治理体系和治理能力现代化

（一）国家治理体系和治理能力现代化

党的十八届三中全会提出："全面深化改革的总目标是完善和发展中国特色社会主义制度，推进国家治理体系和治理能力现代化。"将推进国家治理体系和治理能力现代化作为全面深化改革的总目标，对于中国的政治发展，乃至整个中国的社会主义现代化事业来说，具有重大而深远的理论意义和现实意义。国家治理体系和治理能力是一个国家制度和制度执行能力的集中体现。国家治理体系是在党领导下管理国家的制度体系，包括经济、政治、文化、社会、生态文明和党的建设等各领域体制机制、法律法规安排，是一整套紧密相连、相互协调的国家制度；国家治理能力则是运用国家制度管理社会各方面事务的能力，包括改革发展稳定、内政外交国防、治党治国治军等各个方面。国家治理体系和治理能力是一个相辅相成的有机整体，有了好的国家治理体系才有有力的国家治理能力，提高国家治理能力才能充分发挥国家治理体系的效能。制度是治理体系的核心内容，其作用具有根本性、全局性、长远性，没有有效的治理能力，再好的制度和制度体系也难以发挥其作用。

（二）国家安全法治是实现国家治理体系和治理能力现代化的必由之路

党的十九届四中全会明确提出了坚持和完善中国特色社会主义制度、推进国家治理体系和治理能力现代化的任务和举措，涵盖政治、经济、社会、文化、生态文明、民生、民族团结、外事、"一国两制"、军事等各方面。

国家治理体系和治理能力现代化取决于中国特色社会主义制度的成熟定型程度，取决于制度的优越性能否充分展现。法律是国家治理体系和治理能力现代化的制度保障，是最重要的制度形式，也是制度的最高形态。能否加快形成中国特色社会主义法治体系，把法律这套规则体系转化为治理效能，将直接关系到国家治理体系和治理能力的现代化进程。国家安全法治是中国特色社会主义法治体系的重要组成部分。依法维护国家安全，是新时代实现党和国家长治久安的重要保障。面对新形势新任务，要善于运用法治思维和法治方式开展国家安全工作，全力推进中国特色国家安全法律制度体系建设，全面提升国家安全工作的法治化水平。

推进国家治理体系和治理能力现代化，要更加注重法治能力建设。通过提高党依法执政水平，提高国家机关依法履职能力，提高人民群众依法参与管理国家事务、经济社会文化事务、自身事务的能力，从而把各方面制度优势转化为依法治理国家的总体效能。我国于 1993 年制定的《国家安全法》规定的主

要内容是国家安全机关反间谍工作，随着 2014 年《反间谍法》的施行，1993年国家安全法相应废止。2023 年 4 月 26 日，十四届全国人大常委会第二次会议审议通过了新修订的《中华人民共和国反间谍法》。2015 年 7 月 1 日，全国人大常委会通过了新的《国家安全法》。新的《国家安全法》是一部以总体国家安全观为指导，适应中国实践发展的国家安全法。2014 年中央国家安全委员会成立以及其后一系列国家安全相关法律的颁布实施，都是为了建设国家安全法治体系、促进社会主义法治体系的发展，因此，国家安全法治是实现国家治理体系和治理能力现代化的必由之路。

三、国家安全法治体系

（一）形成完备的国家安全法律规范体系

完备的国家安全法律规范体系是国家安全法治建设的基础。国家安全的一切相关工作都必须于法有据，必须始终在法治的轨道上运行。但法治不是一成不变的，它是一个不断完善、不断完备的过程。以习近平同志为核心的党中央高举依法治国伟大旗帜，推进新时代长期且稳定的国家安全法治建设，形成完备的国家安全法律规范体系，从而更好、更有效地指导国家安全工作。党的十八届四中全会提出，法律是治国之重器，良法是善治之前提。建设中国特色社会主义法治体系，必须坚持立法先行，抓住提高立法质量这个关键，要恪守以民为本及立法为民理念，贯彻社会主义核心价值观，完善立法体制机制，坚持"立改废释"并举，增强法律法规的及时性、系统性、针对性和有效性，发挥国家安全立法在表达、平衡、调整社会利益方面的重要作用，努力使每一项国家安全立法都符合宪法精神、反映人民意志、得到人民拥护。

（二）形成高效的国家安全法治实施体系

高效的国家安全法治实施体系是国家安全法治建设的关键。国家安全法律规范再完备、再严格，只要不实施、不执行，就是空口说白话。有法必依，是国家安全法治的关键所在，也是社会公平正义的本质体现。国家安全机关要依法全面履行法定职责，充分保障人民群众合法权益，树立良好的社会形象。各地各级党员干部，特别是领导干部，要以身作则，加强对总体国家安全观的学习，加强对国家安全法治的宣传教育和舆论领导，使懂法、尊法、守法成为全党、全社会的共识和行动自觉，坚决维护法律权威，依法维护人民权益，维护社会公平正义、维护国家安全稳定。

（三）形成严密的国家安全法治监督体系

严密的国家安全法治监督体系是国家安全法治建设的根本。集中统一、权威高效的国家安全法治监督体系，要在党的统一领导之下，坚持依据宪法和法律的法治原则，多种监督方式分工负责，互相协调。国家安全法治监督体系分为国家监督和社会监督两种体系。国家监督又分为权力机关、行政机关、司法机关三种监督，具体指人民法院、人民检察院、人民代表大会和人大常委会的监督。社会监督是国家监督的重要来源和重要补充，体现了人民直接参加国家管理、行使当家作主的权利，如社会舆论监督、新闻媒体监督、群众监督等。只有形成严密的国家安全法治监督体系，才能更好地推进国家安全法治的发展。监督是责任，对于地方政府干预执法部门的行为，对于执法部门违法执法的行为，对于滥用职权、玩忽职守的行为，对于损害群众利益、破坏社会公平正义的违法行为，都要严格追究办事人的责任及责任单位的领导责任，视其情节，给予处分、撤职，甚至刑事处罚。

（四）形成有力的国家安全法治保障体系

有力的国家安全法治保障体系在国家安全法治建设中是一个具有基础性、立体性的系统化体系，分为内核式保障和外延式保障两个层次。内核式保障是道路保障，即只有全面坚持党的领导，才能够从方向上为国家安全法治建设提供正确的法治保障；外延式保障是理论保障、人才保障、制度保障等，从多方面为中国特色社会主义国家安全法治建设提供经验和智慧。

（五）形成完善的国家安全党内法规体系

完善的国家安全党内法规体系是国家安全法治建设的需要。坚持中国共产党的领导，是中国特色社会主义最本质的特征，是推进国家安全法治建设的必然要求和重要保障。国家安全工作攸关党的执政地位和国家存亡，必须毫不动摇地坚持中国共产党对国家安全工作的绝对领导，把党的领导贯彻到依法维护国家安全工作的全部过程和方方面面。这就要求我们必须提高党的建设科学化、规范化、系统化水平，不断深化党的建设制度改革，形成完善的党内法规体系。新中国成立以来，特别是改革开放以来，中央和中央部门虽然制定了一大批党内法规，但是，由于立法没有整体规划，缺乏顶层设计，党内法规存在"碎片化"现象：许多领域缺少必要的基础性法规，有的领域虽有基础性法规，却缺少配套性法规，有的领域的法规之间存在着相互重复，甚至相互冲突的情形。在新时代国家法治建设进程中，党内法规体系需要在于法周延、于事简便基础上进一步完善，着重回应内外两方面问题。在内部，要适度区分党内法规体系和国家法律体系的建设规律，遵循简便实效的原则，确保体系的可操作性。在外部，要做好与国家法律体系的区分和衔接，在制定主体、规范对象、规范事项、制定程序等方面进行积极探索。

第二节　完善国家安全法律制度体系

一、我国的国家安全立法进程

（一）新中国成立以后至党的十八大以前的国家安全立法演变

1. 1949～1978 年：国家安全立法初创时期

1949 年 10 月 1 日，中华人民共和国成立。在"冷战"格局下，美苏争霸，相互对立，以中国为代表的第三世界国家开始登上国际舞台。新中国成立初期，外部强敌环伺，内部困难重重。一方面，持续处于颠覆破坏与领土争端的严峻外部环境。首先，新中国刚刚成立，我们与许多其他国家的边界没有划清，尤其是中苏、中印的边界问题。其次，在"冷战"的大背景下，以苏联和美国为首的两大阵营对立，两个大国出于自己的战略考虑，都不希望中国强大起来，在暗地里牵制中国的发展。最后，通过分析当时的国际环境，毛泽东主席指出，帝国主义的存在与战争的爆发具有紧密的联系，只要有帝国主义，战争就不可避免。如何在帝国主义盛行的时代背景下使新中国站稳脚跟，解决领土争端问题，成为以毛泽东同志为核心的党的中央领导集体所要思考的重要问题。另一方面，国内百废待兴、危机四伏。首先，长期的战争使国内政权遭到严重破坏，政治不稳定。其次，国内资源短缺，生产力低下，经济发展落后，人民生活困难。最后，国民党的残余势力尚存，他们在国内四处流窜扰乱人民的安稳生活。如何稳定政权、稳定社会、发展国家经济、解决好人民生活困难就成了新中国维护国家安全的首要问题。

面对反革命势力和反革命分子对社会主义政权的威胁，党的八大指出："我们对反革命分子和其他犯罪分子一贯地实行惩办和宽大相结合的政策，凡是坦白的、悔过的、立功的，一律给以宽大的处置。"① 明确了依法制裁反革命行为的基本准则和对反革命分子实行宽大政策的具体要求。在这一时期，关于国家安全治理，我国并没有形成系统的国家安全法律法规体系，相关的规定都比较分散。首先，1954 年《宪法》明确规定，"中华人民共和国保卫人民民主制度，镇压一切叛国的和反革命的活动，惩办一切卖国贼和反革命分子"

---

① 《刘少奇在中国共产党第八次全国代表大会上的政治报告》，载共产党员网，https://fu-wu.12371.cn/2012/09/24/ARTI1348470262024755.shtml。最后浏览时间：2024 年 9 月 1 日。

"中华人民共和国的武装力量属于人民，它的任务是保卫人民革命和国家建设的成果，保卫国家的主权、领土完整和安全"。其次，确立了维护国家安全的主体力量是中国人民解放军和公安机关，并进行一系列的制度约束，如《中国人民解放军政治工作条例》等，都可视为当时国家安全制度体系的组成部分。这一时期的国家安全法制建设探索为国家安全法制的形成和发展积累了经验。

2. 1978～1993 年：国家安全立法形成时期

1978 年 12 月，党的十一届三中全会讨论并着重提出了健全社会主义民主和加强社会主义法制的任务，认为宪法规定的公民权利，必须坚决保障，任何人不得侵犯。为了保障人民民主，全国人民代表大会及其常务委员会必须将立法工作作为重要议程，加强社会主义法制，使民主制度化、法律化，保障制度和法律具有稳定性、连续性和极大的权威，要做到有法可依，有法必依，执法必严，违法必究。

伴随着改革开放，邓小平根据我国当时身处的国际环境和我国周边环境，提出了和平与发展是当今世界的时代主题，取代了以往战争与革命的时代主题。邓小平说："现在世界上真正大的问题，带全球性的战略问题，一个是和平问题，一个是经济问题或者说发展问题。和平问题是东西问题，发展问题是南北问题……南北问题是核心问题。"[1] 和平问题就是指世界现在总体呈现出整体缓和、局部冲突的状态，世界和平因素的增长超过战争因素的增长，世界大战是可以避免的，争取较长时期的和平是可能的。发展问题指当今世界的竞争是以经济为主的综合国力的竞争，谁的经济越强大，谁的国际地位也就越高。由此邓小平提出了"以经济建设为中心"和"改革开放"的国家战略思想。

在加强社会主义法制建设的背景之下，初步形成了国家安全法律制度体系。一是 1978 年《宪法》有关国家安全的基本规定。1978 年《宪法》从法律上结束了"文革"秩序，建立了新时期的法律秩序，使改革开放政策的起点有了宪法基础。[2] 1978 年《宪法》的颁布，标志着我国的社会主义民主和法制建设进入了新的发展阶段，并为 1982 年《宪法》的制定打下了基础。且 1978 年《宪法》在以维护国防安全和政治安全为核心的国家安全法制基础上继承了 1954 年《宪法》第 19 条和第 20 条的相关规定，力求恢复 1954 年《宪法》

① 《邓小平文选》（第三卷），人民出版社 1993 年版，第 105 页。
② 许崇德：《中华人民共和国宪法史》，福建人民出版社 2005 年版，第 6 页。

的原则和体制。① 二是有关部门法中有关国家安全的专门规定。在 1978 年
《宪法》的基础上，第五届全国人民代表大会第二次会议通过了《刑法》和
《刑事诉讼法》。该刑法分则中规定的危害性质最严重的一类犯罪就是反革命
罪，主要包括背叛祖国罪、阴谋颠覆政府分裂国家罪、策动叛变或者叛乱罪、
投敌叛变罪等罪名。它通常是指以推翻现政权为目的的行为，其侵犯的客体是
人民民主专政的政权和社会主义制度，客观方面表现为实施危害中华人民共和
国的行为。三是 1993 年《国家安全法》的制定实施。要有效保护国家自身的
安全，除了建立军队防止外敌入侵，还必须建立保障国家安全的专门机关。
1983 年第六届全国人大第一次会议批准成立国家安全部，以加强对国家安
全工作的领导。国家安全部一经成立，就组织力量开始了对国家安全立法问
题的研究，至 1993 年 2 月 22 日通过了《国家安全法》。1993 年《国家安
全法》（已废止）既是对历史上维护国家安全经验的总结，又是对历代立法经
验所做的现代性超越，使得党在对敌斗争的政策水平上达到了一个新的
高度。

3. 1993～2012 年：国家安全立法完善时期

1991 年苏联解体，"冷战"格局结束，世界开始向多极化发展，国际形势
发生重大变化，国家安全所面临的问题也日益复杂化、综合化和国际化。对
此，江泽民指出："国家安全不仅仅是军事上的安全，而应是包括经济、科
技、政治、军事在内的综合安全，要形成包括经济、政治、军事在内的新安全
观。"新安全观的内容大致可以概括为：站在 21 世纪的战略高度，从国家的
根本利益出发；以和平共处五项原则为基础，以"互信、互利、平等、合作"
为核心，协调并兼顾政治、经济、国防等综合安全利益，运用多种手段维护国
家的长治久安，并营造安全可靠、长期稳定的国际和平环境，实现中华民族的
伟大复兴。中国政府的新安全观，在安全主体上是主权安全，在安全内容上是
综合安全，在安全途径上是合作安全。新安全观的鲜明特点为，它将传统安全
与非传统安全有机结合起来，既突破了传统的安全观，具有涵盖领域广、涉猎
内容多的非传统安全的"综合安全"的特征，又突出了主权安全在我国国家
总体安全中的特殊地位，是既适应世界潮流又符合我国复杂环境现实的大安全
观念，体现出中国政府和领导人对全球化背景下的非传统安全问题既有着足够

---

① 《中华人民共和国宪法》（1954 年）第 19 条规定："中华人民共和国保卫人民民主制度，镇压
一切叛国的和反革命的活动，惩办一切卖国贼和反革命分子。"第 20 条规定："中华人民共和国的武装
力量属于人民，它的任务是保卫人民革命和国家建设的成果，保卫国家的主权、领土完整和安全。"

的重视，又绝不被西方的安全议题和价值取向牵着鼻子走的鲜明立场。^① 后来，胡锦涛将江泽民提出的新安全观中的"合作"改为"协作"，倡导"互信、互利、平等、协作"的新安全观，对其进行了进一步的发展，强调国际安全对促进我国稳定与繁荣的积极作用并提出捍卫国家核心利益是国家安全的底线所在。

1997 年 9 月，党的十五大提出了"依法治国"和"建设社会主义法治国家"的基本方略，并强调依法治国是党领导人民进行国家治理的基本方针，是保障社会主义市场经济良好发展的纽带，是发展社会主义民主政治的重要条件。党的十五大还提出了到 2010 年形成中国特色社会主义法律体系的目标任务。1999 年 3 月，将"依法治国，建设社会主义法治国家"写入宪法修正案。自此，法治成为建设中国特色社会主义现代化国家的理论前提和制度共识，而依法治国的提出，也为我们的国家安全立法工作指明了方向。

首先，自 1993 年《国家安全法》颁布以来，我国运用法律维护国家安全的能力在不断提高。与此同时，通过立法评估，积极推动 1993 年《国家安全法》的修改。在 1993 年《国家安全法》实施后，法学界大多是从刑法角度开展国家安全法律问题的研究，由于立法经验的不足，在立法目的、国家安全机关的法律地位、危害国家安全的行为及其法律责任等方面仍有疏漏和缺陷，使得 1993 年《国家安全法》并未得到很好实施。^② 学界针对 1993 年《国家安全法》所存在的不足之处，进行评估与反思，并提出修改建议。2009 年第七届全国人民代表大会常务委员会第三十次会议对 1993 年《国家安全法》进行了修正，但总体上来说，内容上并没有体现出很大差别。

其次，2007 年党的十七大提出，要完善中国特色社会主义法律体系。2011 年，时任全国人民代表大会常务委员会委员长吴邦国，向十一届全国人民代表大会第四次会议作报告时庄严宣布，一个立足中国国情和实际、适应改革开放和社会主义现代化建设需要、集中体现党和人民意志的，以宪法为统帅，以宪法相关法、民商法等多个法律部门的法律为主干，由法律、行政法规、地方性法规等多个层次的法律规范构成的中国特色社会主义法律体系已经

---

① 武贤明：《新时期中国国家安全战略考量》，载《齐齐哈尔大学学报（哲学社会科学版）》2008 年第 3 期，第 44 页。
② 肖君拥：《中国国家安全法治研究四十年：回眸与展望》，载《国际安全研究》2019 年第 1 期，第 13 页。

形成。① 而《中华人民共和国兵役法》（以下简称《兵役法》）、《反分裂国家法》等法律的制定和修改，也标志着中国特色社会主义国家安全法律体系的不断充实与完善。

（二）党的十八大以后：以总体国家安全观为指导的国家安全立法时期

2012 年，党的十八大召开，面对越来越复杂的国内国外安全环境，以习近平同志为核心的党中央进一步丰富和发展了国家安全理论，主要包括强调坚持维护国家主权、安全、发展利益，推进建设文化强国、网络强国和新型大国关系，构建中国特色现代军事力量体系，搭建强有力的国家安全统筹平台。2014 年 4 月，习近平同志在中央国家安全委员会第一次会议上首次提出了"总体国家安全观"。至此，中国国家安全立法开始进入以总体国家安全观为指导的新时期。

首先，在"总体国家安全观"的框架之下，2015 年 7 月 1 日，第十二届全国人民代表大会常务委员会第十五次会议通过了《国家安全法》。新《国家安全法》是国家安全法律制度体系中的基础法律，也是国家安全法律体系的核心和准则。它是一部综合性法律，为其他相关法律的制定提供了接口。

其次，在"总体国家安全观"的框架之下，不断拓展新领域的国家安全立法。国家安全观具有动态性、开放性、发展性，它是一个内容丰富、开放包容、不断发展的安全体系。从内涵的角度看，总体国家安全观是一种运用系统思维将国家安全状态、能力及其过程理解为一个有机系统的观念体系，即从战略和全局的高度看待国家各层面和各个领域的安全问题，并统筹运用各方面的资源和手段综合解决这些安全问题，以实现多个国家安全领域的有机统一。总体国家安全观所讲求的安全是指构建集政治安全、国土安全、军事安全、经济安全、社会安全、文化安全、科技安全、生态安全、资源安全、网络安全、核安全、海外利益安全等安全领域为一体的国家安全体系。从法律制度层面上，应当从不同的安全领域根据其紧急重要程度开展国家安全相关领域的专门立

---

① "宪法相关法一般是指直接保障宪法上述规定实施和国家政权运作等方面的法律规范的总和，调整国家机关之间、国家与公民之间的法律关系，在维护国家主权，保证国家政权的运作，保障人民的当家作主权利，促进民主政治和法治建设方面，发挥着重要作用。"来源于中国人大网，2018 年 6 月 29 日，http：//www.npc.gov.cn/npc/c541/201806/9d6777a14f994ac59c1728a9fa84e9f4.shtml，李飞：《立法法与全国人大常委会的立法工作》，十三届全国人大常委会、专门委员会组成人员履职学习讲稿。"我们国家宪法相关法包括《全国人民代表大会组织法》、《地方各级人民代表大会和地方各级人民政府组织法》、《全国人民代表大会和地方各级人民代表大会选举法》、《中华人民共和国国籍法》、《中华人民共和国国务院组织法》、《中华人民共和国民族区域自治法》等法律。"来源于 http：//www.64365.com/zs/943573.aspx。

法，不断拓展新领域的国家安全法治研究，逐步完善国家安全法律制度体系。当前我国的国家安全相关领域的专门立法主要包括《反恐怖主义法》（于 2015 年 12 月 27 日通过）、《中华人民共和国深海海底区域资源勘探开发法》（于 2016 年 2 月 26 日通过）、《境外非政府组织境内活动管理法》（于 2016 年 4 月 28 日通过）、《国防交通法》（于 2016 年 9 月 3 日通过）、《网络安全法》（于 2016 年 11 月 7 日通过）、《国家情报法》（于 2017 年 6 月 27 日通过）、《中华人民共和国外商投资法》（于 2019 年 3 月 15 日通过）、《中华人民共和国密码法》（于 2019 年 10 月 26 日通过）、《生物安全法》（于 2020 年 10 月 17 日通过）、新版《中华人民共和国反间谍法》（以下简称新《反间谍法》，于 2023 年 4 月 26 日通过）等重要法律。

二、我国国家安全立法现状与存在问题

（一）我国国家安全立法现状

当前，在传统安全与非传统安全交织的背景下，经济的高速发展和错综复杂的社会各方面矛盾不断冲突，我国在面临重要发展机遇的同时也面临一系列重大国家安全挑战。在"总体国家安全观"提出后，根据形势和任务的需要，我国国家安全的立法，主要包括《国家安全法》《反间谍法》《反恐怖主义法》《深海海底区域资源勘探开发法》《境外非政府组织境内活动管理法》《国防交通法》《网络安全法》《国家情报法》《测绘法》《外商投资法》《密码法》等法律。不断完善的国家安全法律体系为贯彻落实总体国家安全观、实施国家安全战略、加强国家安全法治建设提供了有力的保障。

2014 年 11 月 1 日，第十二届全国人民代表大会常务委员会第十一次会议通过了《反间谍法》。《反间谍法》的出台是完善国家安全立法的重要一环，也是提升国际安全工作法治化水平的必然要求。1993 年《国家安全法》在确保国家安全和社会稳定，防范、制止和打击危害国家安全的行为方面发挥了重要作用，但进入新的历史时期，国际环境的深刻演变和国内环境的快速发展使我国的国家安全形势发生巨大的变化，特别是在 2014 年 4 月，习近平总书记在中央国家安全委员会第一次会议上提出了"总体国家安全观"后，我们需要制定一部专门针对反间谍斗争的法律。于是，在 1993 年《国家安全法》的基础上通过立法的形式，借助原有国家安全法律规定，修改制定了《反间谍法》。《反间谍法》充实了反间谍工作领域的立法空白，是深入开展反间谍斗争，及时发现、惩治间谍和各种危害国家安全违法犯罪活动的锐利武器，是在新的历史时期维护国家安全的客观要求，为新时期国家安全机关开展反间谍工

作作出了全面规范。

2023年4月26日，第十四届全国人大常委会第二次会议审议通过了新修订的《反间谍法》。同日，国家主席习近平签署第4号主席令予以公布，明确自2023年7月1日起施行。新修订的《反间谍法》是党的二十大后国家安全领域的首部专门立法，也是新一届全国人大常委会审议通过的第一部法律，充分体现了以习近平同志为核心的党中央对国家安全工作的高度重视，彰显了最高权力机关完善国家安全法治体系的坚定态度，为新时代国家安全战线履职尽责提供了更加强大的法律武器，对于推进国家安全体系和能力现代化具有重要意义。

在"总体国家安全观"提出以后，2015年7月1日，第十二届全国人民代表大会常务委员会第十五次会议通过了新《国家安全法》。国家主席习近平签署第29号主席令予以公布。新《国家安全法》对政治安全、国土安全、军事安全、文化安全、科技安全等11个领域的国家安全任务进行了明确规定，共7章84条，自2015年7月1日起施行。根据《宪法》和《中华人民共和国立法法》（以下简称《立法法》）的规定，由全国人大制定和修改刑事、民事、国家机构和其他基本法律。"总体国家安全观"框架下的新《国家安全法》的颁布意味着我国有了真正意义上的国家安全领域的"基本法"。新《国家安全法》一是从经济社会稳定、国家利益、人民利益和国家发展等角度，明确规定了我国维护国家安全的根本任务；二是从国家安全发展的新特点和传统安全与非传统安全的角度，确定了"国家安全"的内涵；三是从指导思想、宗旨的角度，确定了国家安全工作的工作机制；四是规定了不同国家机关维护国家安全的职责；五是规定了国家安全制度、机制，以及公民和组织的义务权利等内容。新《国家安全法》对维护国家安全作出了总体性的顶层设计，涵盖了一部国家安全基本法应该含有的大部分内容，对国家安全事务作出了一系列原则性和指导性的规定，对我国国家安全领域立法起到了统领作用，是后来的《反恐怖主义法》《网络安全法》《深海海底区域资源勘探开发法》等国家安全立法的法律渊源。

2019年3月15日，第十三届全国人大第二次会议表决通过了《中华人民共和国外商投资法》。2019年10月26日，第十三届全国人大常委会第十四次会议表决通过了《中华人民共和国密码法》（以下简称《密码法》）。这两部法律都是当前在国家安全立法领域的最新成果，它们同时于2020年1月1日开始实施。《外商投资法》是为了进一步扩大对外开放、积极促进外商投资、推动形成全面开放新格局、促进社会主义市场经济健康发展而制定的，其主要内容为保护外商投资合法权益，规范外商投资管理行为，以及违反外商投资法律规定所要承担的法律责任。此法的颁布实施既是新时期我国长期坚持对外开放基本国策的立法表达，又是顺应全球经贸投资新形势下我国经济安全的立法回应。《密码法》旨在规范密码应用和管理，促进密码事业发展，保障网络与信息安全，提升密码管理科学化、规范化、法治化水平，是我国密码领域的综合性、基础性法律。《国家安全法》第8条规定，维护国家安全，应当与经济社会发展相协调。安全是发展的前提，发展是安全的保障。《密码法》强调安全与发展的关系，在坚决维护国家安全的前提下，依法确立了密码法律制度措施，为密码事业的科技创新和产业发展创造了良好的环境。

正逢香港回归23周年之际，《香港国安法》于2020年6月30日正式通过并颁布实施。《香港国安法》共有6章，分别为总则，香港特别行政区维护国家安全的职责和机构，罪行和处罚，案件管辖、法律适用和程序，中央人民政府驻香港特别行政区维护国家安全机构，附则，共66条。《香港国安法》是一部兼具实体法、程序法和组织法内容的综合性法律。制定《香港国安法》，目的就是堵塞法律上的漏洞，补齐香港维护国家安全机制上的"短板"，改变香港在国家安全方面长期"不设防"的状态。过往国家安全法律漏洞的存在，已经使香港的社会付出了惨痛代价。法律是治国之重器，良法是善治之前提。《香港国安法》的公布实施，对实施危害国家安全行为的极少数人而言是高悬利剑，对遵纪守法的香港广大居民来说是有力保障。香港维护国家安全的新机构随后陆续成立。香港将重返正轨，"一国两制"将行稳致远，香港将会以更安全、稳定、和谐的社会环境和良好的营商环境吸引外来投资者，继续保持国际金融、贸易、航运中心的地位。

2019年新冠疫情的暴发，将各界一直普遍关注的生物安全问题再次推向前台。《生物安全法》由第十三届全国人民代表大会常务委员会第二十二次会议于2020年10月17日通过，自2021年4月15日起施行。该法明确了生物安全的重要地位和原则，确立了各项生物安全风险防控的基本制度，有助于从法律制度层面解决我国生物安全管理领域存在的问题，确保生物技术健康发展，保护人民生命健康，维护国家生物安全。首先，《生物安全法》对"生物安全"概念作出了明确规定，是指国家有效防范和应对危险生物因子及相关因素威胁，生物技术能够稳定健康发展，人民生命健康和生态系统相对处于没有危险和不受威胁的状态，生物领域具备维护国家安全和持续发展的能力。其次，《生物安全法》规定了适用于本法的八类活动范围：一是防控重大新发突发传染病、动植物疫情；二是生物技术研究、开发与应用；三是病原微生物实验室生物安全管理；四是人类遗传资源与生物资源安全管理；五是防范外来物种入侵与保护生物多样性；六是应对微生物耐药；七是防范生物恐怖袭击与防御生物武器威胁；八是其他与生物安全相关的活动。明确《生物安全法》的适用范围，为该法的守法和执法、司法奠定了良好的基础。再者，《生物安全法》确立了国家生物安全管理的各项基本制度，包括生物安全风险监测预警制度，生物安全风险调查评估制度，生物安全信息共享制度，生物安全信息发布制度，生物安全名录和清单制度，生物安全标准制度，生物安全审查制度，统一领导、协同联动、有序高效的生物安全应急制度，生物安全事件调查溯源制度，境外重大生物安全事件应对制度，生物安全监督检查制度。最后，该法提到了生物安全能力建设。维护国家生物安全，根本在于强化生物安全的能力建设。为此，《生物安全法》设专章规定了生物安全能力建设，主要体现为通过加大经费投入、基础设施建设、人才培养，鼓励和扶持自主研发创新、科技产业发展等途径对生物安全工作给予资金、政策及体制机制等方面的扶持，促进和加强生物安全的能力建设。[①]

（二）我国国家安全立法目前存在的突出问题

1. 我国现行国家安全法律规范之间没有形成有效衔接

总结我国安全法治实践，充分考量我国的国情和立法传统，在借鉴美国、俄罗斯等其他国家的国家安全立法模式的基础上，我国的国家安全法治采用的是宪法指导下的复合立法模式[②]，是以《宪法》统筹全局，以《国家安全法》贯穿整体为引领方向，极力凸显《反间谍法》《反恐怖主义法》《深海海底区域资源勘探开发法》《境外非政府组织境内活动管理法》《国防交通法》《网络安全法》《生物安全法》等专门法律，构成了当前总体国家安全观法治化的基本态势和既成格局。尽管我国国家安全法律制度体系已经基本形成，但仍然存在着一个基本问题，那就是当前国家安全法律体系中各部门缺乏有效协调与衔接，无法发挥整体效应。

以"总体国家安全观"为指导，扫除长期积累的"顽疾"，为国家安全工作注入新鲜血液，有效衔接、协调各领域内的国家安全法律法规。使国家安全法律体系从形成到完善，绝非一日之功，我们不能刻板地重组法律条文，也不能局限于对政策的机械式复制，而是要在较长的一段时间里，统筹规划，借鉴总结，逐步构建起中国国家安全法律体系的蓝图。当前《国家安全法》几乎仅与《宪法》《立法法》之间存在相应的衔接，而与其他国家安全法律法规之间缺乏有效的衔接，例如《反恐怖主义法》等。对此，我们可以从以下两个方

---

① 孙佑海：《生物安全法：国家安全的根本保障》，载《环境保护》2020 年第 22 期，第 17 页。

② 宋建强、刘李明、赵宏瑞：《中国国家安全法治建设的模式与格局研究》，载《学术交流》2014 年第 9 期，第 69 页。

L

面着手解决：一是各个法律法规条文之间应该设置好相应的条款以协调不同的法律和新旧法律之间的衔接性。二是要不断优化涉及国家安全的法律，克服条文过于原则化的问题，努力增强法律法规的实践意义。比如在《宪法》中，明确总体国家安全观的思想地位、中央安全委员会的法律地位；在《刑法》中，根据国家安全与发展的需要及时调整结构和内容，统筹兼顾传统安全与非传统安全，将散落在各章节有关国家安全的规定组合起来，对相应的罪名进行优化，以适应国家安全实践发展新形势的需求。

2. 非传统安全领域立法有待完善

传统安全是指与国家间行为有关的冲突，主要包括军事、政治和外交安全。传统安全问题由来已久，自从有了国家，就有了传统安全问题，因为在历史上，国家为了自己的政权稳定而对他国实施军事威胁成为常态。非传统安全是指近些年逐渐突出的，发生在战场之外的，除军事、政治和国土安全冲突以外的，对主权国家及全人类整体生存与发展构成威胁的其他因素，主要包括经济安全、信息安全、科技安全、资源安全、生态安全等安全领域。非传统安全有以下特征，一是跨国性。非传统安全问题从产生到解决都具有明显的跨国性特征，不仅是某个国家存在的个别问题，而且是关系到其他国家或整个人类利益的问题。不仅会对某个国家构成安全威胁，而且可能会对他国的国家安全造成不同程度的危害。二是不确定性。非传统安全威胁不一定来自某个主权国家，往往由非国家行为体如个人、组织或集团等所为。三是转化性。非传统安全与传统安全之间没有绝对的界限，如果非传统安全问题矛盾激化，有可能转化为依传统安全的军事手段来解决，甚至演化为武装冲突或局部战争。四是动态性。非传统安全因素是不断变化的，例如，随着医疗技术的发展，某些流行性疾病在未来可能不再被视为国家发展的威胁；而随着恐怖主义的不断升级，反恐怖成为维护国家安全的重要组成部分。五是协作性。为应对非传统安全问题，加强国际合作，旨在将威胁减少到最低限度。非传统安全问题的迅速发展和影响范围甚广，而要应对此类问题就必须要加强非传统安全领域的相关立法，为问题的解决提供方案。

根据国家安全情势的变化和不断出现的安全问题的分布领域，我国目前应在以下非传统安全领域尽快开展国家安全立法。

首先是科技、信息、网络安全领域。随着政治、经济、文化、社会的广泛发展，我国在科技、信息、网络等领域取得了长足的进步，与之相伴的是相应的安全问题层出不穷。比如，在科技发展中，由于许多核心技术没有掌握在自己手中和高科技人才的流失，我国的科技事业一直面临着国外科技优势的威胁。与此同时，科技发展所带来的负面影响也在一定程度上成为科技发展的阻力。在信息领域，随着网络技术和其他传媒渠道的高速发展，因国家秘密、个人信息外泄而造成损失的事件时有发生，网络领域面临的安全问题也非常突出。我国已经关注信息、网络领域的安全问题，并制定了《全国人民代表大会常务委员会关于加强网络信息保护的决定》和《网络安全法》。当前需要加紧进行的是科技领域的安全立法，为促进科学技术的迅速发展提供具有操作性的法律依据。

其次是生态、资源和能源安全领域。党的十八大以来，生态文明建设已经融入政治建设、经济建设、文化建设、和谐社会建设的"五位一体"总体布局中，但是与生态文明建设相关的立法还相当落后。我国并无专门针对生态保护的基本法，只有环境保护法和一些零散的自然资源法，这显然不利于从整体上推进生态文明建设。从维护国家安全的视角看，推动社会发展、维护国家安全离不开能源的支持，我国急需一部专门的能源法。2024 年 11 月 8 日，第十四届全国人民代表大会常务委员会第十二次会议通过了《中华人民共和国能源法》。目前，我国已经制定《核安全法》，但其他能源领域还缺少法律调整。

最后是国际安全以及我国公民、企业的海外权益保护领域。中国的崛起和参与更多国际事务是一种必然趋势，中国公民和企业在海外的安全问题必然越来越突出。随着我国在国际事务中发挥的作用越来越大，我国公民和企业在国外的活动也越来越频繁，国际上的恐怖主义和敌对势力开始把我国驻外使领馆和公民、企业列为袭击目标或者侵害对象。一些国家局势动荡也直接导致身在该国的我国公民和企业深受其害。以"一带一路"为例，第一，面临的首要安全问题是恐怖主义威胁。澳大利亚非政府组织研究机构经济与和平研究所2017 年《全球恐怖主义指数报告》（Global Terrorism Index）显示，受恐怖主义影响最大的 10 个国家分别为：伊拉克、阿富汗、尼日利亚、叙利亚、巴基斯坦、也门、索马里、印度、土耳其和利比亚。其中，叙利亚、巴基斯坦、阿富汗、也门、印度和土耳其均为"一带一路"国家（阿富汗与土库曼斯坦接壤，而后者为我国石油公司重要油气田开发项目所在地）。[①] 第二，能源通道安全问题。众多能源区域都在"一带一路"的覆盖范围之内，能源通道安全也是当前十分突出的安全问题。目前，美国、俄罗斯等国家围绕中亚的石油、天然气通道的地缘政治竞争激烈。如美国一直遏制中亚的石油、天然气途经中国进入东亚、东北亚，严重威胁了我国能源运输通道的安全。而南亚、非洲地区70% 的石油运输是通过印度洋由中东运往太平洋地区，因此，印度洋航线的曼

---

① 王玫黎、李煜婕：《总体国家安全观下中国海外权益保障国际法治构建的理论析探》，载《广西社会科学》2019 年第 8 期，第 99 页。

德海峡、霍尔木兹海峡、马六甲海峡的安全至关重要，但是这些海上交通枢纽却受到海盗等的严重威胁。① 第三，文化冲突安全困境。我国公民、企业走出国门后，面临的是世界多元民族、风俗、宗教、社会环境、价值观、经营理念在内的巨大文化差异，这些差异极大地影响了我国海外权益的维护和实现。在我国海外利益的拓展中，曾出现因违反民族或宗教习俗而引起当地民众不满的情况，这也一再成为反华势力攻击我国的主要依据。面对当前西方国家掌握国际话语主导权的现状，文化冲突导致的安全困境正日趋明显，西方对我国国家形象与国家认同的诋毁，严重影响了世界对我国的认知和了解，妨碍了我国海外利益的正常发展。② 综上所述，我国应当考虑制定海外利益保护方面的法律，维护国家、公民和企业在海外的安全和正当利益，这既有助于促进国际安全，又是重视国民安全的重要体现。

三、完善国家安全法律制度体系

（一）以《宪法》为根本法

中华人民共和国成立后，曾于 1954 年 9 月、1975 年 1 月、1978 年 3 月和 1982 年 12 月通过四部宪法，现行宪法为 1982 年《宪法》，并历经了 1988 年、1993 年、1999 年、2004 年、2018 年五次修订。第一，宪法是维护我国政治安全的根本法律依据。一个国家的宪法一般会规定社会制度和国家制度的基本原则，国家机关的组织和活动的基本原则，公民的基本权利和义务等重要内容，还会规定国旗、国歌、国徽和首都等其他重要制度，涉及国家生活的各个方面。宪法作为我国治国安邦的总章程，规定了坚持中国共产党的领导、坚持社会主义制度、人民民主专政制度、人民代表大会制度、多党合作与政治协商制度、民族区域自治制度等有关政体、国体规定。可见，宪法是维护我国政治安全的根本法，也是维护国家安全的根本法。

第二，宪法是镇压叛国和其他危害国家安全的犯罪活动的依据。《宪法》第 28 条规定："国家维护社会秩序，镇压叛国和其他危害国家安全的犯罪活动，制裁危害社会治安、破坏社会主义经济和其他犯罪的活动，惩办和改造犯罪分子。"这是宪法中对维护国家安全最直接的表述。

第三，宪法对有关武装力量、国防等军事安全作出了规定。《宪法》第 29 条规定："中华人民共和国的武装力量属于人民。它的任务是巩固国防，抵抗

---

① 王春亮：《"一带一路"建设的安全观研究》，载《黄河科技学院学报》2019 年第 6 期，第 47 页。
② 吴超：《我国重大海外利益现状及对策思考》，载《国防》2017 年第 2 期，第 25 页。

侵略，保卫祖国，保卫人民的和平劳动，参加国家建设事业，努力为人民服务。国家加强武装力量的革命化、现代化、正规化的建设，增强国防力量。"

第四，宪法规定了公民有维护祖国的安全、荣誉和利益的义务，不得有危害祖国的安全、荣誉和利益的行为。保卫祖国、抵抗侵略是中华人民共和国每一个公民的神圣职责。

（二）《国家安全法》是国家安全领域的基本法

《国家安全法》运用原则性立法的技术方法，为建立和完善国家安全领域立法体系做好了基础性的铺垫工作，在一定程度上可以保持法律适用的时效性和稳定性，能够弥补过于细化的法律条文在适用过程中的局限性。在立法中，原则性法律条文不同于精细性法律条文。原则性法律条文主要是指对具体法律法规原则性的表达，通常规定了法律规则的指导思想或者基础准则。精细性法律条文是自党的十八届四中全会以来为立法实务和理论界广泛关注的问题，是指通过精细化的立法准备、内容选择、程序设定及立法技术，达到立法目的正当、立法内容科学、立法程序民主及立法实施有效的目的。原则性法律条文具有综合性、概括性的特点，在实务中，精细性法律条文的可操作性要强于原则性法律条文，所以需要下位法的细化来弥补原则性法律条文的不足之处。

从《国家安全法》文本的内部结构来看，其不单单围绕某一具体领域进行规定，而是围绕总体国家安全的各个领域，宏观地列举国家安全应有的范围，法律条文规定的具体内容突出了从"国家安全体系"出发并强调能够形成"总体国家安全"的特点。《国家安全法》第15条至第34条的内容，从维护国家安全任务的角度全面确立了国家安全法应有的体系，与总则的规定相呼应，并对国家安全体系以总、分结合的形式予以规定。因此，《国家安全法》是调整国家安全领域社会关系法律规范的基本法、基础法，是制定其他诸如《网络安全法》《核安全法》《生物安全法》等某一方面国家安全法律制度的直接依据。首先，以维护网络安全方面的规定为例，《国家安全法》仅于第25条以比较原则性的表述方式对维护国家网络空间主权、安全和发展利益作了宏观规定："国家建设网络与信息安全保障体系，提升网络与信息安全保护能力，加强网络和信息技术的创新研究和开发应用，实现网络和信息核心技术、关键基础设施和重要领域信息系统及数据的安全可控；加强网络管理，防范、制止和依法惩治网络攻击、网络入侵、网络窃密、散布违法有害信息等网络违法犯罪行为，维护国家网络空间主权、安全和发展利益。"而网络安全支持与促进、网络运行安全、网络信息安全、监测预警与应急处置、法律责任等具体内容则专门规定于《网络安全法》当中。其次，《国家安全法》第 28 条规定：
"国家反对一切形式的恐怖主义和极端主义，加强防范和处置恐怖主义的能力
建设，依法开展情报、调查防范、处置以及资金监管等工作，依法取缔恐怖活
动组织和严厉惩治暴力恐怖活动。"2015 年 12 月 27 日第十二届全国人民代表
大会常务委员会第十八次会议通过了《反恐怖主义法》。最后，《国家安全法》
第 51 条规定："国家健全统一归口、反应灵敏、准确高效、运转顺畅的情报信
息收集、研判和使用制度，建立情报信息工作协调机制，实现情报信息的及时
收集、准确研判、有效使用和共享。"第 52 条规定："国家安全机关、公安机
关、有关军事机关根据职责分工，依法搜集涉及国家安全的情报信息。国家机
关各部门在履行职责过程中，对于获取的及国家安全的有关信息应当及时上
报。"2017 年 6 月 27 日第十二届全国人民代表大会常务委员会第二十八次会
议审议通过了《国家情报法》。

（三）国家安全领域专门立法是基础

《国家安全法》是调整国家安全关系的基础性、综合性、根本性的基本法，
广泛应用原则性法律规范，因此需要细化原则性内容并进行专门立法以完善国
家安全法律制度体系。自 2014 年 4 月总体国家安全观提出以来，我国根据这
些不同安全领域的紧急重要程度开展了相应的专门立法。当前我国的国家安全
相关领域的专门立法主要包括 2015 年《反恐怖主义法》、2016 年《境外非政
府组织境内活动管理法》、2016 年《网络安全法》、2017 年《国家情报法》、
2019 年《密码法》、2020 年《生物安全法》、2023 年《反间谍法》、2024 年
《保守国家秘密法》等重要法律。

（四）各部门法中有关国家安全法律的规定是具体领域

国家安全相关法律规定有两大特征：第一，其法律规定本身属于其他法律
部门；第二，各部门法中有关国家安全法律的规定有效地衔接和联系国家安全
法和其他的部门法，有利于社会主义法律体系的构建和各个部门法之间的协
调。例如，根据我国《刑法》规定，危害国家安全罪是指危害国家主权、领
土完整和安全，分裂国家、颠覆人民民主专政的政权和推翻社会主义制度的行
为。危害国家安全罪是一个概括性罪名，是对各种危害国家安全的犯罪行为共
同特征的概括。《刑法》分则第一章单独设立章节规定了危害国家安全罪和危
害国防利益罪，包括背叛国家罪、分裂国家罪、叛逃罪、间谍罪等罪名；我国
《刑事诉讼法》第 21 条规定由中级人民法院管辖危害国家安全、恐怖活动
案件。

第三节　坚持依法推进国家安全法治保障

一、推进国家安全法治保障，全面实施国家安全法治

法治保障指国家从体制机制上和思想文化上确保立法、执法、司法、守法等各个环节顺利运行，以及形成有效实施的完整体系。国家安全法治保障是指国家从体制机制上和思想文化上确保国家安全立法、执法、司法、守法各个环节顺利运行，以及形成有效的国家安全法治实施的完整体系。

党的十九大报告提出，坚持全面依法治国，坚持总体国家安全观，完善国家安全制度体系，加强国家安全能力建设，坚决维护国家主权安全、发展利益。坚持全面依法治国和坚持总体国家安全观是新时代坚持和发展中国特色社会主义的基本方略，是实现社会主义现代化和中华民族伟大复兴的必然要求。根据全面依法治国的总体要求，贯彻落实总体国家安全观必须高度重视国家安全法治保障问题，推进国家安全领域治理体系与治理能力现代化，为坚持总体国家安全观、走中国特色国家安全道路奠定法治基础。

国家安全法治保障分为内核式保障和外延式保障两个层次。内核式保障是道路保障，即只有全面坚持党的领导、坚持走中国特色社会主义道路，才能够从方向上为国家安全法治建设提供正确的法治保障；外延式保障是理论保障、人才保障、制度保障等即坚持以总体国家安全观为指导、全面推进国家安全立法和法治实施、建立一支专业化的国家安全工作队伍等。

国家安全法治保障是全面推进国家安全法治建设的重要依托，没有一系列的保障条件，国家安全法治的建设将会寸步难行。法治保障体系是国家安全法治建设的重要组成部分，它关乎国家安全法治各个环节的有序运行，为国家安全法治工作提供全面的支持，是国家安全法治建设的力量源泉。

首先，法治保障使国家安全法治在社会生活中更好地发挥引领和规范作用。第一，强有力的国家安全法治保障体系，能够以符合中国实际、具有中国特色、体现社会发展规律的社会主义法治理论为国家安全法治建设提供理论指导和学理支撑；第二，形成强有力的国家安全法治保障体系，是以完备的国家安全法律规范体系规范社会行为，促进社会发展；第三，形成强有力的国家安全法治保障体系，是以我们强烈的道路自信、理论自信、制度自信、文化自信去引导中国特色社会主义国家安全法律体系向中国特色社会主义国家安全法治体系发展。构建国家安全法治保障体系的目的在于解决国家安全法治实施中陷

入的困境，使国家安全法治建设的各个环节始终不偏离中国特色社会主义法治道路。

其次，法治保障使国家安全法治工作基本格局顺利推进。第一，强有力的国家安全法治保障体系能够使科学立法、严格执法、公正司法、全民守法等国家安全法治工作各个环节形成高效配合；第二，国家安全法治保障体系既为国家安全法律的实施提供体制机制，确保国家安全法律发挥其规范作用，又为社会主体规定了行为准则，确保其社会生活的安全、有秩序。

二、坚持中国共产党的领导，明确道路方向保障

（一）党的领导是国家安全法治工作的重要保障

国家安全法治建设能不能迈上新高度，道路选择是关键。走中国特色国家安全道路，是顺应国家安全形势新变化、创造国家安全工作新局面、推进国家治理体系和治理能力现代化的迫切需要。自从 1921 年中国共产党成立以来，中国共产党从曲折探索到阔步前进，党的领导地位逐步确立。坚持党的领导、人民当家作主、依法治国高效统一，是中国特色社会主义现代化政治建设的指导原则。无论在社会主义现代化建设事业中，还是在国家安全治理中，党的领导核心地位与作用都是成功的前提条件。坚持党的领导，以中国特色社会主义作为行动指南，对中国社会的发展起到了确定性作用，也符合人民的根本利益。坚持中国共产党的绝对领导是国家安全工作遵循的根本政治原则。《国家安全法》以法律形式进一步确认了这一原则，《国家安全法》第 4 条规定："坚持中国共产党对国家安全工作的领导，建立集中统一、高效权威的国家安全领导体制。"其明确了党的领导地位，以党的指挥为导向、同时协调各方特别是统筹应对内外安全威胁，提高了决策效率与权威。

（二）切实加强党对国家安全法治工作的领导

中国共产党是中国特色社会主义事业的领导核心，这也是中国特色社会主义的本质特征。中国由共产党领导，中国的社会主义现代化建设事业由共产党领导，这个原则不能动摇，如果动摇，中国就要倒退到分裂和混乱，就不可能实现现代化。[①] 坚持党对国家安全法治工作的绝对领导，是面对国家安全遇到的新情况、新挑战，更好地解决国家安全重大问题所提出的根本政治要求，是确保国家安全法治工作不偏离正确方向的根本保证。为此，要着力加强国家安全法治思想政治建设，确保思想认识到位，充分认识国家安全法治建设的重要

---

① 《邓小平文选》（第二卷），人民出版社 1994 年版，第 320－343 页。

意义，增强忧患意识、危机意识和使命意识，坚持以总体国家安全观为指导，深刻理解坚持党对国家安全法治工作绝对领导的重要性。

党的组织领导是政治领导、思想领导的保证。坚持党对国家安全工作的绝对领导，需要通过党的各级组织强有力的集中统一领导来实施。《国家安全法》第 4 条规定了国家安全工作的领导体制：坚持党对国家安全工作的领导，建立集中统一、高效权威的国家安全领导体制；第 5 条规定了中央国家安全领导机构的职责。《国家安全法》构建了集中统一分级管理、部门相互配合的管理机制。以习近平同志为核心的党中央锐意改革创新，在国家安全领域推出系列重大举措，例如：建立中央国家安全委员会集中统一领导国家安全各项工作，维护党对国家安全工作绝对领导的权威；提出总体国家安全观，强调维护各领域国家安全的全面性；修订《国家安全法》，健全国家安全制度和国家安全保障措施，使维护国家安全更加有法可依、有章可循。尤其是国家安全委员会的建立，填补了中国缺少相关机制的空白，与国际接轨，进一步推进国家治理体系和治理能力现代化。国家安全委员会的成立，使中国拥有了应对国内外综合安全和制定国家安全战略的顶层运作机制，是创新国家治理方式和维护国家安全需要的有机统一。

坚持党的领导，必须完善党的领导，确保党的领导的内容和要求与时代任务相一致。党对国家安全工作的绝对领导需要通过党的干部、党的各级组织和广大共产党员去实施。如果党的领导能力不足，国家安全的各项工作就会落空。党要切实担负起领导国家安全工作的重任，必须以不断提升自身领导能力作为根本保障。《国家安全战略纲要》的出台，为明确新形势下国家安全工作的重大问题、更好地维护国家安全提供了战略指导，这是党在新形势下不断提升国家安全工作领导能力的重要体现。

提升党对国家安全工作的领导能力，首先，要着力加强国家安全工作思想政治建设，确保思想认识到位，坚持政治原则不动摇，充分认识维护国家安全的重大意义，要增强忧患意识，对可能存在的国家安全威胁提高警惕；要树立危机意识，准确把脉世界安全局势及其对国内安全氛围的影响，对社会不稳定因素增强掌控能力；要提升使命意识，将国家安全工作与其他工作并重。坚持以总体国家安全观为指导，深刻理解坚持党对国家安全工作的绝对领导的极端重要性。其次，迫切需要加紧推出和落实相关举措，提升安全综合决策能力和水平，打造高素质专业化的国家安全队伍，善于学习和总结国际上的先进工作方法和工作经验，结合中国国情，因地制宜，各级党员干部要坚持以总体国家安全观为指导，增强国家安全责任感和使命感，在实践中不断提升国家安全工作的能力。

三、坚持以总体国家安全观指导国家安全法治建设

首先，国家安全法治建设要贯彻"以人民安全为宗旨"这一理念。人民安全是国家安全的核心内容。国家安全工作是党治国理政的一项十分重要的工作，也是保障国泰民安的一项十分重要的工作。以人民安全为宗旨，是国家安全工作的出发点和落脚点。总体国家安全观把人民安全摆在突出位置，体现了党全心全意为人民服务的根本宗旨和优良传统，坚持了人民当家作主的国家性质和根本制度，既符合历史规律，又反映了时代与人民的要求。人民安全是国家安全的基石，人民是维护国家安全法治的力量支撑。因此，国家安全法治在立法、实施、监督等过程中必须体现人民的切身利益。

其次，国家安全法治建设要突出完善国家安全体系这个重点，以法治手段切实维护重点领域的国家安全。当前我国国家安全内涵和外延比历史上任何时候都要丰富，时空领域比历史上任何时候都要宽广，内外因素比历史上任何时候都要复杂。① 推进国家安全法治建设，必须着眼中华民族伟大复兴战略全局，准确识变、科学应变，将一切风险因素依法纳入国家安全体系。要加快完善国家安全法律制度体系，统筹推进政治安全、经济安全、金融安全、生物安全、数据安全、海外利益保护等重点立法，统筹发展与安全、传统安全与非传统安全。要强化法律实施，建立执行监督机制，完善实施配套制度，全面提升各重要方向、重点领域国家安全法治化水平。②

最后，要坚持以总体国家安全观指导中国国家安全法治建设实践，提升国家安全能力。运用法治思维，依法严厉打击国家安全领域违法犯罪。严厉防范和坚决打击渗透颠覆破坏活动、暴力恐怖活动、民族分裂活动和宗教极端活动，特别是对危害我国政权安全、制度安全的犯罪加强防范和打击。加强对危害国家各个领域违法犯罪的预测、预警、预防，充分聚合国家各专门机关的打击合力，形成并巩固对国家安全领域违法犯罪的压倒性态势。

四、全力推进国家安全法治实施

（一）构建国家安全法治实施领导体制

2013 年 11 月 12 日，根据中国共产党第十八届中央委员会第三次全体会议

---

① 《习近平在中央国家安全委员会第一次会议上的讲话》，载新华网，2014 年 4 月 15 日，http://www.gov.cn/xinwen/2014 - 04/15/content_2659641.htm。

② 国安宣：《坚持以总体国家安全观为指导全面深入推进国家安全法治建设》，载《人民日报》2020 年 7 月 1 日第 13 版。

决定成立中央国家安全委员会。中央国家安全委员会（以下简称中央国安委）是中国共产党中央委员会下属机构，是中共中央关于国家安全工作的决策和议事协调机构，向中央政治局、中央政治局常务委员会负责，统筹协调涉及国家安全的重大事项和重要工作。《国家安全法》第5条规定："中央国家安全领导机构负责国家安全工作的决策和议事协调，研究制定、指导实施国家安全战略和有关重大方针政策，统筹协调国家安全重大事项和重要工作，推动国家安全法治建设。"这里的"中央国家安全领导机构"即中央国安委。中央国安委是我国国家安全工作的最高领导机构，"推动国家安全法治建设"是其重要职责，领导、推进全面实施国家安全法治是这一职责的重要内容。

中央国安委是决策咨询和跨部门协调机构，是国家安全决策体系的中枢。无论是从党中央有关国家安全工作的决议，还是从《国家安全法》的规定来看，中央国安委都在国家安全法治建设中发挥着至关重要的作用。党的机构可以领导法律的制定和实施，但在推动法律实施方面不便于发挥直接作用。我国国家安全法律实施机构不够健全，非常需要中央国安委这样的专职机构发挥直接的推动作用。但是，中央国安委目前在国家机构中尚无明确的定位，这显然不能适应国家安全法治建设形势的需要。以中央国安委为突破口健全国家安全工作机构和推动国家安全法律实施，当属最优选择。

首先，将其定位为国家机构的组成部分，由《宪法》在"国家机构"一章中设专节对其名称、法律性质、产生方式、职能权限、运行模式等进行全面规定。根据《宪法》，我国的中央国家机构只有全国人民代表大会及其常务委员会、国家主席、国务院、中央军事委员会、国家监察委员会、最高人民法院和最高人民检察院。在这些机构中再增加一个中央国安委，必然涉及宪法的修改问题。毕竟，作为非基本法的《国家安全法》，虽然它认可了中央国安委这样的党内机构对国家安全工作的领导，但是它无权设立"中央国家安全领导机构"这样的国家机构。所以有学者指出："在国家机构体系内成立'国家安全委员会'是非常必要的，但这涉及宪法修改的问题，不修宪不行。"① 这不仅是因为增设国家机构将对原来的国家机构造成一定的冲击，不修改宪法就无法理顺它们相互之间的关系，更是因为中央国安委对国家的重要性远非一般国家机构所能比拟。在总体国家安全观的指导下，中央国安委在法治建设中发挥的作用必然越来越突出。在这种形势下，应当通过修改《宪法》确认中央国安委的法律地位。中央国安委依据《宪法》授权直接就国家安全相关事项进

---

① 马岭：《国家安全委员会的法律地位探讨》，载《上海政法学院学报（法治论丛）》2014年第6期，第7页。

行决策并发布决定，对于依据《宪法》和法律规定应当由全国人大及其常委会决定的重大事项，直接提请全国人大及其常委会审议，如国家进入战争状态、决定全国动员、制定国家安全领域的基本法等。

其次，合理设置中央国安委的内设机构。咨询、议事统筹协调是中央国安委的主要职责，总体国家安全观系统构建的大安全格局内涵和外延非常广泛，涉及国家政治、经济、文化、社会生活和生态文明建设的各个领域和各个方面，在如此广阔的领域和方面推动国家安全法律的实施需要极强的组织、协调、沟通能力。更重要的是，不少领域的国家安全工作具有一定的专业性和技术性，需要专门工作机构借助专门工具和技术标准才能推进。因此，中央国安委应当合理设置其内设机构，通过科学、高效的组织分工，覆盖所有重要领域的国家安全工作，分别在各自的工作领域开展维护国家安全的工作。与此同时，要注意继续发挥传统国家安全机关的职权职责。国家安全机关、公安机关、军事机关在维护国家安全方面依然发挥着极其重要的作用，其职权职责应当得到进一步加强和优化。中央国安委内设机构的主要任务是监察督促、调查搜集信息和提供决策建议，根据中央国安委的指令开展具体工作。中央国安委具有强制性的决策、决定，最终仍需要国家安全机关、公安机关和军事机关来实施。因此，中央国安委内设机构是不具有独立执法权的情报分析、监察督促、统筹协调的具体实施部门，传统国家安全机关是具有独立执法权的国家强制机关，负责具体落实中央国安委决策、决定、命令。中央国安委内设机构和传统国家安全机关协同配合，分工负责，共同完成维护国家安全的重任。

（二）明确国家安全法治实施的具体方式

1. 严格执法

坚持严格执法，是形成高效法治实施体系、全面推进依法治国、建设社会主义法治国家的基本要求。法律的生命力在于实施。如果有了法律而不实施，或者实施不力，搞得有法不依、执法不严、违法不究，那制定再多法律也无济于事。① 全面依法治国，重在执行落实。深化依法治国实践，最核心、最关键的一条就是要厉行法治、严格执法，这同样适用于国家安全法治。在国家安全管理工作中，对于有法律规定的，必须按法律规定执行，安全治理主体不能任意主观臆断，要做到有法必依、执法必严、违法必究。有法必依就是普遍守法，这是安全治理法治化的可靠基础。因此，任何安全治理主体要树立法律至上理念，一切

---

① 《解决好立法、执法、司法、守法等领域的突出矛盾和问题》，载求是网，2020 年 12 月 20 日，http：//www.qstheory.cn/laigao/ycjx/2020－12/20/c_1126884037.htm。

组织和个人都必须在国家宪法和法律的范围内活动，都不能有超越法律之外的特权。执法必严要求拥有执法权的国家安全部门及其工作人员的行为，必须有法律根据，不得超出法律规定的范围。同时，国家安全机关上下级之间、主管部门和下属单位之间要相互尊重已被法律规定的权限划分或者权利义务的界限，既要防止和反对在执法活动中可能出现的专横和对权力与职位的滥用，又要防止和反对主观主义、命令主义、官僚主义。尤其重要的是，执法必严原则要求国家安全机关要严格尊重广大公民的合法权益不受侵犯，必须在国家法律允许的限度以内行使自己的职权，不允许滥用职权损害公民的权利和合法利益。违法必究表明，在国家安全工作中，任何人，不管地位多高、功劳多大，都没有违法、犯法的特权；任何人因其违法犯罪行为都应依法承担应有的法律责任。

2. 公正司法

确保司法公正高效权威，是党的十八大以来司法体制改革的重要方向。党的十九届四中全会明确提出健全社会公平正义法治保障制度，强调确保司法公正高效权威，努力让人民群众在每一个司法案件中感受到公平正义。贯彻落实党中央这一决策部署，需要准确把握当前国家安全司法工作重点和人民群众需求，全面落实司法责任制，推进审判体系和审判能力现代化。

司法部门及其工作人员办理涉及国家安全案件时应坚持和体现公平和正义的原则。作为重要的安全治理主体之一，人民法院和人民检察院根据《国家安全法》第41条的规定，依照法律规定行使审判权，依照法律规定行使检察权，惩治危害国家安全的犯罪，即人民法院和人民检察院对危害国家安全案件应当依照法律规定独立、公正行使审判权和检察权。凡是涉及国家安全的案件都关乎国家利益和公共利益，也关系到嫌疑人的重大关切，如政治权利，甚至生命，因此，司法部门及其工作人员在办理涉及国家安全的案件时，一定要在事实清楚、证据确凿、适用法律准确的基础上，既要维护国家安全，又要维护当事人在正义的基础上拥有的正当权利。

3. 全民守法

全民守法是新时代建设社会主义法治国家的必然要求。新时代建设社会主义法治国家是一项复杂的系统工程，需要党和政府的积极引领，需要全社会的共同努力，更需要全民守法意识的切实增强。只有大力推进全民守法，努力让尊崇法治成为广大群众发自内心的神圣信仰和自觉要求，内化于心，外化于行，主动依法规范自身行为，才能在新时代建成社会主义法治国家。"再好的法律，民众不能遵守，也不能实现法治"，亚里士多德的这句名言说出了全民守法的重要性。为此，全面推进依法治国，必须坚持全民守法。全民守法，就是任何组织或者个人都必须在宪法和法律范围内活动，任何公民、社会组织和国家机关都要以宪法和法律为行为准则，依照宪法和法律行使权利或权力、履行义务或职责。要深入开展法治宣传教育，在全社会弘扬社会主义法治精神，传播法律知识，培养法律意识，在全社会形成宪法至上、守法光荣的良好氛围，使尊法守法成为全体人民的共同追求和自觉行动。

为了维护国家安全，任何组织和个人都有义务遵守国家安全法律，以及法令、条例、决议、命令和地方性法规，以夯实国家安全治理工作的群众基础和法律基础。党的十八届四中全会第一次在法治建设中将守法提高到与立法、执法、司法同等重要的地位，弥补了依法治国建设中的"木桶短板"。《国家安全法》把每年 4 月 15 日定为全民"国家安全教育日"。在国家安全法治建设中，全民守法具有重要意义。首先，领导干部守法是全民守法的关键。2013 年 1 月 22 日，习近平总书记在党的十八届中央纪律检查委员会第二次全体会议上指出："各级领导干部都要牢记，任何人都没有法律之外的绝对权力，任何人行使权力都必须为人民服务、对人民负责并自觉接受人民监督。"2021 年，习近平总书记在《坚定不移走中国特色社会主义法治道路　为全面建设社会主义现代化国家提供有力法治保障》中指出："领导干部具体行使党的执政权和国家立法权、行政权、监察权、司法权，是全面依法治国的关键。"① 因此，在国家安全执法过程中领导干部不认真守法，不但会损害公民的合法权利，更会损害国家安全法治，使法有例外现象泛滥。其次，公民个人守法是全民守法的基础。习近平总书记指出："我们要通过不懈努力，在全社会牢固树立宪法和法律的权威，让广大人民群众充分相信法律、自觉运用法律，使广大人民群众认识到宪法不仅是全体公民必须遵循的行为规范，而且是保障公民权利的法律武器。"② 由此可见，强调公民守法，不但在于要求公民有义务遵守有关国家安全的法律，更在于鼓励公民利用法律保护自己的权利，增强对国家安全机关特别是领导干部的法律监督。

第四节　坚持依法推进国家安全法治监督

一、国家安全法治监督概述

中国特色社会主义法治监督体系是在中国特色社会主义法治理论的指导

---

① 习近平：《坚定不移走中国特色社会主义法治道路　为全面建设社会主义现代化国家提供有力法治保障》，载人民网，2020 年 11 月 18 日，http：//politics. people. com. cn/n1/2020/1118/c1024 - 31934512. html。

② 2012 年 12 月 4 日习近平总书记在首都各界纪念现行宪法公布施行三十周年大会上的讲话。

下，对中国特色社会主义法律体系实施进行的监督，是法治监督的制度化和系统化。严密的法治监督体系是中国特色社会主义法治道路的重要保障，既包括党和国家机关的权力监督，又包括群众监督和舆论监督；既包括依据宪法和法律进行的监督，又包括依据党内法规进行的监督，是整合了监察委员会、党内监督、国家机关监督、民主监督、群众监督等诸多监督方式的监督体系。法治监督体系在本质上是以法治的方式对党和国家权力进行监督，对权力的产生、行使和责任追究全过程的法治化监督，是对依法治国、依法执政、依法行政的监督和保障。在中国特色社会主义法治公平正义的价值基础上，集中统一、权威高效是中国特色社会主义法治监督体系的制度原则。因此，立法、执法和守法从纵向上构成了法治的全部内容，法治监督则渗透在这三个环节中。法治监督是国家机关、社会组织和公民对各种法律活动的合法性所进行的监察和督导，其目的在于保证法律在现实生活中统一正确地贯彻实施。其主要特点为：一是法治监督不仅仅是国家行为，也是社会行为，其监督主体包括国家机关、社会团体组织和全体公民；二是法治监督的内容是立法、执法活动，监督的对象是立法机关、执法机关及其工作人员；三是法治监督的目的是保证法治活动在现实生活中得到统一与正确的贯彻实施。

《中共中央关于全面推进依法治国若干重大问题的决定》提出，要重点构建"严密的法治监督体系"，强调要健全宪法监督，明确立法边界及民主立法，保障人民群众参与司法，以强化对行政权力的制约和监督；要加强党内监督、人大监督、民主监督、行政监督、司法监督、社会监督、舆论监督制度建设，形成科学有效的权力运行制度和监督体系，增强监督实效。党的十八届六中全会是全面从严治党的再动员、再出发，国家监察体制改革试点是落实全会精神的重大举措。可以说，法治监督体系建设是一个重大的时代命题和系统工程，既需要完善现有的监督体系，又需要探索法律监督的新途径、新方法。加强法治监督体系的理论研究与实践对加快法治中国建设具有重要的理论价值与实践意义。国家安全法律监督是国家机关、社会组织和公民对国家安全法治活动的合法性所进行的监察和督导，其目的在于保证国家安全法治活动得到统一、正确的贯彻实施。

在我国，法治监督体系是一个以宪法监督为核心的，统率执法监督体系、司法监督体系和社会监督体系等子体系所构成的严密的、完整的、动态的监督体系，这些子体系可归入国家监督体系、社会监督体系和执政党的权力监督体系三个范畴。其中，国家监督包括国家权力机关监督、国家监察机关监督和国家司法机关监督。执政党是一个国家的掌舵者，法治监督需要执政党的领导。由国家机关以外的社会组织或公民为主体进行的监督则被称为社会监督，如民主党派和社会团体的监督、社会舆论监督、群众监督等。社会监督的主体较广，民主性监督是国家监督的重要来源和补充。

二、国家监督

（一）国家权力机关监督——对国家安全立法以及法律实施进行监督

人民代表大会是中华人民共和国的国家权力机关，全国人民代表大会享有最高立法权、最高决定权、最高任免权以及最高监督权。其中，最高监督权是指全国人民代表大会监督宪法和法律的实施，监督"一府一委两院"等国家机关的职权，其中涵盖国家安全法治监督。人民代表大会制度是中国的根本政治制度，是中国人民民主专政政权的组织形式，是社会主义上层建筑的重要组成部分。我国《宪法》规定："中华人民共和国的一切权力属于人民。人民行使国家权力的机关是全国人民代表大会和地方各级人民代表大会。"人民代表大会的权力来源于人民，肩负着表达和实现民意的重要使命。人民代表大会行使监督权是对接受委托和授权的部门实施必要的监督，以保障国家权力不被滥用。人民代表大会对国家安全法治的监督主要有以下形式。第一，听取和审议国家安全机关的工作报告。国家安全机关应当每年将本年度工作报告报送同级政府，由政府在人民代表大会会议上向人民代表大会汇报。第二，质询和询问。质询是由人民代表大会及其常务委员会对政府、司法部门的工作提出质问，质询由主席团决定采取，受质询机关书面答复，或者受质询机关领导人在主席团会议或专门委员会会议上口头答复；询问，则是由被询问机关负责人或负责人员回答询问。对于涉及重大国家秘密事项的质询和询问应当注意保密。第三，视察、监察和调查。即人民代表大会及人民代表可以对国家安全执法的相关内容进行视察或者专门的检查调查。第四，受理对于国家安全机关及其工作人员的申诉、控告以及检举。申诉权、控告权以及检举权是宪法赋予公民的基本权利，公民、组织认为国家安全机关的执法活动侵犯了其合法权益的，可以向人民代表大会及其常务委员会进行申诉、控告以及检举。第五，改变或者撤销国家安全机关发布的违法或不当的法律规范性文件、决定以及命令。根据我国《宪法》和《立法法》的规定，各级人民代表大会及其常务委员会有权撤销同级人大常务委员会、政府行政部门和司法部门的违法或不当的法律规范性文件、决定以及命令。

（二）国家监察机关监督——对国家安全法治实施主体及其公职人员行使行政权力的行为进行监督

社会主义新时代，国家监察体制改革进入深水区，开启了监察监督的崭新篇章。与此同时，随着时代的飞速发展，政府在经济社会中的重要作用也越来越明显，作为"有形"的手，政府在社会主义市场经济中大有可为。此外，政府还具有管理与服务社会的职能，关系着广大人民群众的切身利益。在此情况下，深刻转变政府职能，努力建设法治国家、建设法治政府变得极其重要，而为了保证法治国家、法治政府的建设不走样、不变质、不偏移，就需要加强监察监督，监督好政府及其公职人员，规范公权力的行使，加快建设社会主义法治国家，更好地服务法治政府建设。

2017 年 10 月 18 日，党的十九大的召开昭示中国特色社会主义建设进入新时代。党的十九大提出要构建集中统一、权威高效的国家监察体系，深化党中央机构改革，在众多改革方案中，组建国家监察委员会位列第一，形成以党内监督为主、其他监督相贯通的监察合力。2018 年 3 月 11 日，十三届全国人大一次会议通过宪法修正案，以国家根本大法的形式正式确立国家监察体制，国家监察体制改革于宪有据，同时不再保留国务院监察部、国家预防腐败局，二者均被并入新成立的国家监察委员会。3 月 20 日，颁布《中华人民共和国监察法》（以下简称《监察法》），相关制度配套逐步跟进，我国的监察监督体制机制真正迈上了一个新的台阶，有了新的发展。

各级监察委员会是行使国家监察职能的专责机关，依照《监察法》对所有行使公权力的公职人员（以下称公职人员）进行监察，调查职务违法和职务犯罪，开展廉政建设和反腐败工作，维护宪法和法律的尊严。监察委员会依照法律规定独立行使监察权，不受行政机关、社会团体和个人的干涉。监察机关办理职务违法和职务犯罪案件，应当与审判机关、检察机关、执法部门互相配合，互相制约。监察机关在工作中需要协助的，有关机关和单位应当根据监察机关的要求依法予以协助。国家安全机关同样处于监察委员会的监察职责范围之内。监察委员会依照《监察法》和有关法律规定对国家安全机关及其工作人员履行监督、调查、处置职责。首先，对公职人员开展廉政教育，对其依法履职、秉公用权、廉洁从政从业及道德操守情况进行监督检查。其次，对涉嫌贪污贿赂、滥用职权、玩忽职守、权力"寻租"、利益输送、徇私舞弊及浪费国家资财等职务违法和职务犯罪进行调查。最后，对违法的公职人员依法作出政务处分决定；对履行职责不力、失职失责的领导人员进行问责；对涉嫌职务犯罪的，将调查结果移送人民检察院依法审查、提起公诉，向监察对象所在单位提出监察建议。

（三）国家司法机关监督——国家安全法治审判监督和检察监督

司法权作为重要的国家权力，健全其运行机制直接影响公平正义的实现。

在深化司法体制改革的过程中，保障司法权力的依法运行是改革重点，监督机制的建立和健全必不可少。我国的司法机关就是人民法院和人民检察院。人民法院是我国唯一的审判机关，人民法院行使的监督权即为审判监督。人民检察院是我国的法律监督机关，其监督则为检察监督。

根据我国的法律规定，国家安全法治审判监督主要是指对国家安全机关行政执法活动的监督，它主要表现为：第一，人民法院是对国家安全机关行政执法活动进行审判监督的主体。人民法院作为国家审判机关依法独立行使审判权。第二，审判监督的对象是国家安全机关及其工作人员的行政执法行为。第三，审判监督的核心是"对具体行政行为是否合法进行审查"。合法性审查包括对具体行政行为适用的法律依据是否合法、据以作出行政行为的具体事实的认定是否合法两个方面。第四，审判监督的具体方式是行政诉讼。

检察监督是人民检察院对国家安全机关及其工作人员执法活动的合法性和刑事犯罪活动进行的监督。具体的监督内容主要包括：人民检察院对国家安全机关工作人员利用职权实施的非法拘禁、刑讯逼供、非法搜查等侵犯公民权利、损害司法公正的犯罪案件进行立案侦查，对国家安全机关办理的危害国家安全犯罪进行审查起诉。

三、党政监督

党政监督是指政党组织对行政机关的工作实施的监察与督导。党政监督包括执政党监督、参政党监督等，其中执政党监督占有非常重要的地位。中国共产党领导是中国特色社会主义法治道路的核心要义，是全面推进依法治国的根本保证。中国共产党是建设社会主义法治体系的领导者，构建严密的法治监督体系离不开党的领导。但是，在建设"法治中国"的时代语境下，执政党的行为也应被纳入法治的规范领域，执政党权力监督体系也应被纳入社会主义法治监督体系的建设当中。中国的政党之间的情况与西方国家不同，西方国家政党产生时间较早，政党政治比较成熟，各个政党在宪法规定的国家权力体制内展开竞争，任何政党都可能成为执政党，对执政党权力的监督制约主要来自党外政治力量。而中国共产党作为当代中国唯一合法执政党，其权力监督主要来自党内。当前，在进一步加强党内监督的同时，建立健全党内和党外政治力量共同构成的执政党权力监督体系，既关系到执政党的执政地位和生死存亡，也事关"法治中国"建设的成败。因此，必须在完善和发展中国特色政党体制的同时，改革并创新执政党权力监督的体制机制，整合对执政党权力进行监督的现有政治资源，建立行之有效的执政党权力监督体系。

人们经常谈论的"党权与国权"，实质就是"党的领导权"和"国家权力"两种权力。从两种权力的性质上看，党的领导权属于执政党的权力范畴，不属于国家权力的范畴。但是宪法赋予执政党对国家的领导权是相当广泛的，涵盖了国家权力机关、行政机关、司法机关、军队等一切单位和部门，"党政军民学，东西南北中，党是领导一切的"。任何国家机关、社会部门和群众团体，都必须自觉接受和无条件服从党的领导。基于此，我们党的监督对象当然也包括国家安全机关的领导干部。

四、社会监督

社会监督是由除国家机关和执政党以外的其他社会主体，如各民主党派、社会团体和人民群众等，对执政党和国家机关及其工作人员的行为进行的监督活动。它主要包括群众监督、舆论监督等，这种类型的监督是以权利制约权力，区别于上述国家监督和执政党监督，该两类监督是以权力制约权力。

（一）舆论监督

舆论监督，全称为社会舆论监督，是我国监督体系中社会监督的一种，其实质是公众的监督。舆论监督作为公民宪法权利监督权的体现和常见形式，是社会公众运用各种传播媒介对社会运行过程中出现的现象表达信念、意见和态度的活动。舆论则是公众对特定话题所反映的多数意见之集合，是一种社会评价和社会心理的集中体现。舆论监督常与新闻媒体联系在一起，但其本身并不能直接与新闻媒体画等号，因为新闻不一定是舆论，新闻媒体只是传播意见进而形成舆论的工具，总之，新闻媒体的监督只是舆论监督的一种，而非全部，舆论只是借助于传播工具实现其监督的目的。在我国，舆论监督也是党和人民通过新闻媒介对社会进行监督的一种方式。舆论监督虽不具有国家强制力，但仍然具有道德等方面的约束力。当分散的、个别的议论引起人们普遍关注，经过传播而集合成社会舆论时，便代表着多数人的意志，影响着人们的思想和行动，对社会生产、生活也产生着重要的影响。舆论监督的载体多样，包括报纸、杂志、广播、电视、互联网等；舆论监督的形式多种多样，包括电话访谈、记者采访、实况报道、专家评论、公众留言等。这使得舆论监督的传播覆盖面大、传播速度快、影响范围广、可信度较高、社会反响强烈。与其他社会监督方式相比，舆论监督具有便捷、经济的独特优势。就国家安全法治监督而言，舆论监督对国家安全相关机关及其工作人员的监督主要表现为新闻报道的形式。

（二）群众监督

群众监督主要是我国公民利用宪法赋予的监督权，对执政党和国家机关及其工作人员进行监督，是人民主权原则、基本人权原则和法治原则的体现。我国《宪法》规定"中华人民共和国的一切权力属于人民""人民依照法律规定，通过各种途径和形式，管理国家事务，管理经济和文化事业，管理社会事务"，具体方式涉及言论、出版、批评、建议、申述、控告、检举等。群众监督的实施机制包括信访制度、举报制度、社会调查制度、巡视制度、申述制度、政治协商对话制度、意见征询制度、领导接待制度等。这些途径既是维护自己合法权益的方式，又实现了监督。群众监督的广泛程度和实际效果的提高，有利于我国民主和法治的进一步健全，以及国家安全法治监督体系的进一步完善，有利于全民国家安全法治意识，特别是国家安全机关及其工作人员法治意识的增强。

第五节　坚持依法完善国家安全党内法规体系

一、构建国家安全党内法规体系

党内法规是党的中央组织、中央纪律检查委员会，以及党中央工作机关和省、自治区、直辖市党委制定的体现党的统一意志、规范党的领导和党的建设活动、依靠党的纪律保证实施的专门规章制度。中国共产党领导是中国特色社会主义最本质的特征，是中国特色社会主义制度的最大优势，党内法规属于极具中国特色的制度形态，在党治国理政的实践中扮演着极其重要的角色，完全有别于西方政党制度。《中共中央关于全面推进依法治国若干重大问题的决定》将"形成完善的党内法规体系"作为全面推进依法治国总目标的重要内容，指出"党内法规既是管党治党的重要依据，也是建设社会主义法治国家的有力保障"。国家安全党内法规是中国特色国家安全法治体系的重要组成部分，加强国家安全党内法规制度建设，不断完善国家安全党内法规体系，既是全面从严治党、依规治党的必然要求，也是全面推进国家安全法治建设的应有之义。国家安全党内法规制度作为中国特色社会主义制度中的重要制度和国家治理体系中的重要组成部分，在完善党的领导制度，提高党的科学执政、民主执政、依法执政水平，保障全面依法治国有序推进，实现国家治理现代化等方面具有独特的作用。

党的十八大以来，党内法规体系建设中的诸多规定涉及维护国家安全的内容，例如：（1）2015年10月，中共中央办公厅颁布《党委（党组）意识形态工作责任制实施办法》；（2）2016年12月9日，中共中央政治局审议通过

《关于加强国家安全工作的意见》；（3）2018 年 4 月 17 日，中央国家安全委员会第一次会议审议通过了《党委（党组）国家安全责任制规定》。此外，一些党内法规的部分内容与维护国家安全息息相关，如《中国共产党政法工作条例》第 6 条规定政法工作应遵循的原则之一是："坚持总体国家安全观，维护国家主权、安全、发展利益"；第 10 条规定，县级以上地方党委应当对本地区政法工作中的多个事项落实领导责任，其中包括"统筹政法工作中事关维护国家安全特别是以政权安全、制度安全为核心的政治安全重要事项"。《干部教育培训工作条例》第 20 条规定："开展总体国家安全观教育，增强干部国家安全意识，提高统筹发展和安全能力。"

随着总体国家安全观的提出以及国家安全法治建设的推进，统筹推进国家安全党内法规制度体系建设的要求更加现实而紧迫地摆在我们党面前。如何保证党内法规制度各行其道、各司其职，如何保证数量众多的党内法规与新出台的国家安全党内法规协调一致、形成合力，如何保证国家安全党内法规制定工作在加速推进中做到忙而不乱、有条不紊，如何保证涉及党的领导和党的建设各方面工作的国家安全党内法规制度有机统一，如何保证广大党员干部准确知规学规、守规用规，都是现实而紧迫的问题。国家安全党内法规体系化，不仅是国家安全党内法规制度建设完备程度的基本标志，也是提升管党治党能力和水平、增强党依法执政本领的迫切要求。构建国家安全党内法规体系，事关党长期执政和国家长治久安，具有重大而深远的意义。

二、完善国家安全党内法规体系

首先，要健全党内法规的基础主干。中国共产党作为中国各项事务的领导者，其内部法规对国家影响甚大，必须高度重视党内法规制度基础主干的建设。虽然目前党内法规的基础主干的大部分已被制定出来，但仍然存在不够完善之处，有的基础主干尚未制定，有的因存在缺陷或滞后而亟须修改完善，这就需要我们继续加强党内法规制定工作，着眼于基本框架的完善，进一步健全党内法规的基础主干。第一，在党的思想建设领域，通过党内法规实现党的思想教育工作的规范化、制度化，为党的理论创新和理论自信提供法治保障。第二，在党的作风建设领域继续完善党员领导干部住房、办公用房、用车、工作人员配备、医疗休假休息等方面的党内法规，为推动党的作风转变提供有力法纪保障。第三，在反腐倡廉建设领域，要将纪律检查机关案件办理、处理党员申诉工作等尽快纳入党内法规范畴，为"不敢腐、不能腐、不想腐"的反腐倡廉机制的形成提供法纪根基。第四，在党的民主集中制建设领域，要将党委决策程序、党务公开、党委督促检查工作等相关内容及时纳入党内法规范畴，进一步健全党员权利保障、基层组织选举等工作的规定，以形成完善的党内民主制度体系，推进党内民主建设的规范化、制度化、常态化。

其次，要制定配套完备的国家安全党内法规，与党内法规的基础主干相配套。第一，明确配套国家安全党内法规制定工作的总体要求和具体安排，以保证国家安全配套党内法规制定工作的及时、规范、有序开展。第二，梳理现有党内法规的基础主干，根据具体情况及时开展相关国家安全配套党内法规的制定或修改工作，以保证党内法规的基础主干配有完备的国家安全党内法规实施办法和实施细则。第三，通过执法检查和党内法规实施后评估等方式，对党内法规实施的情况进行检查或评估，及时开展相应的制定或修改工作，以保证相关配套国家安全党内法规与时俱进。

最后，要健全国家安全党内法规工作配套机制。国家安全党内法规制度建设是一项系统工程，覆盖规划计划、起草审核、解释评估、备案清理、理论研究、贯彻执行等整个工作链条。在完善国家安全党内法规体系的过程中，必须要坚持法治统一原则，确保各项法规之间的协调统一。第一，建立健全国家安全党内法规的统筹规划机制。为了保证国家安全党内法规的协调统一，首要的就是建立健全国家安全党内法规的统筹规划机制，加强对国家安全党内法规制定工作的统筹规划，明确国家安全党内法规制定工作的长期规划目标和短期规划目标，并据此制定详细的国家安全党内法规制定规划，拟订年度计划，分解任务目标，并采取有力措施督促各项规划任务的落实，以保证整个国家安全党内法规制定工作规划有计划、有步骤地实施。第二，建立健全国家安全党内法规的审议审核机制。国家安全党内法规制定部门应借鉴国家立法的有益经验，建立国家安全党内法规的"三读"审议审核程序机制，分阶段、分目标地落实审议审核任务。"一读"是将国家安全党内法规草案在国家安全党内法规制定部门首次公开并宣读其标题和要点，交有关部门审查。"二读"是对有关部门审查后的国家安全党内法规草案的内容展开充分辩论，然后重交有关部门研究和修订。"三读"是对国家安全党内法规草案进行文字辩论，并提交正式表决。这有利于提高党内法规的审议审核水平，保证国家安全党内法规的水平和质量。第三，建立健全国家安全党内法规的备案审查机制。在当前党内法规制定主体多元的情况下，建立健全国家安全党内法规备案审查机制，是保证国家安全党内法规体系统一的重要途径。当前，虽然我们已经初步建立了党内法规备案审查机制，但还不够健全。可以设立专门的国家安全党内法规备案审查机构，配备专门的工作人员，使其专门承担国家安全党内法规的备案审查工作，保证国家安全党内法规备案审查工作开展的常态化。

第五章　国家安全工作研究

在党的十九大报告中，习近平总书记将"坚持总体国家安全观"列为新时代坚持和发展中国特色社会主义的 14 条基本方略之一。自总体国家安全观提出以来，国家安全工作正经历着一场重大而深刻的变革，总体国家安全观的内涵也越来越明确，"国家安全的内涵与外延比历史上任何时候都要丰富，时空领域比历史上任何时候都要宽广，内外因素比历史上任何时候都要复杂"。因此，厘清国家安全的基本理论和国家安全工作的基本思想，加快各领域国家安全工作建设，更好地贯彻落实总体国家安全观是当务之急。[1] 在十九届中央政治局第二十六次集体学习中，习近平总书记讲话强调"把国家安全贯穿到党和国家工作各方面全过程，同经济社会发展一起谋划、一起部署，坚持系统思维，构建大安全格局"[2]。习近平总书记这一重要论述，明确了新时代国家安全工作的科学方法论，开创了中国特色国家安全工作的新局面。

第一节　国家安全工作概述

国家安全工作，就是维护国家安全，维护人民民主专政和社会主义制度稳定，保障改革开放和社会主义现代化建设顺利进行的工作。在总体国家安全观提出前，国家安全的主体是传统意义上的国家安全。但是，总体国家安全观提出后，国家安全的内涵发生了重要变化，拓展到经济安全、文化安全、社会安全、科技安全、信息安全、生态安全、资源安全等非传统安全领域，国家安全工作也随之有了新的改革方向。

---

① 高金虎：《加强和改进国家安全工作——学习习近平总书记总体国家安全观》，载《保密工作》2019 年第 4 期，第 13 - 15 页。

② 《构建大安全格局牢记习近平这 10 点要求》，载央视网，2020 年 12 月 14 日，http：//news. china. com. cn/2020 - 12/14/content_77010711. htm。

一、国家安全工作内容的拓展

国家安全内涵随着国家安全观、国家安全工作的不断发展变化，经历了从狭义概念向广义概念的演变过程。通常各国都把在隐蔽领域专司维护国家安全职责的国际情报机构、反间谍机构等统称为国家安全部门或国家安全机构。而由各国国家安全部门或机构所维护的国家政权、国家秘密和国家的基本政治制度、经济制度等不受侵犯和威胁这一意义上的国家安全即被称为狭义的国家安全。① 简言之，狭义的国家安全是指一个国家的情报和反间谍机构所维护的国家安全，或在"隐蔽战线"上维护的国家安全。广义上的国家安全是指一国有关机构在公开领域和"公开战线"开展的维护国家安全的各种活动和状态。安全要素的多样性决定了"国家安全"的概念是广泛的。政治、经济、军事、科技、文化等都是影响国家安全的因素。因此，广义的国家安全就是包括所有这些因素的国家安全。

由于历史上的国家形态是发展变化的，因而人们不仅对国家安全的认识是不断发展变化的，对国家安全所包括的内容及其在国家中的地位和作用的认识也是不断发展的。从"国家安全"一词的发展脉络来看，国家形成时期就已经将国民安全、经济安全、领土安全、主权安全、政治安全、军事安全等纳入国家安全的内涵中，这也是国家安全的"源生"内容。随着社会历史的发展，又出现了国家安全的"派生"内容——文化安全、科技安全、生态安全、信息安全，以及政治安全中的意识形态安全等。② 这些方方面面涉及国家安全领域的工作，并不是由国家安全部门一力承担的，因此，从总体上布局国家安全工作是十分必要的。

二、国家安全工作的指导原则

（一）根本原则——坚持党对国家安全工作的绝对领导

坚持中国共产党对我国国家安全工作的绝对领导，不但是国家安全工作的需要，也是其必须遵循的根本原则。③ 在国家安全工作中，只有坚持党的绝对领导，并真正充分发挥出党的领导优势，国家安全工作才能够取得进步和成

---

① 赵修华、陈丙纯：《"国家安全"理论研究现状评析——基于〈江南社会学院学报〉1999—2013 年数据》，载《现代国际关系》2014 年第 4 期，第 47—55、62 页。

② 刘跃进：《论国家安全的基本含义及其产生和发展》，载《华北电力大学学报（社会科学版）》2001 年第 4 期，第 62—65 页。

③ 生忠军：《总体国家安全观：形成背景、基本原则和重要任务》，载《中共福建省委党校学报》2019 年第 1 期，第 17—23 页。

就，国家安全才能够真正得到保证。步入新时代，我国安全和发展环境复杂多变，风险因素明显增多，维护国家安全的任务愈加繁重艰巨。面对当前的新形势、新任务，深入学习并贯彻总体国家安全观，坚持党的绝对领导就成为国家安全工作的根本原则。① 习近平总书记强调，努力打造一支"坚定纯良、让党放心、甘于奉献、能拼善赢"的国家安全干部队伍，这 16 个字已成为国家安全部门工作的指导方针。

坚持党的绝对领导，是国家安全工作必须始终坚持的根本原则。国家安全涵盖领域十分广泛，在党和国家工作全局中的重要性日益凸显。党的十八大以来，以习近平同志为核心的党中央高度重视国家安全工作，成立国家安全委员会，提出总体国家安全观，加强国家安全顶层设计，明确国家安全战略方针和总体部署，建立健全集中统一、高效权威的国家安全体制，加强对国家安全工作的集中统一领导，开创了国家安全工作新局面，人民群众的安全感、幸福感明显增强。②

坚持党对国家安全工作的绝对领导，这一原则并不是空洞的、抽象的，而是具体的、实在的，体现和落实在各方面、各环节，在任何时候任何情况下都以党的旗帜为旗帜、以党的方向为方向、以党的意志为意志。③国家安全工作要坚持系统思维，构建大安全格局，落实习近平总书记提出的贯彻总体国家安全观的十点要求，首先就是要坚持党对国家安全工作的绝对领导，坚持党中央对国家安全工作的集中统一领导，加强统筹协调，把党的领导贯穿到国家安全工作各方面、全过程中，推动各级党委（党组）把国家安全责任制落到实处，充分发挥中央国家安全委员会协调国家安全事务的作用，确保国家安全方针政策的贯彻落实，努力提高把握全局、谋划发展的战略能力，增强驾驭风险、应对挑战的能力。

（二）指导思想——全面践行总体国家安全观

习近平总书记运筹帷幄，综合当今世界发展的深刻变化和民族复兴大业，对国家安全予以系统考察，提出总体国家安全观，是指导国家安全工作的战略方针。在新的历史条件下，做好国家安全工作必须以总体国家安全观为指导。

1. 总体国家安全观为新时代国家安全工作指明了方向

鉴于我国当前所处的发展阶段和国内外面临的现实安全问题，习近平同志

---

① 栗战书等：《总体国家安全观干部读本》，人民出版社 2016 年版，第 39 - 40 页。

② 全国干部培训教材委员会：《全面践行总体国家安全观》，人民出版社、党建读物出版社 2019 年版，第 135 页。

③ 《习近平：全面贯彻落实总体国家安全观开创新时代国家安全工作新局面》，载人民网，2018 年 4 月 18 日，http://jhsjk. People. cn/article/29932761。

以政治家的大智慧、大胸怀、大气魄，准确研析世界大势，精准把握国际国内形势发展变化，作出了深刻判断，科学回答了新形势下判断国家安全环境、做好国家安全工作等重大问题。同时，习近平总书记强调统筹构建集多种安全于一体的国家安全体系，对国家安全工作提出了新的要求。在新的历史时期，做好国家安全工作，必须统筹国际和国内两个发展大局，对内实现中华民族伟大复兴中国梦和"两个一百年"奋斗目标，对外为我国改革发展稳定创造良好的外部条件。新时代贯彻落实总体国家安全观，国家安全工作的基本思路是各地区、各部门密切配合、通力合作，力争形成维护国家安全和社会安定的强大合力。

2. 总体国家安全观为维护和塑造国家安全提供了理论指南

在新的历史条件下，总体国家安全观提出走中国特色的国家安全道路，既充分适应世界发展变革的新形势，又立足于基本国情。[①] 一方面，我们应该制订总体计划，加强战略思维和辩证思维，并严格防范各种安全风险，确保不存在系统性风险，没有安全问题，没有颠覆性的错误；另一方面，我们应该跟上国际形势，不断适应新形势和新变化，并积极塑造一个良好的国内外安全环境。随着改革开放的全面深化，国家海外利益的广度和深度不断扩大，海外公民、法人和海外资产安全问题日益突出，面临的安全风险不断增加。总体国家安全观为构建国家海外利益保护体系，构建维护海外利益的综合保障网络，维护海外公民、组织机构的利益提供了有力的理论支撑。

（三）行动指南——依法开展国家安全工作

依法维护国家安全，是全面依法治国的组成部分。新中国成立后的法治建设，为维护国家安全发挥了重要作用；改革开放后，国家安全法治建设长足发展，国家安全法律法规也日臻完善。面对新形势、新任务，要善于运用法治思维和法治方式开展国家安全工作，全力推进中国特色国家安全法律制度体系建设，全面提升国家安全工作的法治化水平。[②]《国家安全法》专设一章规定了各部门、各地方维护国家安全的职责，实行统分结合、协调高效的国家安全体系和工作机制。近年来，我国陆续颁布了一系列国家安全重点领域专项立法，明确了维护国家安全的职责和权限。为了增强全民的国家安全意识，《国家安全法》规定了全民维护和保护国家安全的义务，以及公民和组织履行维护国家安全的具体义务，进一步为加强国家安全法治建设指明了方向。

---

① 林伟：《新时代总体国家安全观研究》，长春理工大学 2019 年学位论文，第 14 页。
② 全国干部培训教材编审指导委员会：《全面践行总体国家安全观》，人民出版社、党建读物出版社 2019 年版，第 119 页。

（四）核心目标——维护和塑造国家安全

习近平总书记在十九届中央国家安全委员会第一次会议上强调，"坚持维护和塑造国家安全，塑造是更高层次更具前瞻性的维护，要发挥负责任大国作用，同世界各国一道，推动构建人类命运共同体"。[1]

国家安全工作的核心目标是主动塑造好内外安全环境。塑造安全环境是一个更高层次的对国家安全的维护。近年来，我国综合国力不断增强，逐渐走到了世界舞台中央，国家安全工作应当适应新形势变化，奋发有为、主动塑造，牢牢掌握国际环境主动权。这一目标对国家安全工作提出了全新要求：一是善于观大势，加强对国家安全形势的跟踪研判，力求在变局中把握规律，在乱象中趋利避害，在斗争中争取主动；二是加强战略谋划，坚持以全球思维谋篇布局，塑造有利的战略态势；三是开拓进取、勇于担当，积极向国际社会发出属于中国的独特声音，坚决维护国家主权、安全和发展利益；四是发挥大国的引导作用，与世界各国一同推动构建人类命运共同体。[2]

多年来，习近平总书记多次强调要"以促进国际安全为依托"，并在一系列多边论坛中阐述中国的安全观、全球治理观等思想理念。中国提出的总体国家安全观摒弃了"零和"思维、"冷战"思维，树立了共同、综合、合作、可持续安全的新观念，无疑为实现世界的持久稳定和永续发展指明了方向——共享正义尊严、共享发展成果、共享安全保障，共同构建普遍安全的人类命运共同体。[3]

三、国家安全工作的重要任务

根据维护国家安全的重要性，国家安全任务应当涉及中国特色社会主义建设"五位一体"总体布局的方方面面，涉及国家核心利益和国家重大利益的事项也都应当纳入国家安全范畴。我国国家安全工作的重要任务主要分为国内和国际两个方面。

（一）国内层面——发扬斗争精神，防范化解重大风险

1. 洞察风险，提高斗争敏锐性

习近平总书记强调，领导干部要有草摇叶响知鹿过、松风一起知虎来、一

---

[1] 《习近平：全面贯彻落实总体国家安全观开创新时代国家安全工作新局面》，载新华网，2018年4月17日，http://www.xinhuanet.com/politics/2018-04/17/c_1122697734.htm。

[2] 全国干部培训教材编审指导委员会：《全面践行总体国家安全观》，人民出版社、党建读物出版社2019年版，第35页。

[3] 刘丁瑜：《习近平总体国家安全观研究》，华东政法大学2016年学位论文，第20页。

叶易色而知天下秋的见微知著能力，对潜在的风险有科学预判，知道风险在哪里，表现形式是什么，发展趋势会怎样，该斗争的就要斗争。要增强风险意识，善于洞察形势发展走势和隐藏其中的风险挑战，掌握风险发生演变规律[①]。首先，必须善于发现各种风险。国家安全工作必须着力培养识别风险的能力，深入分析和把握政治、思想、社会、经济、科技、对外工作、党的自身建设等八大风险。其次，科学研究和判断风险的发展趋势，正视多种"效应"的产生及变化趋势。

2. 防控风险，增强斗争主动性

国家安全工作要增强斗争主动性，以防控风险为上策。风险防控要注意以下几点：一是增强"早防"。根据早期预防原则，化解无形风险，防止小风险发展为大风险，局部风险扩散为系统风险，经济社会风险转化为政治安全风险。二是增强"严防"。坚决消除一切影响国家政治安全和社会稳定的重大隐患。三是加强"技防"。要加快智能化发展，增强现代科学技术应用能力，构建全时间、全空间、全过程、全环节、全要素的智能防控体系，做到及时发现风险征兆，科学判断风险趋势，准确开展风险防范。四是增强"联防"。加强统筹和区域合作，整合各方面力量，科学布局兵力，发挥关键作用，控制增量，防止变数，增强系统性、完整性，统筹防范化解风险，坚决遏制各种矛盾风险交织。[②]

3. 化解风险，提高斗争实效性

习近平总书记强调："在各种重大斗争中，我们要坚持增强忧患意识和保持战略定力相统一，坚持战略判断与战术决断相统一，坚持斗争过程和斗争实效相统一。"要把坚定的政治立场、正确的政策策略和科学的方法手段结合起来，统筹战术战法，精准发起斗争攻势，确保各类风险得到有效化解。

第一，打好攻坚战。重点应放在解决潜在的安全风险上，这种潜在安全风险是阶段性的、区域性的、行业特定的。要深入开展扫黑除恶专项斗争，坚持维稳与维权相结合，扎实做好维护特定利益群体稳定工作，及时化解经济社会领域风险。第二，打好歼灭战。要以打击暴力恐怖活动和消除邪教危害为重点，坚持一切"恐怖主义"都要打，一旦出现就要打，坚决铲除暴力恐怖的滋生地；坚持依法打击、瓦解、教育与转型并举的打击邪教策略，通过几年的

---

① 人民日报评论员：《把准斗争方向　明确斗争任务——论学习贯彻习近平总书记在中青班开班式上重要讲话精神》，载人民网，2019 年 9 月 5 日，http：//theory. people. com. cn/n1/2019/0905/c40531-31337188. html。

② 陈一新：《大力发扬斗争精神　防范化解重大风险》，载党建网，2019 年 12 月 9 日，http：//www. dangjian. com/djw2016sy/djw2016djlt/201912/t20191209_5344910. shtml。

努力，基本解决境内邪教问题。第三，打好持久战。要重点抵御"颜色革命"风险，善于统筹国际国内大局，筑起铜墙铁壁，防止外国敌对势力的渗透和颠覆，铲除影响政治安全的国内风险。第四，打好网络战。以管控和化解网络意识形态风险为重点，建设强大的网络政法大军，创新和落实依法办事、引导舆论、控制社会的"三同步"机制。①

4. 根治风险，增强斗争彻底性

习近平总书记强调："要透过现象看本质，善于抓住源头、抓住要害，实行综合治理，从根本上解决风险背后的深层次问题。"一方面，要补充风险防控化解体系的"短板"，充分发挥党的领导政治优势和社会主义制度优势，完善统一指挥、统筹协调、联合作战、专业研判的工作格局，创新完善智能监测预警、专业精准处置、法律威慑、社会化群防群治等体制机制，加强科学决策、技术应用、基础管理、法律处置、舆论引导和控制，不断提高风险防控化解水平。另一方面，要加强民意"底板"，坚持以人为本的基本理念，自觉践行党的群众路线，反对形式主义、官僚主义，脚踏实地了解社情民意，努力解决人民群众的问题。②

5. 转化风险，提高斗争目的性

第一，把风险和挑战转化为推进平安中国建设的最佳机遇。把加快推进社会治理现代化作为转型期的重要战略和出发点，坚持党委领导、政府负责、民主协商、社会协同、公众参与、法治保障、科技支撑的社会治理体系，完善社会政府负责、治理体系、评价体系、保障体系，形成共建、共治、共享的社会治理格局，着力建设更高水平的平安中国。第二，把风险挑战转化为全面深化政法领域改革的最大动力。大力弘扬改革精神，采取更有针对性、更有突破性、更具开创性的措施，深化政法体制改革、司法体制改革和政法公共服务改革，消除应对重大风险暴露的体制机制障碍，推动政法领域各方面制度更加成熟和定型，真正把制度优势转化为治理效率。第三，把风险和挑战转化为实现"两个一百年"目标的最佳保障。政法机关要担负起捍卫党的领导和人民民主专政，维护党和国家工作大局的使命，承担打赢重大风险攻坚战的责任。③

---

① 陈一新：《大力发扬斗争精神 防范化解重大风险》，载党建网，2019 年 12 月 9 日，http：//www. dangjian. com/djw2016sy/djw2016djlt/201912/t20191209_5344910. shtml。

② 陈一新：《大力发扬斗争精神 防范化解重大风险》，载党建网，2019 年 12 月 9 日，http：//www. dangjian. com/djw2016sy/djw2016djlt/201912/t20191209_5344910. shtml。

③ 陈一新：《大力发扬斗争精神 防范化解重大风险》，载党建网，2019 年 12 月 9 日，http：//www. dangjian. com/djw2016sy/djw2016djlt/201912/t20191209_5344910. shtml。

（二）国际层面——推动建设人类命运共同体

1. 推动建设持久和平的世界

在政治上，各国要相互尊重、平等协商，坚决摒弃"冷战"思维和强权政治。国际交往中，坚持平等的原则，相互尊重，中国积极主张通过对话协商解决分歧，恪守维护世界和平、促进世界共同发展的宗旨，实现人与社会、国家与国家间利益的共同实现，反对霸权主义和强权政治。建设持久和平的世界，最为根本的要求就是要在国际上建立平等相待、互商互谅的伙伴关系，坚持平等的原则，走"对话而不对抗、结伴而不结盟"的国际交往新路。①

2. 推动建设普遍安全的世界

通过对话解决争端，通过协商解决分歧，增进国与国之间的互信，坚持对话谈判的方式，是中国为解决国际冲突、维护国家安全而提出的方案。这种争端解决方案蕴含着中国智慧，有利于完善全球安全治理体系，提高全球安全治理的整体性和协调性。中国积极维护国际社会公平正义，坚持构建公平合理的国际政治新秩序，反对将本国意志强加于他国，反对肆意干涉他国内政，反对恃强凌弱等霸权主义。②

3. 推动建设共同繁荣的世界

经济全球化是历史发展的大势，在这一趋势中，各国不断加强协作，完善国际经济治理，推动建设开放性的世界经济体系。在实现共同安全的道路上，中国提出"一带一路"倡议，打造国际合作新平台，有利于加强全球经济治理合作，推动形成更加公正、合理的国际经济新秩序。"一带一路"倡议深化了我国对外开放的格局，这一倡议与中国落实 2030 年可持续发展议程紧密结合，是我国为推动世界和平与发展提供的宝贵财富。"一带一路"倡议坚持"共商共建共享"，维护各国共同利益的原则，不断加强"一带一路"国家的政策、设施、贸易、资金、民心等方面的相互联系，为"一带一路"国家的繁荣与稳定作出重大贡献，为世界经济的发展提供强劲动力。③

4. 推动建设开放包容的世界

在综合国力的竞争中，文化已经成为其中一个重要因素，文化是提高我国民族凝聚力的重要力量。高举中国社会主义文化旗帜，重视国家的文化软实力

---

① 钟开斌：《中国国家安全体系的演进与发展：基于层次结构的分析》，载《中国行政管理》2018 年第 5 期，第 102－107 页。

② 生忠军：《总体国家安全观：形成背景、基本原则和重要任务》，载《中共福建省委党校学报》2019 年第 1 期，第 17－23 页。

③ 中共中央党史和文献研究院：《习近平关于总体国家安全观论述摘编》，中央文献出版社 2018 年版，第 241 页。

建设，将我国文化软实力建设作为国家的重要发展战略，彰显文化自身的凝聚力和感召力，进而维护好国家文化安全。各种文明之间的交流互鉴是推动世界文明进步、推动社会和平与发展的重要动力。文明贵在交流，文明之间进行交流可以摆脱对其他文明的片面认知和狭隘偏见，从而避免不该有的冲突。建立多层次文明合作机制，搭建文明合作平台，开拓文明合作渠道，促进不同文明的深入交流，使不同文明之间相互发展，实现各美其美、美人之美、美美与共。中国特色社会主义事业进入新时代，中国在维护本国国家安全的同时，也积极履行大国历史担当，致力推动世界和平发展。习近平总书记反复强调，中国始终是世界和平的建设者、全球发展的贡献者、国际秩序的维护者，中国欢迎世界各国搭乘中国发展的"顺风车"，坚持合作共赢，实现共同发展。① 中国积极发展开放型经济，参与全球治理体系变革，积极为世界和平发展提供丰富的公共产品，克服"零和"思维、对抗思维、强权思维等错误理念，坚持和平、发展、合作、共赢的价值观，引导国际关系以和平方式向更加公正合理的方向转化。②

5. 推动建设整洁美丽的世界

生态文明建设是人类社会进步和发展的重大成果，是实现人与自然和谐共生的必然要求，是保障人类生存和发展安全的重要依托。采取行动应对气候变化的新挑战，构筑绿色发展的全球生态系统。在推动建设清洁美丽的世界这一重大命题中，中国积极主张平衡推进"2030 年可持续发展议程"，积极推动《巴黎协定》的签订，致力促进国际社会应对气候变化的共同行动。③

第二节　完善国家安全工作制度

进入新的历史时期，国家安全的内涵随着总体国家安全观的提出有了更高站位、更深层次、更符合我国国情的变革，因此，有必要在厘清国家安全工作的基本概念后，进一步从领导体制、工作机制、治理模式及监督制度四个方面探讨如何完善国家安全工作制度，以适应新时代国家安全的丰富内涵。

---

① 《习近平谈治国理政》（第二卷），北京外文出版社 2017 年版，第 524 页。
② 生忠军：《总体国家安全观：形成背景、基本原则和重要任务》，载《中共福建省委党校学报》2019 年第 1 期，第 17－23 页。
③ 生忠军：《总体国家安全观：形成背景、基本原则和重要任务》，载《中共福建省委党校学报》2019 年第 1 期，第 17－23 页。

一、完善国家安全工作领导体制

总体国家安全观的提出，创新了中国国家安全观念。与此同时，要将全新的安全观念转变为现实的安全，还需要全新的国家安全工作机制来组织领导和统筹协调。中央国家安全委员会的成立和运行过程同总体国家安全观的提出和阐述过程是密不可分、融为一体的，中央国家安全委员会从成立到运行的过程，同时也是总体国家安全观提出和阐述的过程。中央国家安全委员会的创立，为我国的国家安全工作确立了全新的领导体制，是切实践行总体国家安全观、坚定不移地走中国特色国家安全道路的重要基础，是深化国家安全工作改革的重要举措，是实现和维护国家安全必不可少的重要保证。[①]

中央国家安全委员会的创立并不是对国外国家安全管理体制的简单照搬和机械复制。中央国家安全委员会与国外的国家安全领导机关隶属的政府部门不同，作为中共中央关于国家安全工作的决策和议事协调机构，其向中央政治局和中央政治局常务委员会负责。中央国家安全委员会作为我国国家安全工作部署的顶层设计机构，其鲜明特征是：重点强调了坚持党对国家安全工作的绝对领导这一国家安全工作的根本原则；突出强调了中国共产党对国家安全工作领导和统筹的权威力量。这两点鲜明特征，有助于中国共产党总体上把握国家安全形势，宏观上制定国家安全战略决策，并保证其切实落实到具体工作执行中。[②]

中央国家安全委员会与其他国家的国家安全领导机关的不同之处主要在于国家安全理念的差异。中央国安委坚持以总体国家安全观为指导，继承了新中国成立以来原有国家安全工作领导体制的工作方法与成功经验。一方面，由于中国共产党和国家各主要部门的高层领导人均是中央国安委的成员，因而中央国安委涵盖了党、政、军、民等涉及国计民生的全方面系统；另一方面，因为中央国安委的组成人员涵盖了党、政、军、民各系统的高层领导人，理所当然地将国家安全重要问题纳入国家核心决策层的视野之中，所以，中央国安委能够以宏观角度看待国家面临的安全问题，提升了国家安全决策机关的总体性，能够有效统筹国内安全和国际安全。[③]

目前，完善中国国家安全领导体制的重点任务是要充分发挥中央国家安全委员会的功能。作为中共中央关于国家安全工作的决策和议事协调机构，中央

---

① 马强：《当代中国总体国家安全观研究》，辽宁大学2017年学位论文，第16页。
② 连振隆：《中国共产党权力结构及其运行机制研究》，兰州大学2017年学位论文，第26页。
③ 刘鹏、刘志鹏：《国家安全委员会体制的国际比较》，载《经济社会体制比较》2014年第3期，第88-99页。

国家安全委员会应该在以下三个方面发挥作用。

第一，发挥国家安全领导机关的作用。国家安全领导机关是指在依法进行国家安全管理的过程中，有权作出国家安全战略决策或决定的机关。作为国家安全领导机关，中央国家安全委员会主要履行制定和实施国家安全战略，推进国家安全法治建设，制定国家安全工作方针政策，研究解决国家安全工作中的重大问题的职责。①

第二，发挥国家安全咨询机关的作用。国家安全咨询机关是指在依法进行国家安全管理的过程中，收集、整理、分析、反馈安全信息，为国家安全领导机构提供参考意见和建议的机关。面对复杂多变的国际安全形势，中央国家安全委员会发挥咨询机关作用，不仅能够及时反馈安全信息，为中央政治局和中央政治局常务委员会提供高水准的咨询报告，而且能够改变目前国家安全信息碎片化和部门化给国家安全决策带来的负面作用。②

第三，发挥国家安全协调机关的作用。国家安全协调机关是指在依法进行国家安全管理过程中，就国家安全具体事务问题协调各国家安全组织之间的职能、方法和分工，提高国家安全管理效能的机关。目前，国家安全各职能机关之间缺乏有效、及时的沟通协调，不利于及时处置各类国家安全风险。因此，中央国家安全委员会的协调作用亟待完善。

设立中央国家安全委员会，是推进国家治理体系和治理能力现代化、实现国家长治久安的迫切要求，是实现中华民族伟大复兴中国梦的重要保障，目的是更好适应我国国家安全面临的新形势新任务，建立集中统一、高效权威的国家安全体制，加强党对国家安全工作的领导。但是，《宪法》规定："全国人民代表大会及其常务委员会和中华人民共和国主席有权作出包括决定战争和全国紧急状态等在内的涉及国家安全的重大决策。"因此，中央国家安全委员会并不是唯一的国家安全决策机关。

二、完善中国特色国家安全工作机制

随着中国改革开放和社会主义现代化建设的不断深入推进，中国国家安全工作所面临的各种挑战明显增加，维护国家安全的工作压力明显增大，原有的国家安全工作体制机制已经不能适应安全形势的新发展和国家安全工作的新要

---

① 李文良：《中国国家安全体制研究》，载《国际安全研究》2014 年第 5 期，第 40 – 52、156 – 157 页。

② 李文良：《中国国家安全体制研究》，载《国际安全研究》2014 年第 5 期，第 40 – 52、156 – 157 页。

求。因此，走中国特色国家安全道路，实现和维护国家安全，国家安全工作机制和制度建设必不可少。① 在坚持中国共产党领导和筑牢坚实群众基础的同时，必须建立起与中国国家安全工作实际需求相适应的集中统一、高效权威和科学合理的中国特色国家安全工作体制。

（一）加强国家安全领导体制顶层设计

通过顶层设计构建集中统一领导国家安全工作的统筹协调平台，是完善中国特色国家安全工作体制的当务之急和重中之重，关键是要充分发挥中央国家安全委员会的职责。② 中央国家安全委员会是国家安全工作的最高决策机构，制定国家安全战略是中央国家安全委员会履行的重要职能。新中国成立以来，中国共产党作为执政党，虽然高度重视国家安全工作，但由于客观安全形势和主观思想理论认识上的局限和限制，相比美国等世界主要大国，中国一直没有明确提出本国的国家安全战略。③ 2004 年，中国才提出要完善国家战略的主张，直至 2011 年首次对外公开论述了中国的国家利益。虽然国家利益与国家安全战略有着客观的内在联系，对国家利益的准确认识和清晰界定有助于国家安全的实现，但对国家利益的阐述不能等同于对国家安全战略的论述。安全战略的前提是安全观，只有对国家安全问题有了深入的认识和研究，形成科学和完整的国家安全观，才能在国家安全观的指导下制定和实施具体的国家安全战略。④ 在习近平同志提出总体国家安全观后，以总体国家安全观为指引制定了国家安全战略。2015 年 1 月，中共中央政治局正式审议通过了《国家安全战略纲要》，从战略层面为在新的安全形势下维护和实现国家总体安全提供指导。⑤

中央国家安全委员会成立前，国家安全工作存在多个不同的管理主体，导致了国家安全管理机构的分散和管理权力的分散，虽然中央曾设置过一些议事协调机构，但无法形成国家安全工作的合力。中央国家安全委员作为国家安全工作的最高决策机构，其组成人员来自公安、国安、外交、反恐等部门，有助于在重大问题上及时高效地进行跨部门协调，将分散到各部门的权力集中起来，形成统筹管理国家安全工作的合力，提高国家安全工作的效能，有效应对、解决重大安全威胁与挑战。⑥ 作为一项创制性的顶层制度设计，中央国家

---

① 张青磊：《我国公民安全研究》，上海师范大学 2018 年学位论文，第 28 页。
② 刘明福、王忠远：《习近平民族复兴大战略——学习习近平系列讲话的体会》，载《决策与信息》2014 年第 19 期。
③ 张骥：《世界主要国家国家安全委员会》，时事出版社 2014 年版。
④ 王柏松：《中国新安全观及其安全战略选择研究》，东北师范大学 2013 年学位论文。
⑤ 王柏松：《中国新安全观及其安全战略选择研究》，东北师范大学 2013 年学位论文。
⑥ 陈功：《我国反恐现行重大问题研究》，中南财经政法大学 2018 年学位论文。

安全委员会在建立之后仍会遇到各种各样的问题和困难，因此首要的任务就是尽快健全和完善机构设置与运行程序和规则，坚持与时俱进，根据工作实际不断进行丰富、完善与调整，通过实践的检验不断走向成熟，尽快形成对国家安全工作的领导力。①

（二）打造维护国家安全协同工作格局

中国现有的与国家安全工作相关的职能部门包括中央军委、国防部、国家安全部、公安部、外交部等多个部门，如前所述，由于中央国家安全委员会在职能和定位上并不是具体业务机关，因此，涉及国家安全具体问题主要还是依靠上述各相关职能部门在中央国家安全委员会的统一领导与协调下进行应对和处理，通过专兼结合、分工合作，形成协同开展工作的良好格局。②

一是打造一支对党忠诚的高素质国家安全工作队伍。国家安全机关是开展国家安全工作的主要专业职能机构，打造一支精干的工作队伍是国家安全机关正常开展工作必不可少的依靠力量和重要保证。③ 对于国家安全工作队伍建设而言，一方面要加强业务学习与培训，认真总结维护国家安全的斗争经验与有效成果，不断提高国家安全队伍的专业工作技能。另一方面要坚定理想信念，对党绝对忠诚，这是党和人民对国家安全机关的一贯要求，忠诚于党、忠诚于人民是对国家安全队伍在理想信念方面的根本要求。忠诚于党是坚持党对国家安全工作绝对领导的根本体现，维护党的领导权威是政治安全的必然要求。忠诚于人民是坚持总体国家安全观以人民安全为宗旨的重要体现，是国家安全一切为了人民的价值取向的必然要求。只有坚守理想信念，才能恪尽职守、甘于奉献，为实现国家安全甘当无名英雄。④

二是形成国家安全机关、公安机关、司法机关和政府机关等职能部门分工合作、各司其职、齐抓共管的国家安全工作格局。维护和实现国家安全不是国家安全机关一家的"独角戏"，公安、政法、政府和外交部门等各级机关和各类政府部门都是国家安全工作体系的重要组成部分，在总体国家安全观的指引下和中央国家安全委员会的协调下，各国家安全专职机构和职能部门协调处理好部门与部门之间、中央与地方之间以及党政军之间的关系，明确分工、各司

---

① 李因才：《国家安全委员会的国际比较：地位、职能与运作》，载《当代世界与社会主义》2014年第6期，第25－30页。

② 陈功：《我国反恐现行重大问题研究》，中南财经政法大学2018年学位论文。

③ 《扎实深入贯彻落实总体国家安全观　与时俱进开创国家安全工作新局面》，载《人民日报》2015年5月20日第01版。

④ 刘明福、王忠远：《习近平民族复兴大战略——学习习近平系列讲话的体会》，载《决策与信息》2014年第Z1期。

其职，做好各个安全领域的工作，才能唱好国家安全的"大合唱"。可以尝试统一领导、综合协调、分类管理、分级负责、属地管理为主的原则，构建国家安全的治理体制，既可以增强或者扩充既有专职国家安全部门的职能，也可以在中央国家安全委员会下设跨领域和跨部门的次一级委员会，以便为解决特定的国家安全问题进行科学准确决策和快速有效处理。

（三）建立完善国家安全决策咨询机制

1. 建立和完善以新型智库为代表的国家安全决策咨询制度建设

党的十八届三中全会作出了建设新型智库和建立健全决策咨询制度建设的重要决定，这是推动国家决策科学化的重要举措。国家安全战略决策和政策制定作为国家决策的一个重要组成部分，应该且必须加强决策咨询机构和机制建设，通过倾听和吸纳来自专业研究机构和研究人员提出的系统化的政策建议，让决策咨询机构的政策建议能够参与到重要国家安全问题的研判与具体国家安全政策的制定当中，保证相关国家安全决策的科学化水平。要以建设中国特色新型智库为抓手，以高等学校和研究机构已有的科学研究和决策咨询的良好工作基础为重要依托载体，建立和完善国家安全决策咨询机制，为国家安全决策部门提供科学的政策建议。①

中央国家安全委员会和国家安全具体职能部门在人员构成数量和专业研究能力上会与实际工作特别是决策的需求存在一定缺口，比如一些前期性或者具有长期性的具体基础研究工作，不应该也不可能完全依靠国家安全相关管理部门直接开展，必须借助一定数量的专业机构提供决策咨询支撑。相对于传统的研究机构而言，智库最突出的变化在于其职能更加侧重于为政府决策提供咨询和评估，相对于一般的问题分析和学理研究更加注重为决策提供可实际操作的选择方案。智库作为主要的决策咨询机构，通过对国家安全所涉及的分散化和碎片化的信息进行收集、梳理和整合，并及时提供给国家安全管理与决策部门，为制定科学的国家安全政策措施提供便利。同时，国家安全决策部门也可以委托多个机构，针对一些具有长期性和基础性的国家安全战略问题进行专题研究，形成不同的系统决策方案以供选择。②

2. 推动传统研究机构向新型智库的转变

要充分发挥新型智库的作用，就必须加快推动传统研究机构的转型升级。当前，国内的国家安全研究力量主要集中在各高校和研究机构当中，主要是作

---

①　闫辰：《现代国家治理视野下中国执政党决策机制的变革与优化》，吉林大学 2015 年学位论文。

②　穆占劳：《美国思想库与美中关系研究》，中共中央党校 2004 年学位论文。

为政治学、国际关系学、战略学等学科当中的一个专门方向开展研究，这与总体国家安全复杂体系和现实研究需要之间存在脱节与不相称之处。因此，要立足于基础理论研究，加强力量整合与协同创新，着眼于具体领域安全问题，自主开展或者直接接受政府相关部门委托，开展专项研究并为决策部门提供具有实践意义的咨询建议。① 同时适应总体国家安全观的要求，加强学科整合，加快推动国家安全学作为一门独立的学科开展教学研究，从而为国家安全研究和决策培养更多的可用之材，壮大国家安全研究力量和决策咨询与政策评估力量，为国家安全科学决策作出应有的贡献。

另外，还要推动智库在决策咨询建议的基础上发展和加强政策评估能力建设。相较于决策咨询建议而言，对政策执行结果评估的要求进一步提高，中国相关机构在这方面的研究可以说是刚刚起步，更多的还是停留在结果导向的定性分析上，并且尚未形成有效的政策评估话语体系和指标体系，分析的针对性和细致性还有待进一步提高。在这方面，美国等发达国家的智库比较成熟，例如，美国的国家安全委员会与各类智库之间建立了良好的合作关系与机制，形成了一整套的评估标准与流程，这些都值得中国的国家安全智库学习和借鉴。

（四）构建新型国家安全情报工作机制

情报信息是国家安全工作的重要组成部分之一。情报信息在维护国家安全和利益工作中，发挥着不可替代的重要作用。中华人民共和国成立后，经过多次改革，基本形成了具有完备系统和合理机构的国家安全情报体系。随着全面依法治国的推进，迫切需要以法律的形式对情报工作的方法、机制、内容进行规定，加强情报信息会商和共享，推动信息的高效传递和利用，是完善当前国家安全工作的重要任务。②

1. 树立"情报先导"战略意识

在漫长的战争史上，决定战争胜负的是交战双方的硬实力，而情报工作一般并不能发挥决定性的作用。这样的战争实践使不少人对情报工作形成了错误的认识。传统情报理论认为，情报和决策是保障与被保障的关系，因此有"情报支援"、"情报保障"和"情报服务"的说法。③ 许多高明的决策者十分强调情报对决策（行动）的先导作用。中国古代有"庙算"传统，国家凡遇

---

① 栗琳、卢胜军：《智库建设背景下的情报机构转型研究》，载《科技情报研究》2020 年第 2 期，第 1 - 19 页。

② 高金虎：《试论信息时代的情报分析理论创新》，载《情报杂志》2018 年第 7 期，第 1 - 6、15 页。

③ 高金虎：《论国家安全决策中情报的功能》，载《情报理论与实践》2019 年第 10 期，第 1 - 8 页。

战事，要告于祖庙，议于庙堂，分析潜在作战对象的实力与意图，评估战争的可能进程，预测战争的可能结果，从而为决策者决定"战和"大计提供支持。只有在分析结果有利于己的情况下，决策者才会作出开战的决策，并通过"诡道"等各种手法，将之转化为"势"，以争取胜利，而不是盲目开战，摸着石头过河。情报是"兵之要"，是三军行动之基础。这里，情报对于"战和"大计的作用，就不是我们传统所理解的保障作用或支持作用，而是根基作用。计与不计，决定了国家的安危。①

2. 建立国家安全情报机构

习近平总书记强调，保证国家安全是头等大事，提出总体国家安全观涵盖政治、军事、国土、经济、文化、社会、科技、网络、生态、资源、核、海外利益、太空、深海、极地、生物等诸多领域，反映了国家安全内涵的拓展。《国家安全法》第52条和《国家情报法》第5条，明确规定国家安全机关、公安机关、有关军事机关根据职责分工搜集涉及国家安全的情报信息和职责。总体国家安全观视野下，各领域工作均涉及维护国家安全的各类情报。因此，我们应落实总体国家安全观的要求，厘清国家安全职能与一般的行政职能，完善跨部门情报联动，应对各种国家安全威胁。美国情报机构的职能已广泛涵盖各种安全威胁，在国家情报办公室的协调下，围绕国家安全威胁的工作协调和密切配合，形成了一个完整的国家安全情报体系。总体国家安全观是我们党对新时期国家安全形势的最新认识，应对新型安全威胁对传统国家安全机构的能力提出了巨大挑战。② 因此，应正确理解适用《国家情报法》，全面贯彻总体国家安全观，将涉及总体国家安全的情报工作纳入国家安全工作范畴，建立健全国家安全情报机构体系，从而建设强有力的国家安全情报机构，打造综合性的国家安全情报体系，强化其危机预警和应对功能。

3. 加强情报管理体制顶层设计

情报管理体制是情报工作系统的组织形式，主要研究情报工作的组织系统、机构设置、建制和领导关系，以及情报机构的职能及分工等，反映了一个国家对情报工作的总体部署，以及国家和军队对情报工作的认知。建设一个合理、完善的国家安全情报管理体制，才能更有效地维护国家安全。③ 综观主要

---

① 高金虎：《试论国家安全情报体制的改革路径》，载《公安学研究》2019年第2期，第1-26、123页。

② 高金虎：《论国家安全情报工作——兼论国家安全情报学的研究对象》，载《情报杂志》2019年第1期，第1-7页。

③ 高金虎：《试论国家情报体制的管理——基于美国情报界的考察》，载《情报杂志》2014年第2期，第1-5、9页。

国家的国家安全情报体系的发展，其突出特点是：情报体系始终是随着国家的发展、任务的调整、制度的变迁而转变的；情报体系的转变首先要建立合理的制度体系，以配套设施为补充，形成立法规章制度和必要的补充或协调机制。从主要国家的情报管理实践来看，情报体制改革的主要举措是在国家安全决策机构下设立一个协调的情报管理机构，负责情报界的管理，制定情报界的政策和标准，确定情报需求框架，部署情报资源，分配情报任务，评估情报行动，总结经验教训，促进情报界信息共享，推进情报界一体化进程。

4. 提升技术侦察能力

现代国家根据情报搜集手段，建立了各种专业化的情报搜集机构。根据侦察装备和侦察技术的不同，技术搜集可以分成信号情报（无线电技术侦察）、图像情报（图像判读）、测量与特征情报、网络情报四大类。[①]《国家安全法》第 53 条，《国家情报法》第 22 条第 2 款强调科技赋能国家情报工作，提高对情报信息的甄别、筛选、综合和研判分析水平。随着国力的增强和科学技术的发展，我国已初步具备这些技术能力。目前，这些力量分散在各个机构，有的甚至不在情报工作范围之内，履行这些职能的部分单位甚至不在情报部队的范围之内。同样，作为一种新兴的情报收集方法，测量与特征情报通过声、光、电磁、核、生物、化学等手段获取情报，我国目前这些情报力量分散在公安和海关、安全等各个机构。建议设立专门的技术情报搜集机构，以提升情报搜集能力。[②]

5. 建立适度归口的战略情报分析机构，实现全源情报分析

从近年来各大国情报体制和情报工作的发展变化来看，情报分析与生产日益成为整个情报工作的核心。它在情报收集中起着关键的指导作用，决定着情报的分配和使用效率，因此，建立一个独立、全面、集中的战略情报分析机构十分必要。各战略情报收集机构应具有规划、指挥、评估情报需求的权力和责任，应成为展示国家战略态势的终端和中心，应成为国家情报的统一报告机构，它可以在重大情报问题上整合各种情报，组织材料和意见以供决策者参考。[③]

---

① 高金虎：《试论国家安全情报体制的改革路径》，载《公安学研究》2019 年第 2 期，第 1 – 26、123 页。

② 高金虎：《试论国家安全情报体制的改革路径》，载《公安学研究》2019 年第 2 期，第 1 – 26、123 页。

③ 高金虎：《试论国家安全情报体制的改革路径》，载《公安学研究》2019 年第 2 期，第 1 – 26、123 页。

6. 加强国家情报法治建设

我国在情报立法方面起步较晚，各类情报机构的设立，大多依据相应的制度调整方案，因此，情报机构的职能、工作权限和范围具有较大的灵活性，各个机构可以按照自己或上级的要求，扩大工作范围，这也是机构之间职能重叠、各自为政的部分原因。因此，建议修改《国家情报法》，明确规定各国家安全情报组成机构及其职责，建立国家安全情报协调机制。除通过立法规定国家安全情报机构的地位和职责外，还应通过一系列政策性文件，制定情报工作标准，评估情报活动，总结情报工作经验教训，提高情报工作效率，形成层次分明、定位明确、相互联系的情报法律政策体系。[1]

7. 加强国家安全情报教育

人才队伍建设是完善国家安全情报工作的重要基石。[2] 高素质的国家情报人才必须具备以下素质：一是政治素质过硬，有坚定的政治信仰，能够在困难条件下工作。二是合作精神，团队合作是情报人员有效开展工作的桥梁。三是语言能力，外语能力是情报工作人员的必备技能。四是分析技能，提高自身预测和发现新挑战、新机遇的能力，提供更有远见、更加深入和更高质量的情报分析。五是科学思维，有意识地运用一些方法和技巧，可以减轻这些弱点和偏见可能造成的危害。因此，建议设立或改建国家情报专业大学，为国家安全情报工作培养专业人才。同时，创新情报训练课程，重点要培养学员的国家安全意识、情报意识、情报工作技能、团队精神、语言能力、目标国家的历史文化，并在课程体系中引入结构化分析技术。

三、转变国家安全治理模式

2014 年 4 月 15 日，习近平在中央国家安全委员会第一次会议上正式提出"总体国家安全观"。在总体国家安全观战略思想指导下，《国家安全法》、《反恐怖主义法》、《境外非政府组织境内活动管理法》、新《反间谍法》等出台。另外，中国的国际秩序观也经历了"排斥—接纳—融入"的演变，推动了国际安全合作纵深发展。面对这种新情况，国家安全治理模式必然也随之变化。[3]

---

① 高金虎：《试论国家安全情报体制的改革路径》，载《公安学研究》2019 年第 2 期，第 1 – 26、123 页。

② 刘强：《情报工作"政治化"：权力失衡和利益驱使的困境与出路——传统安全理念下国家安全与战略情报的视角》，载《情报杂志》2019 年第 12 期，第 1 – 8、15 页。

③ 李文良：《新时代中国国家安全治理模式转型研究》，载《国际安全研究》2019 年第 3 期，第 45 – 69、157 – 158 页。

党的十八大以来，特别是中央国家安全委员会成立以后，中国国家安全治理模式转型取得了显著效果，"解决了许多长期想解决而没有解决的难题，办成了许多过去想办而没有办成的大事"①，正在进行由单一治理主体向多元治理主体、强制治理向综合治理、行政治理向法治治理、封闭治理向开放治理的多重转变。党的十九届四中全会重点探讨了推进国家治理体系和治理能力现代化的若干重大问题，提出要健全国家安全体系，增强国家安全能力。

（一）国家安全治理模式

1. 单一治理主体与多元治理主体

传统安全治理主体特指狭义国家安全职能机关，即包括军事、公安、国安、武警等部门在内的国家强制机关，其他组织和公民个人都不是安全治理主体。② 在单一治理主体模式中，国家安全职能机关作为国家安全治理的唯一主体，对国家安全事务治理以及维护国家安全负有主责；其他国家机关、政党组织、社会团体、企事业单位和公民都处于从属地位，只负有对安全治理主体和国家安全工作进行配合的义务。在多元治理主体模式中，各安全治理主体之间构成平等关系，即其他组织和公民个人与国家安全职能机关一样都负有维护国家安全、履行安全治理的职责。

2. 强制治理与综合治理

作为安全治理主体，国家安全职能机关如军事、公安、国安、武警等，代表国家从事安全治理活动，履行安全治理职责，安全治理手段主要是强制力，即行使法律授予的权力，这就意味着安全治理获得了国家强制力的支撑，其行为具有法定的权威性。如《国家安全法》第75条规定："国家安全机关、公安机关、有关军事机关开展国家安全专门工作，可以依法采取必要手段和方式，有关部门和地方应当在职责范围内提供支持和配合。"这样，根据该条款规定，国家安全机关可以凭借法律授予的公共权力，依法采取具有强制性质的"必要手段和方式"来实施安全治理。

虽然，随着总体国家安全观和几部重要的国家安全法律的陆续出台，中央国家机关（国家安全责任机关）和各社会团体及各企业事业组织、公民与国家安全职能部门一样都是安全治理主体，但这些安全治理主体与国家安全职能部门有着本质的区别，这些主体没有强制性权力支撑，只是获得履行安全治理

---

① 《习近平主持召开十九届中央国家安全委员会第一次会议并发表重要讲话》，载中国政府网，http://www.gov.cn/xinwen/2018－04/17/content_5283445.htm。

② 李文良：《新时代中国国家安全治理模式转型研究》，载《国际安全研究》2019年第3期，第45－69、157－158页。

职责的合法性支撑而已，正是因为国家安全法律除了为这些国家安全治理主体从事国家安全治理提供合法性，没有授予他们与国家安全职能机关履行安全治理职责相同的强制性工具即执法权和处置权，因此这些主体履行安全治理职责的工具只能是非强制性权力，他们往往采用非强制工具来履行国家安全职责。综合治理要求多元安全治理主体依据自身性质和安全职责，采取不同的治理工具，如国家安全职能机关采用强制工具，其他治理主体采用非强制工具。

3. 行政治理与法治治理

在传统安全观下，作为国家安全治理主体，无论是国家安全职能机关还是国家安全职责机关，在履行安全治理职能时，采取行政命令都是其主要方式。[1] 然而，行政式安全治理最大的弊端在于安全治理过于依赖国家安全机关领导，特别是一把手，容易催生治理权力异化，诱发腐败现象。随着总体国家安全观的提出，特别是国家安全法治化不断完善，行政治理模式逐渐向法治治理模式转型。法治治理模式主要表现在以下四个方面。第一，科学立法，即国家要科学制定反映广大人民共同意志和利益的、有利于国家安全治理工作的法律、法令、条例、决议、命令和地方性法规，使国家安全治理工作法律化、制度化。第二，严格执法，即在国家安全管理工作中，对于有法律规定的，必须按法律规定执行，安全治理主体不能任意主观臆断，要做到有法必依、执法必严、违法必究。有法必依就是普遍守法，这是安全治理法治化的可靠基础。第三，公正司法，即司法部门及其工作人员办理涉及国家安全案件时应坚持和体现公平和正义的原则。第四，全民守法，即为了维护国家安全，任何组织和个人都有义务遵守国家安全法律、法令、条例、决议、命令和地方性法规，夯实国家安全治理工作的群众基础和法律基础。

4. 封闭治理与开放治理

《国家安全法》第33条规定："国家依法采取必要措施，保护海外中国公民、组织和机构的安全和正当权益，保护国家的海外利益不受威胁和侵害。"这就从法律维度要求国家安全治理主体，特别是国家安全职能机关履行维护中国海外利益安全的职责。随着"一带一路"倡议的推进和海外中国公民和国家利益的不断增加，国家安全治理模式也要由封闭治理向开放治理转变，以便适应新情况的需求。

（二）国家安全治理模式转型路径研究

中国转变安全治理模式是国家安全治理主体践行总体国家安全观、适应国

---

[1] 李文良：《国家安全管理学》，吉林大学出版社2014年版，第83页。

家安全法治建设和中国参与全球安全治理的需要而进行的有益尝试。① 当然，实现安全治理模式转型不能一蹴而就。目前应该从转变国家安全观念、加强国家安全教育、厘清国家安全职责等方面入手。

1. 转变国家安全观念

总体国家安全观的总体性是国家安全治理模式转型的关键。国家安全治理模式转型就是要坚持总体国家安全观的总体性，把国家安全看作一个体系。我们要充分认识到，在这个体系中的每个安全构成要素都相互作用、相互影响，共同影响体系的变化和发展。我们也要认识到，每个安全要素在国家安全体系中的地位和作用是不同的，按照总体国家安全观的要求，政治安全是根本，经济安全是基础，军事、科技、文化、社会安全是保障，国际安全是依托。为此，在国家安全治理模式转型时，其治理工具选择、安全目标确定、主体合作等也要突出重点、各有侧重。

2. 加强国家安全教育

2018 年 4 月 17 日，习近平在十九届中央国家安全委员会第一次会议上把"增强国家安全意识"与"切实做好维护政治安全、健全国家安全制度体系、完善国家安全战略和政策、强化国家安全能力建设，防控重大风险、加强法治保障"等并重，列为中央国家安全委员会的重要工作内容，并且强调，"中央国家安全委员会要发挥好统筹国家安全事务的作用，抓好国家安全方针政策贯彻落实"，"着力在提高把握全局、谋划发展的战略能力上下功夫，不断增强驾驭风险、迎接挑战的本领"②。这充分说明在国家安全治理模式转变过程中，中央国家安全委员会的"统筹""落实"作用主要表现在抓好国家安全教育、不断增强安全主体意识教育方面。只有国家安全治理主体真正意识到自己的主体地位，并认真履行职责，国家安全治理模式转型才能够落地。

3. 厘清国家安全职责

国家安全职责是指中央国家机关对本系统、本领域的国家安全工作承担工作责任，主要指岗位责任与领导责任。岗位责任是指在国家安全治理过程中，中央国家机关的职能部门（厅、局、处）工作人员因担任某一职务（岗位）所应承担的义务，以及对本部门涉及国家安全的工作成败所应承担的责任。领导责任是指中央国家机关领导在组织、决策、指挥、用人、监督、评估等涉及

---

① 李文良：《新时代中国国家安全治理模式转型研究》，载《国际安全研究》2019 年第 3 期，第 45 - 69、157 - 158 页。

② 《习近平主持召开十九届中央国家安全委员会第一次会议并发表重要讲话》，载新华网，http://www.gov.cn/xinwen/2018 - 04/17/content_5283445.htm。

国家安全治理工作过程中所负有的保其成、避其败的职责。目前，中央国家安全委员会应该统筹规划和协调对中央国家机关安全职责进行梳理的工作，根据其不同性质和职能定位，科学合理界定安全职责，让中央国家机关充分了解"本系统、本领域国家安全工作"具体指的是什么。只有这样，才能为中央国家机关履行安全治理主体责任奠定基础，同时，才能极大地推动国家安全治理模式转型的步伐。①

四、国家安全工作监督制度

目前，在我国立法中赋予国家安全机关特殊权力，既是从国家安全工作的特殊性和我国的实际情况出发，也是对各国立法经验和成功做法的参考和借鉴。事实上，现有立法规定的国家安全机关职权的许多内容，过去早已在各种"内部文件"中存在着，立法只不过是将原来由"内部文件"规定的某些内容上升为法定职权，使之公开化和法律化。这看似不大的变化，却标志着我国国家安全工作的一个较大转变，它表明我国的国家安全工作已由过去主要依据"内部文件"转变为主要依据国家法律。这一转变的重要意义在于，它增加了我国国家安全工作的透明度，使国家安全工作的开展能够于法有据、依法进行，既有利于保护有关社会组织和公民个人的合法权益，也有利于全社会对国家安全工作的监督，它是我国通往法治国家道路上必不可少的转变。

可以肯定的是，国家安全机关及其工作人员行使职权的目的是维护国家的安全和利益，与公民和组织的最终利益是一致的。国家安全机关不会因履行职责而不注意保护甚至侵犯公民和组织的合法权益。但是任何权力都具有扩张性和侵略性，正如历史学家阿克顿所说："权力有腐败的趋势，绝对的权力导致绝对的腐败。"因此对权力必须有监督、有制约，才能保证权力在合法的范围内运行。而且在实际操作中，任何职权的行使都是由具体的国家安全工作人员来进行的，由于个人的业务能力、认识水平和价值观念等均不尽相同，如果没有一定的规范或限制，权力极有可能被误用或滥用，被用来实现不正当的目的，失去其最初设置的意义。国家安全机关的职权与公民个人权利息息相关，涉及面较广，并具有强制性，一旦使用不当，势必侵犯公民和组织的合法权益，挫伤公民和组织维护国家安全的积极性，并导致国家安全机关与公民和组织关系的恶化。这样不仅不能维护国家安全，还可能对国家安全构成威胁。因此，国家安全工作应当受到制约和监督。

---

① 李文良：《新时代中国国家安全治理模式转型研究》，载《国际安全研究》2019年第3期，第45－69、157－158页。

（一）国外对国家安全工作的监督

综观国外的许多国家安全立法，在监督问题上都有详尽的考虑和依据。如1947年《美国国家安全法》规定国会对国家安全工作监督的措施为：（1）在参、众两院设立"情报委员会"，以"经常地、充分地"得到安全机构工作，包括重大情报活动的信息。只有在两种具体情况下存在例外：一是当某种情报活动开始之前遇到没有先例的情况时，可以不向情报委员会报告；二是为应对对美国重大利益有影响的特殊情况，总统决定必须限定知悉范围时，可以只向情报委员会主席及少数为首的成员、众议院议长及少数派领袖，以及参议院中多数派和少数派领袖通报。（2）为实现其监督职责，情报委员会可要求国家安全机构提供其所拥有、保存或掌握的任何有关情报活动的资料和情况。（3）国家安全机构应定期向情报委员会报告任何非法情报活动或情报活动中的重大失败及拟采取的补救措施。（4）总统应定期向情报委员会通报在国外的情报行动，对依照除外条件而没有事先通报的，还应提交声明，说明没有事先通报的理由。

俄罗斯联邦的国家安全法同样规定了严格的监督措施。众所周知，苏联国家安全委员会（克格勃）权力极大，凌驾于党政军之上，不受任何国会立法的限制和监督，令普通公民十分反感。苏联解体过程中，最先受到冲击和责难的就是克格勃。俄罗斯联邦成立后，不仅大规模改组了克格勃，而且很快就通过立法对国家安全工作进行规范。俄罗斯联邦成立于1991年12月26日，1992年3月5日即颁布《俄罗斯联邦国家安全法》，以便俄罗斯联邦国家安全机关能依法行使职权。虽然俄罗斯联邦国家安全机关的职权与苏联时期相比并未减少，但却有法律的明确授权，而且规定了严格的监督，既有议会监督，又有总统监督和检察院监督，还有公众监督（社会组织和公民有权依照法律规定了解有关安全机关工作的情况）。在后来的《俄罗斯联邦国家安全机关法》中，还明确规定了法院监督。应该说，这些情况为我国进一步完善国家安全立法提供了借鉴和参考。

（二）我国对国家安全工作实施监督的现状

考察我国的国家安全法立法，《国家安全法》及《国家安全法实施细则》在赋予国家安全机关工作权力的同时，也规定了对国家安全机关及其工作人员的制约和监督，如"国家安全机关及其工作人员在国家安全工作中，应当严格依法办事，不得超越职权、滥用职权，不得侵犯组织和个人的合法权益"，"国家安全机关工作人员依法执行国家安全工作任务时，应当出示国家安全部侦察证或者其他相应证件"。国家安全机关采取技术侦察措施，应"因侦察危害国家安全行为的需要"，并"根据国家有关规定，经过严格的批准手续"等。这些规定无一不是为了要在保证国家安全与利益的前提下，最大限度地保障组织和个人的合法权益，防止权力滥用而作出的。毋庸讳言，在我国现阶段法制状态下，对国家安全机关职权的监督和制约，仅从立法上作出某些抽象规定是远远不够的，没有具体制度保障的监督也是难以奏效的。这是因为国家安全工作本身具有很强的保密性，社会公众对此知之甚少，因此作为监督主体之一的社会公众，对国家安全机关的执法活动实际上可能起不到太大的监督作用。此外，国家安全执法也不像社会治安管理执法或其他社会管理执法那样与公众日常生活息息相关，可以说社会公众对国家安全机关工作人员依法管理和依法办案的要求并不强烈，即外在的压力并不太大，这在客观上容易导致国家安全机关工作人员忽视依法行政，懈怠依法办事。

（三）对国家安全机关行使职权进行监督的重点

基于上述分析，要对国家安全机关行使职权进行监督，应主要依靠和完善国家监督，即权力机关监督、司法机关监督和行政机关监督。而在这三种监督机制中，立法监督面临一个立法的公开性和国家安全工作隐蔽性的关系问题，其监督作用的发挥可能不如在其他领域效果显著。同样，在司法监督等方面存有问题，其监督实效不好，作用相对有限。如国家安全机关进行的侦查活动，侦查终结后不起诉的案件就不进入司法程序，司法监督无从谈起，而这样的情况并不少见。因此在现阶段，三种监督中作用较大的应是行政机关，尤其是上级国家安全机关对下级国家安全机关的一般行政监督，即内部监督，也就是说必须重视和加强国家安全机关的内部监督。

内部监督中最重要的和主要的是职权行使的合法性监督。这既包括对制定的规范性文件本身合法（宪）性的监督，也包括对具体执法（行政执法和刑事执法）活动本身合法性的监督；既包括对执法活动内容和结果的监督，也包括对执法活动过程和程序的监督。此外，在一定范围内，还存在合理性的监督问题。如根据行政复议法，由复议机关通过行政复议对下级机关的具体国家安全行政行为合理性进行审查。

在执法，尤其在行使法定职权方面，国家安全机关工作人员执行国家安全任务必须依法依规，即严格按照我国宪法、刑法、刑事诉讼法、国家安全法及其他法律和有关规定办事。

首先，要明确法律赋予的特殊权力是为了保障国家安全工作的顺利开展，是维护国家安全与利益的需要，只能在依法执行任务时行使这些权力。既不能超越职权，即不得行使法律法规没有赋予的职权，如国家安全机关未经检察院批准不得自行逮捕人犯，在不属于刑事执法的情况下，不得对相关当事人采取拘传或其他强制措施等；也不能滥用职权，即不得在行使法律规定的职权过程时，假公济私或以权谋私，进行违法犯罪活动等。如行使权力进入有关场所、优先使用机关、团体、企业事业组织和个人的交通工具、通信工具、场地和建筑物，或进出海关、边防等的人员、资料和器材免检，必须是在"依法执行国家安全工作任务""经出示相应证件"，或"执行紧急任务"的情况下。如果出于非工作需要而随意进入有关场所，随意占用组织和公民的交通工具、通信工具、场地和建筑物，或利用免检行个人方便等，均为滥用职权。

其次，在执行国家安全工作任务时应当注意严格遵守宪法、法律和法规关于保护公民和组织合法权益的规定。我国宪法、法律和法规中有关保护公民和组织合法权益的一系列规定，都是国家安全机关工作人员在执行工作任务时所必须遵守的。

最后，必须严格依照我国《国家安全法》及其实施细则的有关规定，根据行使职权的相应条件行使职权。如各种条件性的规定：一是"出示相应证件"，即出示各种专门制作的特殊证件、证明信件之后方可行使职权；二是"根据国家有关规定"行使职权，"国家有关规定"是广义的，既包括法律、法规的规定，也包括国家有关主管机关的规定；三是"经过批准"或者"经过严格的批准手续"后行使职权，如"国家安全机关因侦查危害国家安全行为的需要，根据国家有关规定，经过严格批准手续"后，才"可以采取技术侦查措施"等。

总而言之，对国家安全机关行使职权合法性的监督，就是要求国家安全机关只能行使法律明文规定的权力，凡法律没有明确规定的权力，一律不得行使。在行使权力时，要严格履行规定的手续，凡是法律有限制性规定的，都应当严格遵守，合法、正确地行使权力。对危害国家安全的违法犯罪行为，必须采取防范和制止的措施；对不属于违法犯罪的行为，则不能行使侦查、拘留、预审和执行逮捕的权力，也不能采取技术侦查措施。行使侦查、拘留、预审和执行逮捕，以及采取技术侦查措施时，必须严格依照我国刑事诉讼法的程序办事，这样才能从根本上杜绝超越职权、滥用职权的现象出现。此外，我国国家安全法还规定了国家安全机关工作人员的法律责任，凡国家安全机关工作人员玩忽职守、徇私舞弊、刑讯逼供、非法拘禁等行为构成犯罪的，同样要承担法律责任。

第三节　当前国家安全工作的重点内容

国家安全的丰富内涵决定了国家安全工作范围之广，但国家安全机构的特殊性和实践经验均表明，将国家安全的常态化工作内容全方位、多层次、广角度地渗入涉及国家安全的各领域中是没有现实可行性的。因此，步入特定的历史时期，结合历史经验和实际国情，国家安全工作也有其突出的重点任务。

一、切实维护国家政治安全

（一）政治安全的内涵

政治安全主要是指国家政权、政治制度、政治秩序以及意识形态等方面免受威胁、侵犯、颠覆和破坏的客观状态，以及保障、维护和塑造持续安全状态的能力。[①] 具体而言是指一国政治体系在政治发展进程中协调运转，维持政治结构和政治秩序的相对稳定，并能适应国内外政治环境的各种变化，从而确保政治运行的稳定性和连续性。

这一内涵具体包括两层含义：一是从客观的角度看，政治安全是指国家政治制度始终处于良好的运行状态；二是从安全能力的角度看，政治安全是国家政治制度运行的过程，它能够适应国内外政治环境的变化，对各种社会风险和矛盾具有较强的调节功能，最终保证政治制度的相对稳定有序运行。这一定义使得政治安全的参照物不仅关注政治单位，而且关注政治制度层面；不仅关注安全状态，而且关注复杂环境中维护政治安全的能力和过程。随着政府和学术界对政治安全问题的高度重视，政治安全研究的理论高度和战略意义日益凸显。可以预见，关注政治安全体系建设和能力建设的政治安全研究凸显了政治体系的内在成长机制，它将成为安全与国家安全的一个新的研究议程和研究趋势。

（二）政治安全的基本特征

政治安全是静态性与动态性的统一。[②] 各国政治文化的多样性和差异性导致了新的政治问题层出不穷。这就要求我们打破僵化思维，用动态发展的眼光

---

① 国家安全教育大学生读本编写组：《国家安全教育大学生读本》，高等教育出版社 2024 年版，第 23 页。

② 刘跃进：《政治安全的内容及在国家安全体系中的地位》，载《国际安全研究》2016 年第 6 期，第 3 – 21、141 页。

看待政治安全问题。没有一成不变的静态安全状态，只有不断发展的政治安全才能有持久的生命力。

政治安全是客观性与主观性的统一。政治安全首先体现在国家政治制度不受各种因素的侵害和威胁，这种状态是客观存在的，具有明显的客观属性。同时，政治安全体现为国家权力主体和其他政治行为主体对国家政治制度状态的主观感知和心理感受。也就是说，政治安全不仅涉及复杂政治环境中政治制度本身所体现的某种客观状态，而且涉及政治主体和相关行动者的主观心理活动。

政治安全是绝对性与相对性的统一。政治安全是国家安全的基础，表现在政治制度处于相对稳定的事实或状态。但是，这种状态会因政治环境的变化而发生变化，当面对某些威胁政治安全的客观因素时，不同的主体会有不同的态度和策略。一方面，由于各方对政治威胁因素的认知不同，威胁因素的优先顺序和解决顺序存在较大差异，直接影响对政治安全的不同理解；另一方面，各方维护安全的行为往往意味着对他方的潜在威胁和风险。因此，政治安全总是相对的。

政治安全是确定性和不确定性的统一。在正常情况下，一个国家的政治制度是否处于良好状态，可以通过一些指标直接观察和判断。但在互联网时代，随着新媒体环境下信息传播方式的创新，几乎所有的人类行为都已融入全球网络化进程中。不同社会思潮和价值观的碰撞越来越频繁，公众的价值取向和政治认同也越来越多元化，网络社会中的不确定因素和潜在风险越来越多。所有这些变化使我国对所面临的安全威胁不再容易被直接观察和定量分析，逐渐呈现出不确定性和复杂性。

政治安全是主导性和交互性的统一。新时期的国家安全包括政治安全、军事安全、经济安全、文化安全、环境安全等方面的安全。在中国的总体安全战略中，政治安全是其他安全的政治保障。同时，政治安全问题的形成是多种因素综合作用的结果，其中一些因素单独起作用，但更多时候是多种因素协同效应。政治安全与人民群众的利益紧密结合。中国要建立的国家安全体系，是一个集多种安全于一体的国家安全体系。因此，政治安全与其他领域的安全相互影响，不能孤立于其他安全类别之外。[①]

（三）维护政治安全战略

党的十九大报告把"坚持总体国家安全观"纳入习近平新时代中国特色

---

① 舒刚、虞崇胜：《政治安全：安全和国家安全研究议程的新拓展》，载《探索》2015年第4期，第100－106页。

社会主义思想，是党的十九大报告关于国家安全论述最突出的亮点，是新时代国家安全机关维护国家政治安全工作的根本遵循和最高准则。

1. 贯彻新思想，要提高政治站位

总体国家安全观是我们党关于国家安全理论的最新成果，揭示了国家安全的本质和内涵，科学回答了如何维护和塑造国家安全的基本问题。国家安全机关必须牢固树立总体国家安全观，最大限度发挥国家安全机关职能作用，以最强措施坚决维护以政权安全、制度安全为核心的政治安全，为确保实现中国式现代化的奋斗目标，实现中华民族伟大复兴提供坚实安全保障。[①]

2. 应对新挑战，要树立底线思维

面对复杂严峻的政治安全形势，要牢固树立底线思维，准确把握国际国内环境变化的特点，充分认识多种力量、各种问题和现象给国家安全造成的现实威胁，全面提高维护政治安全和社会稳定的能力，努力开创维护政治安全的新局面。

3. 展现新作为，要强化责任担当

当前和今后一个时期，国家安全机关要始终把国家政治安全放在首位，严密防范、坚决打击各类渗透颠覆破坏活动、暴力恐怖活动、民族分裂活动、宗教极端活动，坚决捍卫以政权安全、制度安全为核心的国家政治安全，坚决捍卫中国共产党领导和我国社会主义制度。[②]

（1）强化组织领导，健全工作机制

党对国家政治安全工作的绝对领导和全面领导，是维护国家安全和社会稳定的根本政治保证。要建立维护政治安全和社会稳定的领导机构，健全维护政治安全的工作机制，加强对政治安全工作的监督和落实，各国家安全机构要从党和国家发展战略的高度谋划和推进政治安全工作。

（2）坚持防范在前，掌握工作主动

要坚持抓小苗头，有效防范和化解各类政治安全和社会稳定风险，坚持"三同步"原则——依法处理、引导舆论和社会管控同步进行。

（3）树立整体作战格局，构建立体防控体系

要完善国家安全机关"一把手"负总责，国保、网安、技侦、宣传等警种部门高度融合作战的工作格局。大力整合各类行政资源和社会资源，充分应

---

① 鞠丽华：《政治传播视域下当代中国国家政治安全维护问题研究》，山东大学 2019 年学位论文，第 20 - 22 页。

② 赵克志：《毫不动摇地坚持党对国保工作的绝对领导》，载中国青年网，2018 年 4 月 28 日，http://news. youth. cn/sz/201804/t20180428_11608747. htm。

用政治、法律、经济、教育、文化等手段，多措并举、多管齐下，形成维护政治安全的强大合力。

（4）严打暴力恐怖活动，确保社会稳定

要坚决打击各类暴力恐怖活动；以奋力铲除黑恶势力为载体，坚决打击黑恶势力非法活动；打击经济领域犯罪，防范、化解经济风险，巩固社会稳定、经济安全。

二、防范境外意识形态渗透

（一）意识形态领域面临的风险与挑战

意识形态安全是我党历代领导都非常关心的重要问题。如果丧失意识形态领域的主导权，那么我党的执政基础、执政合法性将受到极大冲击。一旦以西方政治理念为主的思想占领了我国意识形态领域的高地，那么我党的执政党地位将面临巨大风险和挑战。所以牢牢掌握意识形态工作的主动权、话语权至关重要，这是保证政治安全的重要前提，也是国际较量中的重要筹码。

在目前的社会发展阶段，我国意识形态领域中的斗争尖锐复杂，既存在良好的发展机遇，也面临着严峻的挑战。主要表现在以下几个方面。

1. 西方敌对势力把中国作为和平演变的重要目标

西方国家和私人垄断资本利用大量资金建立自己的学者群体、智库力量、宣传网站，意图逐步实现话语霸权，控制意识形态。各种反马克思主义的思潮相互呼应，通过图书、报刊、网络、电影等形式传入中国，与马克思主义争夺中国意识形态的指导地位。例如，布热津斯基的"共产主义的大失败"、福山的"历史的终结"、丹尼尔·贝尔的"意识形态的终结"等理论，都是对马克思主义思想在我国主导地位的公开挑战。当前，西方敌对势力一方面加强了对渗透的理论研究，另一方面以教育和学术交流为幌子，吸引和利用高层次的社会科学研究人员和知识分子，借以渗透社会价值观。

2. 经济全球化带来的挑战

在经济全球化进程中，当代发达国家和发展中国家的地位是不平等的，资本主义是经济全球化的主导力量，资产阶级意识形态在很长一段时间内也将对发展中国家的安全意识形态构成严重威胁。某些西方国家试图继续巩固和扩大在世界经济中获得的支配地位，并逐步将这种经济地位转变为政治地位，促使以价值观为核心的意识形态在更大范围内得到认同，进而建立一种政治制度，保证资本主义价值体系得以实现制度化传播，本质上构成了"新霸权主义"的思想基础。这将导致相对薄弱的发展中国家的意识形态安全面临更加严峻的挑战。

3. 社会阶层分化使得社会意识形态整合难度变大

改革开放以来，随着经济体制改革的深入，我国原有的社会结构发生了重大分化，一些新的社会阶层逐步形成，在不同的阶级之间交叉和相互作用。错综复杂的社会渗透模式和社会阶层的分化导致人们的思想观念和价值取向越来越多元化、层次化，使我国的思想整合功能面临诸多挑战，在一定程度上削弱了主流意识形态的融合。

4. 信息网络化对我国意识形态安全带来新的风险

网络技术的飞速发展给人们带来了便捷的生活方式，也给我国意识形态领域的安全带来了严峻的挑战。互联网技术起源于西方发达国家，发展中国家由于难以跨越"数字鸿沟"，而被迫接受西方传播的信息。西方一些发达国家通过互联网向中国人民传播不符合中国国情的政治思想和政治制度，试图以此达到摧毁我国主流意识形态的政治目的。另外，网络的开放性、多样性和交互性，使得用户可以根据自己的需要自由地接受各类信息，而不是简单地遵循主流意识形态，这就增加了我国意识形态控制的难度，这是我国意识形态安全面临的主要风险。[1]

（二）巩固我国意识形态安全的具体对策

针对新时期我国意识形态安全面临的诸多挑战，我们必须保持清醒的认识，积极应对，采取切实可行的对策，维护社会主义意识形态安全。

1. 建设意识形态安全的领导核心

政党是意识形态的载体，群众对党的信任是主流意识形态被认同的前提条件。党员干部的言行举止，对其他社会成员具有较强的示范性和影响力，很大程度上影响着人民群众对主流意识形态的认同。如果党组织和党员都成为主流意识形态安全的强大维护力量、自觉的实践力量和传播力量，就能够纠正人民群众对主流意识形态的误解，壮大意识形态安全的社会基础。因此，要加强党内的意识形态认同工作，加强对全党的马克思主义理论教育。[2]

2. 打牢意识形态安全的经济基础

意识形态立足于强大的经济基础、强大的物质力量，人们判断一个理论是否代表了自己的根本利益，不是看它如何分析，而是看它的实际效果。当前，我们必须坚定不移地坚持和完善我国的基本经济制度，坚持把改善民生作为根

---

[1]　刘丁瑜：《习近平总体国家安全观研究》，华东政法大学 2016 年学位论文，第 22 页。

[2]　王海霞：《习近平意识形态教育理论研究》，中共中央党校 2019 年学位论文，第 16 - 24 页。

本出发点和落脚点，将社会主义制度优越性为主流意识的优越性变为我国意识形态领域不可抗拒的吸引力和凝聚力，筑牢国家安全的强大思想屏障。

3. 提升意识形态安全的传播能力

互联网在给思想安全领域带来巨大挑战的同时，也为我们巩固意识形态提供了先进的技术条件。因此，在当今网络时代，有效巩固思想安全，除了做好防御工作，还应充分利用信息技术主动抢占网络宣传制高点，掌握网络信息传播和思想斗争的主动权。要建立多语种形式的主流意识形态宣传网站，拓展和丰富网络宣传内容，提高网络宣传艺术。同时，加强网络监控，及时发现、过滤和清除网络媒体上各种"西化"言论，营造健康的政治文化。

4. 完善社会主义意识形态的制度支持

意识形态与制度建设在互动中是相互依存的。意识形态是社会制度和价值观形成的基础，意识形态和社会制度是一种逻辑表现，为意识形态的导向作用提供保障。按照党的总体部署，注重顶层设计，加强统筹规划，通过深化改革，攻克体制机制上的顽疾，突破利益壁垒。在制度建设上，坚持从现实出发，把社会主义的价值追求融入政策设计和制度安排中，构建一个科学规范、有效运行的完整制度体系，形成合理的利益格局，使主流意识形态更具吸引力、凝聚力和可操作性。

三、完善外资审查制度

《国家安全法》在第四章第四节专门对国家安全审查监管制度作出了规定。《国家安全法》第 59 条规定，国家建立国家安全审查和监管的制度和机制，对影响或者可能影响国家安全的外商投资、特定物项和关键技术、网络信息技术产品和服务、涉及国家安全事项的建设项目，以及其他重大事项和活动，进行国家安全审查，有效预防和化解国家安全风险。可以看出，国家安全审查监管制度的主要对象是影响或者可能影响国家安全的外商投资、特定物项和关键技术、网络信息技术产品和服务、涉及国家安全事项的建设项目，以及其他重大事项和活动。

《国家安全法》第 60 条规定，中央国家机关各部门依照法律、行政法规行使国家安全审查职责，依法作出国家安全审查决定或者提出安全审查意见并监督执行。第 61 条规定，省、自治区、直辖市依法负责本行政区域内有关国家安全审查和监管工作。也就是说，我国国家安全审查监管的主体是中央国家机关各部门及各区域政府的相关部门，监管要依照法律、行政法规的规定执行。我国外资安全审查制度在国家安全审查监管制度中起步较早，法律规定相对于其他国家安全审查内容来说较为成熟完善，因此，下文以我国外资安全审查制度为主,探究其发展规律。

一国对外资安全审查制度设立的初衷即是维护国家安全。以我国为例,2014 年,习近平总书记提出了"总体国家安全观"的概念,指明了中国现阶段和未来发展道路中的安全任务和安全方向。对于外资安全审查中的"国家安全"内涵,我国法律也作了相应规定,将国防安全,涉及国家安全的关键技术和领先技术,关键基础设施,信息和网络安全,对我国能源、粮食和其他关键资源产生影响的投资行为,对国家经济稳定运行产生影响的行为,对社会公共利益和公共秩序产生影响的行为等都作为外资安全审查的国家安全考虑因素。[①]

(一) 我国外资安全审查制度的发展

受世界经济波动影响,全球直接投资在经历激增后呈放缓趋势,但外资安全审查制度却随着跨国投资的兴起不断向前发展。但是,随着外资不断增多,对中国传统产业的打击也是巨大的,进入中国市场的外资已经从参与自由竞争转向削弱中国产业竞争力,从"以企业为目标"转为"以行业为目标"。在此背景下,中国逐渐重视对外资的防范和规制,并逐步建立起具有中国特色的外资安全审查体系,并通过法律的形式予以确认。

1. 我国外资审查制度发展历程概况

中国的外资政策可以分为三个发展阶段,每个阶段都有明显的时代特色。一是新中国成立前阶段,该阶段提出了利用外资的总体思想;二是新中国成立后至改革开放前阶段,该阶段是探索利用外资方式的初级阶段;三是后改革开放阶段。此外,2019 年 3 月 15 日,第十三届全国人大二次会议审议通过了《外商投资法》,终结了 20 世纪 70 年代的"外资三法",真正迈向了"制度型"开放新阶段。该法第 35 条明确规定了外资安全审查制度。作为保护外国投资的"安全例外"条款,外资安全审查制度对我国维护国家安全、规范外资管理十分重要。但该法在外资安全审查制度的执行方面仍有进一步完善的空间。

2. 我国外资安全审查的制度特点

从过去几年颁布的一系列文件来看,我国对外资安全审查的制度安排还未经历时间的考验,仍属于制度探索的初级阶段。自 2011 年国务院正式发布《关于建立外国投资者并购境内企业安全审查制度的通知》至今,所经历的时间还不能准确判断外资安全审查制度对外资进入中国市场以及对中国的总体营

---

① 王彬:《外国投资的国家安全审查法律制度研究》,吉林大学 2017 年学位论文,第 16 - 17 页。

商环境所带来的冲击。总体来看，我国目前所施行的外资安全审查制度主要包括两部分：一是全国范围内适用的外资并购安全审查体系；二是自贸试验区范围内适用的全方位外资并购安全审查体系。全国范围内的外资并购安全审查体制虽然能够对外资兼并和收购进行安全性审查，但随着投资手段和投资工具的多样化，对于一些敏感领域的外国投资仍无法进行合理监控。而自贸试验区内的全方位审查体系虽然能够对外资进行全面监管，但自贸试验区的特殊性决定了对该制度验证的局限性。[①]

3. 我国外资安全审查制度的主要内容

我国外资安全审查制度主要内容的法律依据为 2019 年 3 月 15 日通过的《外商投资法》和 2011 年 2 月 3 日发布的《关于建立外国投资者并购境内企业安全审查制度的通知》，其中国务院颁布的行政法规对审查主体、审查对象和审查程序都进行了详细规定，也是外国投资者在我国全境范围内开展并购业务以及在自贸试验区内开展重要投资行为的重要参考依据。

"外国投资者并购境内企业安全审查部际联席会议"（以下简称部际联席会议）是我国外资安全审查制度的主体，但是从法条规定中可以看出，对于审查主体的规定有如下有待完善之处：一是并未明确国家发展改革委和商务部在外资安全审查体系中的具体职能分工。在实践中，商务部在其官方网站设立了外资安全审查的申请入口，但国家发展改革委作为牵头部门，并未清晰说明其具体职责。二是部际联席会议的组织架构太过宏观，具有模糊性，可操作性较低，且容易造成部门间相互推诿。[②]

根据现有行政法规及部门规章对审查流程的规定，我国的外资安全审查程序可适用于外国企业并购境内企业和自贸试验区内的新建及并购业务。如以申请主体为标准进行分类，可分为主动审查和被动审查；如按照审查模式进行分类，可分为一般审查和特别审查，通常情况下，一般审查是特别审查的必经阶段。主动审查是外国投资者主动向商务部提出审查申请的情形，被动审查是由国务院有关部门、全国性行业协会、同业企业及上下游企业向商务部提出安全审查建议的情形。在审查流程框架内，商务部受理申请后需在 5 个工作日内提交部际联席会议，由其进行一般性审查，如通过一般性审查，则应在 5 个工作日内提出审查意见，并书面通知商务部；如未通过一般性审查，则应启动特别

---

① 江山：《论中国外商投资国家安全审查制度的法律建构》，载《现代法学》2015 年第 5 期，第 85－95 页。

② 邹敏：《中美外商投资国家安全审查比较与借鉴》，载《合作经济与科技》2020 年第 6 期，第 53－55 页。

审查程序。在特别审查程序中，部际联席会议需要对并购交易进行安全评估并结合评估意见对并购交易进行审查。在安全评估过程中，如果意见一致，则由其提出审查意见并书面通知商务部，如果意见存在重大分歧，则应进一步报请国务院决定。整个审查流程应在 60 个工作日内完成，在此期间，申请人可向商务部申请修改交易方案或撤销并购交易，如部际联席会议认为该并购行为或投资行为已经对国家安全产生影响，则有权要求商务部会同有关部门终止当事人的交易，或采取转让相关股权、资产及其他有效措施，消除该行为对国家安全的影响。

（二）我国外资安全审查制度的升级路径

1. 建立外国投资安全审查委员会

我国"部际联席会议"领导下的双部门牵头管理机制具有非持续性、职能界定不清晰等诸多弊端，因此要借鉴其他国家的成熟做法，建立常设性的外资安全审查机构——外国投资安全审查委员会（以下简称委员会）。委员会可在国家安全委员会指导下开展工作，由国家发展改革委作为牵头单位，同时设立理事单位，对涉及国家安全的外国投资（包括绿地投资和并购投资）进行审查。委员会设立秘书处，负责外资安全审查案件的统计和发布，并整理外资安全审查年度报告，对我国外资安全审查的重点领域、重点类型进行分析理，为外国投资者提供相应投资指导。理事单位可根据审查案件的所属领域决定，由秘书处根据部际联席会议的指派具体承担组织工作，负责案件的具体审理。[①]

2. 加强外资安全审查配套立法对外开放

在外资安全审查领域，目前中国的立法仍处于碎片化阶段，因此建议针对外资安全审查专门立法，也可针对《外商投资法》出台相应的配套立法，对原则性规定进行具体阐述，列明审查主体、审查标准、审查范围、审查程序，以及外国投资者违反我国外资安全审查规定应当接受的处罚等。特别是在审查标准方面，可分别设定绿地投资和并购投资的不同审查标准，可根据投资标的额缴纳相应的审查费用，维持外资安全审查委员会秘书处的正常运行。[②]

3. 设置外资安全审查救济渠道及监督机制

一是充分发挥各级法院的作用，增设外资安全审查的听证程序，允许外国投资当事人或利益相关人发起听证申请，针对非敏感、可公开的投资内容进行听证，并将其纳入外资安全审查最终裁决的考量因素。二是充分发挥国务院在

---

① 慕亚平、肖小月：《我国外资并购中的国家安全审查制度》，载《法学研究》2009 年第 31 卷第 5 期，第 52 - 61 页。

② 王彬：《外国投资的国家安全审查法律制度研究》，吉林大学 2017 年学位论文，第 20 - 22 页。

部际联席会议工作中的重要作用，将国务院作为外资安全审查的监督部门，对部际联席会议的审查决定进行监督，国务院最终向国家安全委员会负责，并向其汇报最终审查结果及裁决理由。三是发布年度审查报告，最大程度保证外资安全审查的透明度。[①]

4. 推动外资安全审查国际协调

外资安全审查制度的产生和发展有其国际法基础。近年来，《双边投资协定》抑或《区域性多边自贸协定》都大力倡导保护和促进国际投资，但其中的"国家安全例外条款"已经在条约实践中建立和发展起来，也成为各国开始纷纷设立外资安全审查制度的国际法依据。然而扩大解释"国家安全例外条款"并据此以国家安全理由增设各种投资门槛极有可能使得外资安全审查制度成为保护和促进投资的绊脚石，进而影响全球投资规则的统一化发展趋势。随着我国的经济实力不断提升，国际话语权不断加大，应大力推动并引领外资安全审查制度的国际协调，将外资安全审查制度控制在合理限度内，并将其适用原则纳入双多边国际投资条约。[②]

四、加强海外利益保护

2019 年 1 月 15 日至 16 日，中央政法工作会议在北京召开，习近平总书记指出："要加快构建海外安全保护体系，保障我国在海外的机构、人员合法权益。"2019 年 1 月 21 日，在中央党校举办的"省部级主要领导干部坚持底线思维着力防范化解重大风险专题研讨班"开班式上，习近平总书记再次强调要加强我国的海外利益保护。中国海外利益保护问题不仅得到了中国领导人的高度重视，也得到民间和学术界的广泛关注。

（一）中国海外利益保护的背景与脉络

中国海外利益保护从话语、政策、行动等方面看，都经历了从无到有、从部分关注到全面关注的过程。一系列中国对外开放的重大行动与严重危害中国海外利益的重大事件都是这个过程的重要推动因素。

首先，中国与世界其他国家和地区加强合作交流是中国海外利益保护的历史性背景。[③] 一方面，中国坚持走改革开放道路，顺应了全球化浪潮中人类社

---

① 张举胜：《美国外资并购国家安全审查制度研究》，中国政法大学 2011 年学位论文，第 28 - 29 页。

② 杨长湧：《美国外国投资国家安全审查制度的启示及我国的应对策略》，载《宏观经济研究》2014 年第 12 期，第 30 - 41 页。

③ 王发龙：《国际制度视角下的中国海外利益维护路径研究》，山东大学 2016 年学位论文，第 19 - 20 页。

会发展的需要；另一方面，"后冷战"时代世界传统安全问题与非传统安全问题交织在一起，凸显了我国海外安全工作和海外利益保护的紧迫性。

其次，"一带一路"倡议是推动中国海外利益保护的强大动力。[①] 一方面，中国提出"一带一路"倡议进一步推动了中国与外部世界的交流与合作；另一方面，我们应该充分认识到，一些"一带一路"国家长期存在着战争问题，政局不稳，国家恐怖主义和毒品犯罪猖獗。在我国与其他国家共同推进"一带一路"建设的过程中，如何保护海外华人的利益已成为首先要解决的一个问题，探索适合海外华人的安保工作模式已成为一项十分紧迫的任务。

最后，中国公民、驻外机构屡遭不法侵害是加强海外利益保护的重要因素。[②] 近年来，中国公民、驻外机构屡屡遭受恐怖袭击和其他不法侵害。樊京辉被劫持并杀害、中国驻吉尔吉斯斯坦大使馆遭受恐怖袭击、中国基建管理人员在非洲遇袭身亡等事件直观表明，加强中国海外利益保护与海外安保工作具有重大的现实意义。

为适应新形势的需要，中国政府在组织、法律和体制建设等方面开展了一系列工作。为加强领事保护，外交部专门成立了领事保护中心、涉外安全司两个独立机构。截至2019年，公安部已与113个国家和地区建立了密切的执法合作关系，搭建了129个双多边合作机制和96条联络热线，同60多个国家的内政警察部门和相关国际组织签署各类合作文件400余份，初步构建起全方位、立体化、多层次、讲实效的国际执法安全合作工作格局，为国际安全构筑起坚实的"防火墙"。我国公安机关也已逐步成为高度开放、深度融入全球执法合作体系的警务机构。

（二）中国海外利益保护面临的挑战

当前，领导决策部门、国内学术界、媒体及公众都对中国海外利益保护问题给予了高度的关注。一些国外机构和媒体也加入了对这些问题的讨论甚至炒作。认真分析围绕中国海外利益保护问题的各种观点和看法，不难发现推进中国海外利益保护问题正面临着多重挑战。

1. 国际环境的挑战

长期以来，中国坚持和平发展、和平崛起的道路，中国国力不断增强。但是，在国际上，个别国家别有用心地渲染"中国威胁论"，部分西方媒体大肆宣扬对中方的不实报道，更有甚者，借着新冠疫情的势头，否定中国在疫情防

---

① 王发龙：《国际制度视角下的中国海外利益维护路径研究》，山东大学2016年学位论文，第26页。

② 王发龙：《国际制度视角下的中国海外利益维护路径研究》，山东大学2016年学位论文，第27－28页。

控方面作出的种种努力，将新冠冠上"武汉病毒"的虚假名头，对中国在海外的大国形象进行无限度的诋毁，致使境外华人遭受非议和歧视。全球形势波谲云诡、变化无常，对我国合理合法地捍卫海外利益提出了巨大挑战。

2. 国内环境的挑战

中国海外利益保护的国内挑战主要体现在两个方面。一方面，强劲的民族主义思潮裹挟国家发展。近年来，中国民族主义思潮发展强劲，这对增强社会团结和民族自信具有正面作用，但过度放纵民族主义的发展，特别是放任民族主义非理性地发展，可能会对国家发展带来负面影响。需要防止用狭隘的民族主义绑架国家利益，防止民族主义的非理性化现象。另一方面，全球化与反全球化的内在张力。在深度全球化时代，全球化与反全球化之间始终存在着张力甚至冲突。事实上，这种内在张力反映了全球性和全民性之间的冲突，其体现了经济增长乏力与资源分配不均、南北矛盾加剧、文明和价值观的冲突与对立、政治与意识形态的挑战，进一步引发了逆全球化进程，全球治理困境不断加剧。

3. 行动目标的挑战

更进一步地分析，在积极谋划"两个一百年"计划和中华民族伟大复兴事业的过程中，中国政府也积极倡导人类命运共同体的未来发展愿景。在倡导人类命运共同体的过程中，既保护中国海外利益，又促进人类共同利益的最大化，是一项极具挑战性的任务。从话语体系的建构、对内政策和对外政策的制定、海外利益保护行动的实施等方面，都需要认真梳理其中的逻辑关系，努力实现理论、话语、政策、行动之间相辅相成的关系。

4. 行为规则的挑战

行为规则所面临的挑战主要有以下两方面：固守传统规则，不去在新环境下创新规则；忽视国内规则和国外规则的差别，忽视行为规则背后的隐性知识。随着时间的变化，过去习以为常的行为规则可能失去其原有的合理性。因此，中国海外利益保护既要符合国际通行的规则、符合国际惯例，又要从中国海外利益保护的实际需要出发，制定具有中国特色的海外利益保护制度，这也是一项具有挑战性的课题。

5. 保障手段的挑战

以何种形式与手段保障海外利益，是海外利益保护的核心问题。没有合理合法、切实可行的保障手段就不能真正实现海外利益保护的目标。外交、经济、文化等手段都可以为保护海外利益发挥重要作用。当前，我国在海外利益保护手段的建构中，既要合理发挥民族爱国心与爱国热情，也需警惕狂热、狭隘的民族主义思潮裹挟理性、合法的海外利益保障手段的建设，应在理性、合法的框架内建构海外利益保障手段，否则，海外利益保护将失去可靠有效的支撑。①

（三）加强中国海外利益保护的对策建议

1. 以总体国家安全观为指导，做好顶层设计

以总体国家安全观为引领，开展海外利益保护与海外安保工作，应当抓好几个方面的统筹，并防止相应的误区。

第一，注重海外利益保护的布局。应统筹国内与国外，避免用孤立的眼光看待海外利益保护问题，应当在摸清国内底数的情况下，根据国外不同国家和地区的国情和安全特点，有针对性地布局海外利益保护的渠道与手段。

第二，明确海外利益保护的目标。应统筹经济与安全问题，既要防止片面强调经济项目建设中只看经济收益而忽视安全问题，又要防止"过度防卫"措施导致社会环境和社会关系紧张，影响中外经济和文化领域活动与项目的开展。中方驻外机构、中资企业和人员在境外开展工作时，应当与当地各级政府部门、公司和社团，以及民众建立良好的互动关系。

第三，拓展海外利益保护的主体。应统筹官方和非官方（民间）共同参与。海外利益保护牵涉方方面面的工作，既有政治、外交、军事、执法等层面，也有经济、文化、科技等层面。在政治、外交、军事、执法等层面，政府的主导作用、主体地位不可动摇；在经济、文化、科技等层面，非官方（民间）的作用不可或缺。

第四，努力创新建设中国特色的海外利益保护模式，彻底摒弃资本主义国家以金钱至上和个人主义为基础建立的"雇佣军模式"，谨防"黑水陷阱"。

第五，统筹海外利益保护的手段，防止海外利益保护手段建设中出现"过硬"或"过软"的问题。海外利益保护可以通过多种手段实现，军事手段只是海外利益保护工作中的手段之一，科技、文化、教育等软性手段也有其用武之地，海外利益保护应当多策并举、综合施策。②

2. 确立中国海外利益保护应当遵循的基本原则

第一，依法合规原则。我们应当充分借鉴发达国家在海外利益保护方面的经验与做法，结合我国国情和当前世界形势的特点，制定或完善相关的法律制度，依据法律规范海外利益保护制度、健全海外利益保护工作机制，使中国海

---

① 刘莲莲：《国家海外利益保护机制论析》，载《世界经济与政治》2017 年第 10 期，第 126 – 153、159 – 160 页。

② 甄炳禧：《新形势下如何保护国家海外利益——西方国家保护海外利益的经验及对中国的启示》，载《国际问题研究》2009 年第 6 期，第 49 – 54 页。

外利益保护工作在法律的框架内运行。

第二，国际合作原则。中国海外利益保护与海外安保工作应当坚持国际合作的原则，充分开展与相关国家之间的双边或多边合作，应优先利用当地资源解决当地问题，避免单打独斗。对于那些缺乏执法能力但有意愿合作的国家，继续发挥商务部、公安部等部门援外执法安全合作培训的积极作用，同时可以由外交部、科技部、公安部等单位联合牵头搭建必要的执法与安全技术国际合作平台，以提高打击恐怖主义、毒品犯罪、网络犯罪和跨国人口走私等各类犯罪的能力，提高我国对相关国家在执法与安全技术领域的影响力和话语权。

第三，公私协作原则。应通过法律明确国家和社会在海外利益保护和海外安保工作中的地位、权利和义务。要坚持党对境外企业和对外投资安全工作的领导，在国家安全体系建设总体框架下，完善对境外企业和对外投资的统计监测，加强监督管理，健全法律保护，加强国际安全合作，建立统一高效的境外企业和对外投资安全保护体系。

第四，综合施策原则。保护海外利益的工具箱应当包含多种基本手段。这些基本手段既要有软性的外交、社会文化、经济等，也要有法律、军事及准军事等硬性手段。应当充分认识和评估各种手段的优势与劣势，根据不同性质、不同等级和不同类型的安全风险，组合使用各种对策手段。

第五，慎用武力原则。武力是海外利益保护和海外安保工作的核心和最后防线。长远来看，加强专业力量的海外行动能力（包括海外风险感知能力，海外情报搜集、分析研判能力，武装力量海外运输和投送能力，海外行动综合协同能力等），鼓励民营海外安保力量健康发展仍然是我国海外利益保护的基础性工作。[1]

3. 加强中国海外利益保护制度化、规范化、专业化建设

中国海外利益保护是一项系统性工作，当前需要落实的是优化中国海外利益保护的制度设计，以海外利益保护和海外安保工作的制度化、规范化和专业化发展为目标，健全法律法规，完善工作机制。[2]

第一，优化制度设计。首先，中国海外利益保护的制度设计需要回答中国海外利益保护的范围，即中国在海外的哪些利益应当得到保护。中国在海外的经济和财产利益、中国公民个人的合法权利和利益应该得到保护，此外，与中国国家利益相关的国家形象（国旗、国徽以及国家领导人的形象等）、国家声

---

[1] 郎帅：《中国海外利益维护战略研究》，吉林大学2017年学位论文，第24页。
[2] 王发龙：《中国海外利益维护路径研究：基于国际制度的视角》，载《国际展望》2014年第3期，第51–67、155–156页。

誉等也应该得到尊重和保护。对不同形式的利益，根据不同的形势和条件，保护的手段不尽相同。其次，应当根据需要保护的中国海外利益范围，统筹政府和社会相关部门，从制度层面设计出结构合理、权责明晰、职能完整的组织体制。这种组织体制应当涵盖决策领导部门、牵头协调部门、行动参与部门和支援配合部门等单元。

第二，健全法律法规。完整健全的制度需要法律的保障，应当抓紧制定中国海外利益保护法、中国海外安保工作条例等法律法规。中国海外利益保护法从中国海外利益保护工作的目标、原则、主体、客体、手段、程序等方面规定相关主体的权利和义务关系，重点回答"谁保护""保护谁""用什么保护""怎么保护"等问题；中国海外安保工作条例则通过行政法规厘清与海外安保工作相关的重要问题，如确定主管海外安保工作的行政部门，明确设立承担海外任务的安保公司应当具备的资质和条件，海外安保公司开展海外安保工作应当遵守的规则，海外安保公司的违规责任及其处罚等。[1]

第三，完善工作机制。建立健康、稳定、有效的工作机制，具体包括海外利益保护的国际战略传播机制、内部统一指挥联动机制、信息融合与情报共享机制、战术行动支援与保障机制、海外利益保护专业力量培养机制等。只有全面建设这些机制，才能真正使海外利益保护制度具有强大的战斗力和生命力。

---

[1] 王发龙：《国际制度视角下的中国海外利益维护路径研究》，山东大学 2016 年学位论文，第 22 - 23 页。

第六章　防范化解重大风险

当前，是全党全国各族人民迈上全面建设社会主义现代化国家新征程、向第二个百年奋斗目标进军的关键时刻。习近平总书记在二十届中央国家安全委员会第一次会议上强调："当前我们所面临的国家安全问题的复杂程度、艰巨程度明显加大……准备经受风高浪急甚至惊涛骇浪的重大考验。"面临的风险源日趋多样化，各种风险挑战史无前例，呈现多维度叠加、多层面汇集的风险演变趋势。一些潜在的重大风险可能演变成为综合性危机，迟滞甚至中断中华民族伟大复兴的进程。只有坚持底线思维和极限思维，综合、全面、历史地看清当下新时代风险的演变、发展规律，完善应对国家安全风险综合体，方能更好地实现科学治理重大风险的新目标。

党的十九大报告中将"防范化解重大风险"列为"三大攻坚战"之首。在中央政治局第二十六次集体学习中，习近平总书记强调："坚持系统思维，构建大安全格局"，方能为建设社会主义现代化国家提供坚强保障。系统构建大安全格局，首先需要解决各类隐性或显性风险问题。当下，要在分析并解读重大风险的潜在特征和外在表现的基础上，依据风险管理方法中的风险识别、风险评估、风险应对程序，以总体国家安全观作为理论支撑，总结理论经验、联系当前实际情况，形成策略性风险化解方案，最终达到有效、科学、合理防范化解重大风险的目的，为实现中华民族伟大复兴的中国梦保驾护航。

第一节　解读重大风险

"重大风险"一词在风险管理学中早已出现，而"防范化解重大风险"是在党的十九大报告中首次提出，并被列为"三大攻坚战"之首。2019年1月，习近平总书记在"省部级主要领导干部坚持底线思维着力防范化解重大风险专题研讨班"上发表了重要讲话，深刻分析了我国改革发展稳定面临的新情况、新问题、新挑战，并对防范化解重大风险作出了新的部署。习近平总书记指出，面对波谲云诡的国际形势、复杂敏感的周边环境、艰巨繁重的改革发展稳定任务，我们必须始终保持高度警惕，既要高度警惕"黑天鹅"事件，也要防范"灰犀牛"事件。面对已知或未知重大风险，知己知彼，方能百战百胜。想要高效、合理、及时地评估、防范及化解重大风险，必先深入解读重大风险，剖析概念及解读特征，解读各类重大风险的发展趋势，并综合提出应对重大风险的基本要求。

面对各种各样的重大风险，首先，应当具备应对重大风险的谋略能力；其次，应对不同的重大风险，应因险制宜，找准最适合解决的方案并不断改进；最后，对已经解决的重大风险进行长期监控，对尚未解决的重大风险应当积聚力量重点突破。总而言之，面对尚未解决的重大风险应当"稳、准、狠"，面对已经解决的重大风险应当"高、精、尖"。

一、重大风险的概念

重大风险关系人民群众的切身利益和获得感、幸福感、安全感，防范化解重大风险是落实总体国家安全观的重要战略组成部分。目前，重大风险的概念繁芜、内容庞杂，虽然学界尚未对重大风险的概念达成共识，但可以从词义等基础角度进行解析，从不同角度综合阐释重大风险的概念。

（一）重大风险内涵界定

解析重大风险的内涵，可以从词义、范畴、词性三个角度进行阐释。从词义角度来看，"重大"是对风险的等级判定，是一个关键的限定词，初步可以理解为风险影响范围广、波及人数多、预计造成损失较为严重，在程度界定上需要结合实际情况加以调整和说明。[①] 在分析重大风险的词义时，可从多角度对重大风险加以解读。在《新华字典》中，"重大"指物体大而重要，"风险"指可能发生的危险，而"重大风险"即为可能发生的大危险。在通常情况下，"风险"可以从不确定性视角和损失性视角两方面进行分析，即风险既有不确定性也有损失性。从学术层面分析，风险指不利结果的严重程度和发生的概率，具有不利性、不确定性、复杂性的三维特性。在风险管理领域，对各类风险等级的判定，需要综合考虑其发生的概率和可能的危害，然后将该风险在风险矩阵图中依次分为低级风险、中等风险、较高风险和最高风险四级。从范畴角度来看，可以将重大风险划分为广义和狭义两个方面。所谓广义的重大风险

---

① 吴世坤、郭春甫：《社会重大风险起源、界定与防范化解》，载《社会治理》2019年第5期（总第37期），第62页。

既包括国内的经济、政治、意识形态、社会风险以及来自自然界的风险，也包括国际经济、政治、外交、军事、科技风险等所有重大风险。国际上的重大风险主要指地缘政治风险。狭义的重大风险指政治、经济、社会、科技、意识形态、党的建设、外部环境等诸多领域所具有的重大风险。本书主要研究狭义的重大风险。综上，重大风险即为影响范围广、波及人数多、损失较为严重，不利结果的严重程度和发生的概率较高，且具有不确定性和损失性特征的风险。从词性角度来看，重大为形容词，风险为名词。重大囊括了风险的程度，而风险则为重大定性。由此可知，重大风险即为重大的风险，体现风险的发生率较高、危险性较高、波及范围较广的特点。

综上所述，本书将重大风险界定为风险等级较高和最高级的风险。该类风险发生概率和危险性较高，发生后影响范围广、波及人数多、损失较为严重，甚至对国家安全造成严重威胁。

（二）重大风险与总体国家安全观

2017 年 12 月召开的中央经济工作会议确定，按照党的十九大要求，今后三年要重点抓好决胜全面建成小康社会的三大攻坚战，其中将防范化解重大风险列为攻坚战之首，体现了国家领导人对防范风险问题的重视。

（1）重大风险与国家安全。将防范重大风险列为"三大攻坚战"之首，体现出国家领导人的高瞻远瞩、统揽全局、深谋远虑。国家安全是国家发展的基础，国家安全主要体现在内、外两个层面。内部层面，需要国家处于一种持续安全的状态，以及拥有保护处于该状态的能力。外部层面，需要国家积极、主动塑造一种安全的环境。概念上，重大风险与国家安全是对立关系。位阶上，维护国家安全首先应当处理好重大风险问题。

（2）重大风险与总体国家安全观。总体国家安全观是理论层面的国家安全，而重大风险的防范与化解是国家安全的实践活动。国家安全实践是制定国家安全政策的基础，是认识国家安全规律的来源，是国家安全理论研究发展的动力，是检验国家安全战略、理论研究正确性的唯一标准。简言之，防范重大风险就是维护国家安全。

（3）防范重大风险与总体国家安全观。防范重大风险是国家安全可持续发展的首要任务，总体国家安全观是国家安全发展的终极目标。当前，国际社会"危"与"机"并存，国家发展仍处于长期、稳定、持续的重要发展战略时期，各种类型的重大风险相互影响、相互制约、相互渗透，形成难以抵御、难以破解、难以优化的新型重大风险，需要更为高效、可行、科学的国家安全理论，及时、快速、有效地覆盖已出现、待出现、形成中的各类重大风险问题。在总体国家安全观理论的指导下，要融合时代赋予的"危"与"机"，正确处理好老问题与新形势交织，以及新艰险与新实况叠加等问题。当前形势更加复杂，所面临的挑战更加严峻，为了中华民族伟大复兴进程，我们必须坚决贯彻落实总体国家安全观，坚持底线思维、问题导向、供给牵引，善于在实况中把握规律、在复杂的环境中趋利避害，着力提高驾驭风险挑战的能力，为新时代坚持和发展中国特色社会主义发展提供强力后盾。

二、重大风险的领域划分

目前，关于重大风险的领域划分，学界默认分为七大领域，即政治领域、经济领域、社会领域、科技领域、意识形态领域、党的建设领域，以及外部环境领域。"后疫情"时代，生物领域风险不断得到重视，并跃居榜首成为目前亟待解决的首要重大风险。

（一）政治领域风险

政治领域风险是指在某些政治性要素的影响下，可能引发政治危机或其他危机的风险。涉及的风险源主要为以下因素：政治人物的言行不当、关键性政策失误、政治力量因利益或观念原因产生重要分歧、政治腐败、选举舞弊、既有重要规则的突然改变或遭到破坏、突发性事件的处置不当、官员或执政团队弄虚作假或严重违法的行为、政治交易或政治"丑闻"被揭露等。① 上述风险源产生的后果，轻则造成政治抗议和社会动荡，重则造成政府信任危机或国家信用危机。当前，中国最大的政治风险是不能很好地坚持中国共产党领导，不能很好地坚持和发展中国特色社会主义。②

政治风险往往具有一定的特殊性，一旦发生往往后果严重且无法挽救。相对于以上所提及的风险源，国家的衰败和政权的更迭是最大的政治风险。政治安全攸关党的安危、国家的安危和民族的安危，核心是主权安全、政权安全、制度安全及意识形态安全，其他各个领域的安全维系都需要政治安全为前提，其他领域的安全也会反作用于政治安全。因此，攸关国家存亡时，政治领域重大风险在所有的重大风险中居于首位，相对于其他领域而言，政治领域尤为重要。

（二）经济领域风险

经济领域风险是指经济前景的不确定性，致使各经济实体在从事正常经济

---

① 吴传毅：《防范和化解当前七大风险的现实逻辑与实践要求》，载《领导科学》2019年第9期，第5页。

② 燕继荣：《提升防范政治风险的制度化水平》，载《中国党政干部论坛》2019年第3期，第40页。

活动时蒙受经济损失的可能性。[①] 当前经济领域的风险主要有六类：中美贸易摩擦的风险、人民币汇率波动的风险、房地产市场调整的相关金融风险、民间投资和外商投资低迷的风险、地方政府融资平台的债务风险、失业压力加大的风险。[②] 分析重大经济风险的着眼点主要为要素短缺、过剩和结构性失衡，以及部门间资产负债表关系等。[③] 当前经济领域的风险点主要为房地产市场发展、中小微企业融资和"僵尸企业"三个重大经济风险点。

经济领域重大风险的现状主要是金融、房地产、政府债务、产业转型、人口老龄化、社会分化等诸多领域的风险点多，影响面广，且相互叠加，传导机制复杂。而当代经济风险的最突出的特点是其综合性，通过原生、次生、衍生的复杂关系，形成一个风险综合体。[④] 如果应对不当，将会干扰和冲击我国经济社会。

（三）社会领域风险

习近平总书记指出，维护社会大局稳定，要切实落实保安全、护稳定各项措施，下大气力解决好人民群众切身利益问题，全面做好就业、教育、社会保障、医药卫生、食品安全、安全生产、社会治安、住房市场调控等各方面工作，不断增加人民群众获得感、幸福感、安全感。[⑤] 社会领域风险包括三个层面：一是狭义的社会领域风险，主要指安全生产风险；二是广义的社会领域风险，除了安全生产风险，还包括自然灾害风险、食品药品安全风险、社会安全风险等；三是最广义的社会领域安全风险，除了上述安全风险，还包括就业、教育、社会保障、医疗卫生、住房市场调控等社会生活领域容易引起社会不稳定的风险。[⑥] 在探讨重大社会领域风险时，应当以最广义的社会领域风险为目标，研究防范化解的方法。

---

① 吴传毅：《防范和化解当前七大风险的现实逻辑与实践要求》，载《领导科学》2019 年第 9 期，第 6 页。

② 侯永志、刘小鸽：《建设现代化经济体系强化防范经济风险的基础》，载《中国党政干部论坛》2019 年第 3 期，第 23 页。

③ 李明：《我国重大经济风险治理思路及防控机制研究》，载《行政管理改革》2019 年第 4 期，第 24 页。

④ 李明：《我国重大经济风险治理思路及防控机制研究》，载《行政管理改革》2019 年第 4 期，第 26 页。

⑤ 《习近平在省部级主要领导干部坚持底线思维着力防范化解重大风险专题研讨班开班式上发表重要讲话》，载中国政府网，2019 年 1 月 21 日，https：//www. gov. cn/xinwen/2019 – 01/21/content_5359898. htm。

⑥ 李雪峰：《防范化解社会领域重大风险的若干思考》，载《行政管理改革》2019 年第 4 期，第 31 页。

我国当前重大社会领域的风险形势，总体上是社会公共安全事件易发且多发，维护社会公共安全的任务较为繁重。当前重大社会领域风险呈现出以下特征：其一，对人民生命与健康损害极大的事件时有发生；其二，对人民群众财产安全损害极大的事件高发、频发；其三，对经济社会运行造成严重冲击的事件也频频发生；其四，对人居环境造成损害的风险极大；其五，风险与突发事件的复杂性、意外性增强。习近平总书记指出，"要未雨绸缪、妥善应对，不让小风险演化为大风险，个别风险演化为综合风险，局部风险演化为区域性或系统性风险，经济风险演化为社会政治风险，国际风险演化为国内风险"①。如何做到有效阻止风险的肆意扩大，阻止各类风险的综合性转化，阻止经济领域风险演化为社会领域风险，依旧是一项艰巨任务。

（四）科技领域风险

科技领域重大风险是指随着科技革命和产业变革的加速发展，随着新技术、新产业的扩大化发展，科技领域风险日益突出。结合科技领域现状，主要有以下几点风险：其一，科技发展外部环境趋于紧张的风险；其二，科技发展由于自身能力不足而产生受制于人的风险；其三，科技研发及其应用所产生的脆弱性风险；其四，科技进步引发的社会风险及其他风险；其五，由于经济结构调整、资源配置不足等因素影响科技发展不能实现预期目标的风险。② 总体上，科技领域重大风险主要呈现前沿引领性、复合性、难以预知性、潜在的替代性、阶段性五个特征。

随着科技的不断更新以及新兴领域的不断拓展，科技领域在国家全面发展中的地位日益提升，且可能成为高效、合理、科学解决国家整体风险的关键。新型科学技术领域不断突破，日益普及在日常生活中的应用，各领域中的各类风险和威胁也不断提升，使人类与科技的发展依存度提升，相对来说，科技领域对经济社会发展的风险逐步上升。总而言之，在防范科技领域重大风险时，科技领域对解决各领域重大风险的力量不容忽视，应当重视科技领域风险可能会诱发一系列社会、经济等领域的重大风险，在解决科技领域风险时要顾全大局，降低科技领域风险对其他各领域造成的联动性。

（五）意识形态领域风险

意识形态领域是国家与社会巩固发展的主要思想阵地，应当牢牢把握意识

---

① 习近平：《在党的十八届五中全会第二次全体会议上的讲话（节选）》，载求是网，2020年6月4日，http://www.qstheory.cn/dukan/2020-06/04/c_1126073270.htm。
② 陈宝明：《高度警惕并有效防范化解科技领域重大风险》，载《中国党政干部论坛》2019年第3期，第31页。

形态的领导方向，主动防范意识形态的风险，坚固意识形态的防线。我国意识形态领域重大风险，主要源于以美国为首的西方国家加紧推行西化、分化中国的图谋，导致我国意识形态领域面临空前复杂的局面，大量不良社会思潮涌现，"不断冲击"主流意识形态。源于宗教迷信影响日益凸显，主导信仰出现淡化趋势，"少数人与党和政府疏远疏离"，诋毁攻击党和社会主义制度。①

当前世界各国各种思想文化交流日益复杂，意识形态面临的重大风险愈来愈显著。意识形态领域的斗争是一场没有硝烟的持久战，必须要具有长期作战的策略筹划。要充分认识意识形态的地位作用和所面临的风险，并运用国家综合国力采取有力举措加以处置，才能不断巩固且壮大社会主义意识形态阵地，巩固对意识形态的坚固防线，才能更好地维护社会主义意识形态安全。

（六）党的建设领域风险

党的建设领域重大风险属于国家亟待解决的各类风险中最致命的风险，也是防范化解各类重大风险中较为重要的任务。党始终面临着长期执政考验、改革开放考验、市场经济考验、外部环境考验，面临着精神懈怠危险、能力不足危险、脱离群众危险、消极腐败危险。② 要着重防范以下五种风险：其一，脱离群众、根基动摇的风险；其二，心存异念、祸起萧墙的风险；其三，纪律松弛、组织涣散的风险；其四，不负责任、碌碌无为的风险；其五，腐化堕落、异化变质的风险。③

随着中国特色社会主义社会的不断发展，党执政环境也呈现日新月异的变化，影响党的建设的因素日趋增多，对执政党三心二意的人越来越多，部分党员在各种利益因素的诱惑下丧失原则，在权势依仗下拉帮结派，在党的建设下心口不一，还有少数人员在私欲膨胀下胡作非为等，这些问题成为党在建设过程中的重大隐患，在防范治理重大风险时必须予以高度重视。

（七）外部环境领域风险

当今，世界正处于大发展、大变革、大调整时期，各种传统和非传统安全、威胁和挑战不断涌现。至此，我国虽处在和平与发展时代主题的大环境中，但我国的外部环境面临着具有诸多小挑战与小风险的综合性危机。我国当

---

① 刘昀献：《筑牢应对意识形态领域风险的坚固防线》，载《中国党政干部论坛》2019 年第 3 期，第 19 页。

② 田哲：《着力防范化解党自身面临的重大风险》，载《中国党政干部论坛》2019 年第 3 期，第 13 页。

③ 田哲：《着力防范化解党自身面临的重大风险》，载《中国党政干部论坛》2019 年第 3 期，第 13 页。

前面临的外部环境领域的重大风险主要有：政治方面，世界多极化发展进程充满曲折，大国之间竞争博弈日趋激烈，单边主义不断蔓延，现存国际体系受到严重冲击；经济方面，全球化"双刃剑"效应凸显，全球化与逆全球化之间的矛盾激化，经济民族主义与贸易保护主义抬头，推升国际经济环境不确定性；安全方面，传统安全与非传统安全挑战相互交织，全球战略平衡受到威胁，地区热点冲突更趋复杂，全球反恐任重道远，科技领域安全脆弱性增加；社会及文化方面外部环境纷繁复杂，意识形态领域看不见硝烟的战争无处不在，一些国家政局跌宕起伏，民粹主义、排外主义等思潮涌动。[①] 上述国际动荡源和风险点都不是孤立存在的，而是相互交织、相互作用，应当树立正确的大局观念和历史观念，搭建"人类命运共同体"，在维护自身安全的情况下，主动营造和平与发展的国际环境。

（八）生物领域重大风险

除上述各领域重大风险之外，生物安全作为国家安全的构成要素，生物领域风险也是属于重大风险的一种，生物领域风险会影响人类的健康和生命安全，也给国家安全带来未知领域的挑战。目前，生物领域风险的来源主要包括生物实验室、外来物种侵入、传染病大规模流行、生物恐怖袭击、转基因作物对生态环境的改变等。2020 年，新型冠状病毒肆虐，该病毒是以前从未被发现的冠状病毒新毒株。生物安全领域日益受到重视，新生成的病毒导致的传染病大规模流行，给当前中国乃至世界无疑带来最为猛烈的冲击和挑战。在毫无防备的情况下，生物领域的重大风险愈演愈烈，悄然而至的生物领域风险给中国以及世界出了一道难题。中国在应对本次生物领域的重大风险时，抓住时机、找准重点、层级防范，多层防护，体现了具有中国特色的集中人力、物力办大事的中华民族团结精神，坚持"物资调配""药物研究""应急响应""对口响应：一省包一市""封城处理"等策略，有效减缓病毒的肆意传播，降低病毒传染率，为研制疫苗争取了宝贵时间，各省市医护人员"一方有难，八方支援"，砥砺前行，既保护了人民生命又保障了国家安全。

当前中国特色社会主义社会正处于大发展、大变革、大调整时期，和平与发展仍是时代主题。与此同时，各种传统和非传统安全风险和挑战不断浮现，国际形势中的"黑天鹅"事件和"灰犀牛"事件时有发生。如何防范、化解当前外部环境重大风险，是我们亟须解决的重大问题。

---

① 贾秀东：《正确研判和防范化解外部环境重大风险》，载《中国党政干部论坛》2019 年第 3 期，第 34 页。

综上所述，当前各领域各类别重大风险无时无刻不在，重大风险的不确定性随着国家实力发展而瞬息万变，因而增加了重大风险的突发性。面对众多亟待解决的重大风险，应当未雨绸缪地制定方针政策，完善国家风险治理预警，制定应对重大风险的化解措施。

三、重大风险的特征

潜在的、常见的、突发的社会风险容易诱发重大风险，而风险常常具有两个特点：一是风险发生的意外性，潜在风险在引发危机爆发的规模、程度、态势和影响等方面通常让人始料不及，猝不及防；二是风险的结果具有极强的破坏性，风险引发危机常常具有"出其不意，攻其不备"的特点，各种各样的风险都会不同程度地造成社会混乱，导致民众恐慌。

据此，重大风险的特征可分为表象特征和潜在特征，表象特征即为重大风险的表面、直观的概括性特征，潜在特征即为重大风险的独立的、内在的特征。潜在特征影响表象特征的发展，表象特征为潜在特征提供滋养氛围。每一种重大风险都有其与众不同的表象特征和潜在特征，运用大数据可以将重大风险的各类特征进行数据化分析，得出有科学依据的发展趋势结论，为重大风险的防范和预警提供数据支撑和铺垫。

当前，在全面深化改革新形势下，重大风险的风险源越来越复杂，重大风险总体呈现出许多新特征，可概括为风险因素变化和风险因素呈现状态两个方面。可以依据重大风险的总体特征，全方位、多层次、宽领域来探索重大风险的发展趋势。哲学上说，整体与部分是对立统一的，整体由部分构成，整体不能代替部分，整体具有部分没有的功能，整体功能大于部分功能之和。重大风险的总体特征由重大风险的各种因素特征组合而成，重大风险总体特征与重大风险因素特征相互影响、相互作用，而重大风险的总体特征可从重大风险的因素分析中得出。

（一）新动向

新动向，包括内外联动、领域联动、类型联动。其一，"内外联动"即为境内外的重大风险关联互动，国内有其自身特色的重大风险，而国外的重大风险易影响国内重大风险的变化，导致国内重大风险呈现"内外联动"的趋势。其二，"领域联动"即为重大风险与政治、经济、文化等领域的关联互动，政治、经济、社会、科技等领域的重大风险之间相互融合，相互影响，易形成具有多重因素相互作用的重大风险。其三，"类型联动"即为不同类型的重大风险之间的关联互动。重大风险的类型大致可分为自然因素类型和人为因素类型的重大风险，而不同类型的重大风险的关联互动即为人为因素和自然因素相互影响、相互作用。

（二）新态势

新态势，包括数量剧增、程度加深、时空扩散。其一，"数量剧增"即为在放大机制作用下，风险因素相互催化使重大风险数量急剧增加，各个地区、同一时间、不同领域的重大风险数量显著增加，难以防范和控制。其二，"程度加深"即为重大风险通过互联网等工具的激化形成舆论漩涡，放大风险的影响程度，通过网络、媒体等电子媒介，使得重大风险愈"演"愈烈，提高了重大风险的"知名度"和"影响力"。其三，"时空扩散"即为重大风险经放大机制，超越时空进行风险危害势能的放大与传播，增强了重大风险的广延性和持续性，增加了重大风险的攻克难度。

（三）新防控

新防控，包括可监控、可预测、可测评。从目前现状来看，大部分重大风险发生概率低，具有可控性。重大风险不同于自然灾害，它是经济发展、技术进步、公共政策、社会治理等正常运行过程中产生的结果。尽管潜在重大风险危险系数增加，但并不说明社会"不安全"，因为大多数风险不仅可预测，还可以通过提升公共政策水平、社会治理能力、风险应急能力，及时防范、科学化解重大风险。在法治环境中，广大人民群众维护自身利益的意识增强，大多数人会通过理性与法治方式维护自身利益，极少数情况下可能会激化出网络暴力、群体性事件等极端行为。因此，重大风险发生概率较低，具有可监控、可预测及可测评性。

综上所述，重大风险产生因素变化主要为"内外联动""领域联动""类型联动"三大形式。重大风险因素呈现"数量放大""程度放大""时空放大"三大状态。[①] 而当前现状是，重大风险的发生概率较低，并具有可控性。虽然重大风险的特征总体上乐观，但对其不能掉以轻心，防范好、化解好重大风险才能使"三大战役"初战告捷。

四、重大风险的发展趋势

随着经济社会的发展，重大风险逐渐从单一走向复合、从隐性向显性发展，总体呈现"横跨领域""新旧融合""强强联合"的变化趋势。

---

① 吴世坤、郭春甫：《社会重大风险起源、界定与防范》，载《社会治理》2019 年第 5 期（总第 37 期），第 64 页。

（一）单一向复合转变

由单一的经济发展问题，转变为与政治、经济、文化、生态文明等各个领域的风险相互影响、相互转化的复合型重大风险。前期，中国的重大风险呈现单一化趋势，主要为政治领域等单方面的重大风险。现阶段，重大风险呈现出各个领域的重大风险相结合的复合型重大风险。

（二）"跨域合并""新老合并""强强合并"

首先，空间维度上的新趋势为"跨域合并"。目前，重大风险主要由国内因素、国际因素、人为因素和自然因素组成跨域合并。其次，时间维度上的新趋势为"新老合并"。重大风险主要为旧风险叠加与新风险产生合并，产生与时俱进的新型重大风险。最后，程度维度上的新趋势为"强强合并"。重大风险由各种危险构成，各种危险具有不同程度的危害性，而各种危害性积聚而成形成新型"强强联合"型重大风险。重大风险是一个渐变的过程，从潜在风险逐渐形成重大风险，各种风险累积形成新型重大风险。

（三）直接、公开、显性

重大风险变化趋势呈现出直接、公开、显性的特征，从隐性转向显性，从后台走向前台。近些年，重大风险表现形式较为丰富，其影响机制也较为复杂。其通过社会发展，不断由潜在风险向显性风险转变，现代社会危机四伏，由涓涓小溪变为池塘泥淖。

除此之外，仍然存在"倒灌效应""合流效应""叠加效应""联动效应""放大效应""诱导效应"等新趋势。"倒灌效应"是指随着我国日益向世界舞台靠拢，境外风险与日俱增，会对国内造成一定影响，形成"倒灌"风险。此类风险已成为影响我国安全稳定的最大变量。另外，敌对势力渗透颠覆破坏活动更趋公开化、常态化，呈现出"源头在境外，行动在境内"的特点。"合流效应"指各种敌对势力汇集，呈现"内外合流""新老合流""跨域合流"三种合流趋势。"叠加效应"指同种"重大风险"进行叠加，形成更为严重的"重大风险"，对此我们可以从已经知晓的重大风险的发展规律中，总结出重大风险的发展趋势，针对性解决风险问题。"联动效应"是指重大风险的发展变化会涉及多个方面，并非重大风险单方面发展，而是各种因素联动的效果，形成各类"联动"风险。"放大效应"指重大风险的发展会随着信息时代的变化而愈演愈烈，社会舆论、新闻媒体会不知不觉地放大重大风险，造成普通风险"放大化"。"诱导效应"指当某领域重大风险产生时，会诱发一系列其他领域的重大风险，导致重大风险的扩散。① 要认清各领域、各类别重大风险的发展趋势及风险挑战，把握重大风险的形成、重大风险的转变、重大风险的发展规律，利用技术手段科学预测重大风险，完善科学防范的总体思路，谋划击败重大风险的策略和方法，攻下重大风险将不费吹灰之力。

五、应对重大风险的统筹措施

防范与化解重大风险的工作重心是对重大风险的风险管理，而风险管理是针对风险发生的可能性及其后果，综合考虑法律、政治、社会、经济等诱发因素，从风险识别、风险评估到风险化解，并在各环节中进行风险监测与动态管理。要将风险管理运用于重大风险的防范，运用各种风险管理方法及管理策略，为重大风险的防范与化解提供理论依据和可行方案。

重大风险的应对是一项具有系统性、综合性特色，且富有专业性、科学性色彩的风险管理工作。重大风险的应急管理和危机管理是实现"预防为主、防化结合"的重要基础和源头。只有不断增强重大风险的防范能力和化解能力，才能更为科学、主动地应对重大风险，并高效、科学、针对性地实施防范、化解风险管理系列工作。

只有坚持防患于未然，科学研判重大风险、严格执行底线管理、健全防控机制、加快管理体系和管理能力现代化，才能更好地应对重大风险的突发性事件。除此之外，还要做好充分的思想准备、防范准备、保障准备，建立源头防范、动态监管风险、应急处置风险三者相结合的联动机制，提升应对突发性重大风险和衍生性重大风险的能力。

（一）科学研判重大风险形态

当前我国面临的重大风险具有复杂性、不确定性、突发性等典型特征。从复杂性看，政治、意识形态、经济、科技、社会、外部环境、党的建设、生物等各领域重大风险相互交织、相互转化，对各个领域的重大风险都必须保持高度警惕。从不确定性看，面对波谲云诡的国际形势、复杂敏感的周边环境、艰巨繁重的改革发展稳定任务，既要高度警惕"黑天鹅"事件，也要防范"灰犀牛"事件。"黑天鹅"事件指的是超越认知、小概率、不可预见的事件。"灰犀牛"事件指的是大概率且潜伏期长、危险大的事件。从突发性看，一旦不能有效遏制重大风险，所形成的后果将难以承受。我们必须"强化重大风险意识，常观各领域风险大势、常思各领域重大风险大局，科学预见重大风险

---

① 陈一新：《打好防范化解重大风险战略主动战》，载《学习时报》2019 年 6 月 19 日第 001 版。

的发展走势和重大风险从隐性向显性转化过程中所隐藏的重大风险挑战，凡事都要做到未雨绸缪，防患于未然"。① 在对重大风险的风险源、形成原因、产生背景等方面调查研究、全面分析的基础上，将底线目标转换为行动层面的约束规范，形成刚性制度，以制度为载体画定红线，明确哪些是必须恪守的原则，哪些是绝对不能碰的红线，哪些是必须履行的职责，形成解决重大风险的科学范式与纲领。

（二）严格执行底线管理

底线管理要求对重大风险进行全面排查和防范。全面排查内容包括：一是安全底线。在防范化解重大风险时，要考虑人身安全、财产安全、经济安全、社会安全的有关问题，如反恐、安全生产、消防、交通安全、资金公物安全等。二是秩序底线。在防范化解重大风险时，需要考虑政治秩序、经济秩序、社会秩序、文化秩序等各领域的秩序底线，这是维护国家安全、社会平稳发展的首要条件。三是绩效底线。在防范和化解重大风险时，既要考虑成本效益、质量、规模等最高目标，也要考虑最低要求。四是利益底线。遵循利益底线要求，在防范和化解重大风险时，不能只顾眼前、不顾长远，不能只有局部、没有全局，不能为了政绩而搞"迅猛式"发展。"迅猛式"发展是典型的揠苗助长，破坏了国家及社会发展的可持续性。我国的中国特色社会主义事业需要持续地继承与发展，不能损害当前利益，需要对环境、生态、资源等进行长期防护，要同时兼顾短期和长期利益。防范重大风险的责任要落实到位，落实到具体的领导部门和具体的防范人员。要把防范重大风险、重大风险的排查问题、守住风险底线三者，作为防范与化解重大风险的常规工作和重要政绩进行考核。还需加强对底线管理的监察，监察将更利于发现重大风险，及时发现问题，提高重大风险的防范与化解效率。

（三）健全重大风险防控机制

重大风险防控机制包括重大风险研判机制、重大风险评估机制、重大风险防控协同机制、重大风险防控责任机制。重大风险的研判是防范与化解重大风险的基础，重大风险的研判核心是可能发生的重大风险的风险源、重大风险的风险波及范围、重大风险可能造成的损失、重大风险防范的责任部门及防范工作人员。重大风险的风险评估可分为事前评估、事后评估两种。事前评估是指在重大风险形成前，将已经收集的重大风险的数据资料整合后，将该样本数据

---

① 吴传毅：《防范和化解当前七大风险的现实逻辑与实践要求》，载《领导科学》2019 年第 9 期，第 7 页。

与标准数据核对后，形成等级化的重大风险评估。事后评估是指对重大风险的发生给人们生活、生命、财产等可能造成的影响和损失进行量化数据评估。重大风险防控协同是指各单位、各部门、各层级对风险的协同应对，各部门、各类型、各领域多方协助，共同参与重大风险的防范与化解。重大风险防控责任机制是重大风险防控机制运行的保障，只有将责任到岗、到人，才能保证重大风险防范与化解的职责落实到位。

综上所述，要把成熟的重大风险研判机制、重大风险评估机制、重大风险防控协同机制、重大风险防控责任机制，从理论层面上升到制度层面，通过制度层面予以强化。

（四）加快风险管理体系及能力现代化

当前，中国处于高速发展的现代化进程中，国家治理体系和治理能力现代化的不断发展，推动着重大风险管理体系和管理能力现代化的不断演进。我国在应对 1998 年亚洲金融危机和 2008 年国际金融危机中形成了具有中国特色的风险管理模式。但那时的重大风险管理模式不完善，风险管理能力不足。在国家的发展与社会稳定进程中，识别风险、评估风险、防范风险、化解风险始终是国家治理的重要内容。防范和化解重大风险，需要及时识别各种、各领域、各方面的重大风险，有效化解各项重大风险，与时俱进、不断创新重大风险的防范与化解机制，特别要注重防范化解系统性的重大风险。

构建现代重大风险防治体系，重塑防范和化解重大风险的各项能力，是加快风险管理体系和能力现代化的重要内容。首先，需要完善"防范为先、防治结合"的重大风险治理模式。重大风险的治理是覆盖事前、事中、事后的全过程，而非重大风险产生后的化解措施，需要建立"标本兼治"的重大风险治理模式。还需新增重大风险的评估研判、重大风险的化解治理、重大风险防控责任等模式，形成"一体化"机制建设，重点提升事先监测、识别和预警能力；运用大数据理念，提升运用科学防控的能力，推动重大风险评价与精准化预测，及时解决重点问题和突出风险；确定重大风险产生的根本原因，积极主动应对重大风险，防止重大风险的扩散和传递，避免造成大面积、宽领域、多方面的影响。防范和化解重大风险，还需强化系统思维、底线思维、战略思维，有效监控重大风险的实时状态，科学应对多领域重大风险所汇集的压力，把握重大风险形成过程中的新趋势。其次，需要完善重大风险的保障机制，防止意识形态、政治、经济等各类重大风险叠加汇聚，防止各领域重大风险相互影响，形成新型复杂、综合性的重大风险。最后，需要构建政府主导及多元主体共治的风险治理格局。政府主导责任引导重大风险的具体走向，它从人民最根本的利益出发，统筹考虑各方面、各层次、各领域的重大风险影响因素，作出整体性、长远性的防范与化解重大风险的安排。要将重大风险的防范与化解落实到特定部门或机构，由政府部门统筹重大风险的防范与化解的综合性工作，吸收专业机构、专业团队、专业人士参与重大风险的防范与化解过程，定期开展综合性重大风险评估活动，监控重大风险的发展演变，为重大风险的防范与化解提供路径指导。

（五）相关协调机制

在防范化解重大风险的总体策略下，还需要辅之以各类协调机制的保障，例如风险管理协调机制、风险应对协调机制、风险隔离和缓冲机制及社会舆论正向引领机制等。

1. 建立风险管理协调机制

随着重大风险的时空跨度和覆盖范围越来越宽泛，各领域重大风险关联度越来越高，风险管理协调机制的建立急不可待。

当前，各部门的决策往往局限于部门视野范围内，或局限于本部门的职权范围内。面对重大风险的综合性、复杂性特点，通常的"各顾各"管理模式运用到重大风险的防范与化解中会形成管理的"空白点"，导致部门之间的管辖交叉或管辖空白，或形成重大风险管理的交叉和各部门相互牵制，无法高效完成重大风险的防范与化解，甚至还会出现过分重视某一种重大风险而忽视其他领域的重大风险。面对重大风险，各个重大风险的防范与治理部门需要以各部门制定与实施的政策为基础，在国家制度层面建立综合性重大风险管理协调机制。就我国来说，重大风险的防范与化解需要充分发挥中央国家安全委员会的核心指导作用，建立以中央国家安全委员会为首的各方协调机制，也可在中央国家安全委员会下设立专门的重大风险管控机构，吸收专业机构、专家团队、专业人士参与重大风险的防范与化解活动，开展缜密的综合性重大风险监控，密切关注重大风险的演变，及时、有效地发出预警信号，确立重大风险治理的重点，为防范、化解重大风险提出合理化建议。

2. 建立风险应对协调机制

建立重大风险的应对协调机制，主要原因为重大风险的防范和化解需要资源共享和信息共享。建立该机制需要以国家重大风险防治体系为导向，建立各相关部门应对协调机制。各部门之间需做好重大风险的信息共享，还需要重大风险资源共享，提高重大风险管控部门自上而下的管理透明度，增强重大风险自下而上的信息反馈度。要加强各部门之间的重大风险预警协调，动态把握重大风险的演化和发展情况，做好重大风险的预测分析，为制订重大风险的化解方案提供科学依据。

3. 建立风险隔离和缓冲机制

重大风险管控部门要加强对重大风险发展情况的及时反馈，监测各类风险、各领域风险、各层次风险的实时状况，建立有效的重大风险隔离机制，避免重大风险在某些领域的集聚和在各领域之间的扩大化传递。与此同时，在重大风险的防范和化解过程中，需要建立风险缓冲机制，各部门要控制重大风险的突发，企业等方面需要运用好重大风险的应对策略，金融部门要提前做好重大风险的防范措施，各部门要设立应对各类重大风险的储备基金，弥补各部门应对重大风险的脆弱性及不足，增强各部门的自我修复能力，为各部门、各机构、各企业等发展确立缓冲机制。

4. 建立社会舆论正向引领机制

当重大风险发生或未发生时，都会形成一定群体的舆论，要将涉及重大风险的社会舆论引向社会发展的正确方向，防止社会恐慌和民心紊乱。当舆论导向不及时、不正面发展，就会导致事态向相反的方向发展。因此，出现重大风险时，需要将重大风险的化解工作与信息发布和新闻宣传工作实时播报，运用互联网的建设、运用和管理引导社会舆论正向发展，还需要运用新媒体平台引导互联网上的言论和话题。相关部门应当积极回应群众诉求、下大气力解决好群众的切身问题，规避舆论形成的"二次"重大风险。综上所述，需要建立引导社会舆论发展的机制，避免"二次"伤害带来的重大风险。

第二节　重大风险的识别与评估

重大风险的识别与评估是判断重大风险的第一步，也是重大风险防范与化解的坚实基础。识别重大风险是重大风险防范与化解的前提条件。重大风险能否得到高效、及时、合理、科学的防范与化解成为检验重大风险识别是否准确无误的标准。正确、及时、无误的重大风险识别可以有效预防衍生性风险的发生，避免重大风险的防范和化解错失良机。

一、重大风险的识别

科学研判重大风险的第一步即为风险识别，需要判断：该风险属于哪种类型的风险？是否属于重大风险范畴？是否需要进一步谋划"一对一式"风险应对措施？重大风险的识别是重大风险的识别主体随着风险的发展，逐渐辨识判断出该重大风险隶属哪方面重大风险的过程。风险的识别既是防范与化解风险的第一步，也是风险管理的第一步，对所面临的以及潜在的风险，加以判断归类和逐步定性，主要是对重大风险的定量和定性分析，定性是为了判断重大风险属于哪个领域、哪种风险，定量是为了判断重大风险属于哪个等级的风险。

重大风险的识别，主要分为识别主体、识别内容、识别方法、识别程序、识别结果五部分。识别主体是在识别风险方面具有专门技能或专业知识的人。识别内容是指在重大风险发生时准确察觉、及时发现重大风险和分析重大风险的风险源、产生原因等内容并给重大风险加以定性。识别方法是识别主体在识别重大风险过程中所采用的常规方法。识别程序是指在重大风险识别过程中所必须进行的程序性过程。识别结果是对重大风险进行严格判定后，给予科学、准确的答复。重大风险识别的主体、内容、方法、程序、结果，五者缺一不可，重大风险的识别是科学研判并防范、化解的重要前提。

（一）重大风险的识别主体

对重大风险的识别需要人力、物力、财力支撑，而重大风险的识别成功需要专业人员给予专业支持，该专业人士即为重大风险的识别主体。重大风险的识别主体主要由剖析重大风险的专家组和小组评估人员组成，剖析重大风险的专家组成员负责对重大风险进行定性，而小组评估成员则为定性后的重大风险进行定量分析。

面对正在发生的重大风险，专家组成员需要对重大风险进行识别，判定该重大风险隶属于哪一领域，剖析重大风险的风险源及形成原因、产生背景，将重大风险分析数据汇总后进行数据对比，形成具有专业数据支撑的重大风险的定性结论。而小组评估人员则依据已有的评估标准，量化分析重大风险，确定重大风险是否达到有必要进行提前预警的级别。小组评估人员还需要将重大风险的定量数据交与专家组成员确认，核对分析结果是否属实。重大风险的识别通过定性和定量分析确定其危险性及实时状态，需要专家组成员和评估小组人员相互配合，共同完成识别重大风险的活动。对于未发生的重大风险，专家组成员需要进行重大风险的定性分析，而小组评估人员需要对已定性的重大风险进行数据化分析，依据评估数据对比，判定是否对该重大风险作出预警。最后，重大风险的识别报告由识别主体核实并书写完成，形成确定性结论，换句话说，是由专家组成员和小组评估人员共同完成重大风险的识别并撰写识别报告。

（二）重大风险的识别内容

重大风险的识别是指在重大风险发生之前，专业人士运用各种常规识别方法系统地、连续地辨别所面临的各种重大风险，以及分析诱发重大风险形成的潜在原因。重大风险识别内容主要包含对风险的感知和风险的深入剖析两个环节，二者相辅相成，互相联系。对重大风险的感知是识别重大风险的基础，重大风险的剖析是识别重大风险的关键，只有通过辨别、感知风险，才能进一步确定并深入剖析风险。

1. 感知重大风险

感知重大风险是识别人员为了解重大风险所存在的客观环境对重大风险的觉察、感觉、注意、知觉的一系列过程。感知重大风险是识别重大风险的开端，只有通过觉察、注意等方式感知重大风险，才能在此基础上进一步进行数据化或理论化分析，寻找导致重大风险出现并形成的诱发性因素，为拟定重大风险处理方案、实施重大风险管理和决策服务。在风险管理学领域，感知风险通常是指通过基础调查和情况调研，识别并判定风险是否确实存在。

感知重大风险需要全方位基础性调查及调研，了解风险存在的实时情况，将已经发生或未发生的风险进行定性分析，判定是否属于重大风险范畴。在此基础上，辨别并划分重大风险所隶属的等级与种类，从重大风险的实时现状进行特点及风险点归纳，从而拟定重大风险处理方案，做到精准防范、化解重大风险，将失误与偏差降到最低点，提高识别重大风险的能力与准确度。

2. 分析重大风险

分析重大风险主要以剖析引起重大风险的各种风险源与产生背景形成原因为主。分析重大风险是识别重大风险的关键。在风险管理学领域，分析风险是指通过归类并分析，掌握风险形成的原因和条件及风险所具有的性质，主要从风险形成原因、形成条件及风险性质三个层面加以剖析，得出相应的分析结论。

识别重大风险需要深入剖析重大风险，剖析重大风险的产生原因、产生背景、风险源等诸多因素并归纳概括，最终形成重大风险的定量、定性报告，从源头发现风险产生原因，为制定化解重大风险的方案寻找切入点，以达到科学、高效防范和化解重大风险的目的。

（三）重大风险的识别方法

在风险管理领域，通常情况下，风险的识别方法主要有两种：类型识别模式和分级全息建模。目前，重大风险尚无完善的风险识别机制及识别方法，可以按照原有识别风险的方法进行重大风险识别，因险制宜，合理规划并有效解决风险。

1. 类型识别模式

在风险管理领域，类型识别模式是指按照风险的类别、要素、属性三个层次进行风险系统划分，识别风险程度，用于评估风险及风险预警。在风险的类型识别过程中，该模式一直是风险识别的基本方法，需要运用电子科技、软件工程等科学技术加以辅助，形成较为精确的标准化分类。在重大风险的识别过程中，针对不同类型的风险需要采取相应的风险防范措施，提高重大风险的识别精准度和优化重大风险的识别。重大风险的识别可以运用普通风险的类型识别模式，将重大风险的风险源、风险类别、风险要素、风险属性进行系统划分，采取新型手段及方式提高重大风险的可识别程度及识别效率，形成重大风险的识别报告。重大风险的识别，可以利用大数据软件提高量化分析的科学性和严谨性，输入与重大风险相关的数据进入数据库，该数据库具有标准化的数据和分类，然后将重大风险数据通过系统比对形成比率，划分重大风险的等级，以确定是否需要提前预警，达到数据化分析运算的效果，提高重大风险的识别效率，形成适用于识别重大风险的专业模式。

2. 分级全息建模

分级全息建模（HHM）是主要适用于风险管理领域的识别模式，需要建立在系统化和整体化的哲学理论基础之上，全面、丰富、多角度、多维度地剖析风险，展示风险的系统性特征。所谓分级全息建模是建立在情景模拟基础上，通过类似摄影技术方法，全方位揭示风险源、风险类型及其风险演化。该建模的核心方法是分解，将诸多目标按照规定的分类标准系统划分成各类子系统，并按照风险源进行双重定位和识别，既定位和识别子系统，又综合定位和识别划分前的风险整体。

将分级全息建模运用于重大风险的识别，将全方位、多层次、宽领域揭示重大风险的风险源、风险类型及风险演化。将各类已发生的风险进行数据分析后，形成"数字化"风险并完成数据输入，逐步开展风险的定位及识别活动，形成规范化的大数据分析模型，将尚未发生的重大风险中的研究数据输入重大风险分级全息模型库中，形成数据进行比对，揭示重大风险的风险源、风险类型及风险演化，并通过所持有的数据预测隐性风险转为实质风险的概率，做到针对性提前规划并制定防范、化解重大风险方案。

（四）重大风险的识别程序

重大风险的判断和识别既需要专家团队参与，又需要运用规范化的识别程序，提高识别的判断效率且降低识别的误判率。重大风险的识别程序主要分为重大风险的定性、重大风险的定量、重大风险的研判三步，也可以划分为重大风险的度量与重大风险的研判。

1. 重大风险的定性

重大风险的定性即为对重大风险的本质确定，对已发生的重大风险进行类别归属分析，划定其隶属领域，针对性分析重大风险的风险因素及风险源，找出重大风险最为本质的差异，确定重大风险的性质，为下一步重大风险的定量确立实践方向。重大风险的定性需要专业人员鉴定，需要专家具有相关风险识别专业知识及素养，还需要科研团队加以辅助，建立在风险分析大数据的数据库基础上，形成对重大风险的科学化、数字化识别。

2. 重大风险的定量

重大风险的定量分析主要为重大风险的数据度量分析。重大风险的定量分析是将以往发生的风险数据收集后形成数据样本，将现有重大风险的数据与原有数据库中的重大风险数据平均值进行对比，形成重大风险的定量结论。重大风险的定量分析需要小组评估人员参与，小组评估人员需要将现有数据与以往重大风险数据进行初步对比，再与重大风险判定标准相对比，依据风险样本数据确定重大风险的风险等级，依据所确定的风险等级进行合理的重大风险预警。

3. 重大风险的研判

重大风险的定性结论与重大风险的定量结论，二者结合后所形成的结果即为对重大风险的研判。重大风险的研判将基础数据判断标准与重大风险的样本统计数据进行对比，形成科学、合理的鉴定结果，是完善重大风险识别的最后一步。重大风险的研判需要小组评估人员将最终的重大风险的风险等级判断结果交与专家组成员核对，确定结论是否属实，并形成重大风险的识别结论，最终完成重大风险的识别。

（五）重大风险的识别结果

重大风险发生以后，需要专家组对重大风险科学研判，判定重大风险的类型，确定研究方向。识别重大风险类型后，对重大风险的程度进行级别判定，依据基础数据核对，确定重大风险的级别划分，依次可以划分为低级风险、中级风险、较高风险、最高风险。重大风险的识别结果是重大风险评估的前提条件。

多种重大风险的识别结果收集后形成大数据模式的识别库，可以形成社会风险预警的综合识别指标体系，在某种程度上反映了重大风险的根源、征兆或表现，但指标（需要专门的调查与评估）确定难于量化操作和换算。重大风险的识别结果对重大风险的防范和化解起定分止争的作用。

二、重大风险的评估

重大风险的评估是防范与化解重大风险的第二步，也是剖析重大风险的关键。美国学者亨廷顿说过：发达国家与不发达国家在政治上最大的区别不在于政府形式，甚至也不在于政治参与的程度，而在于是否达到了足够的制度化水平，是否建立了有效的社会控制。① 因此，重大风险的评估需要制度化的机制来完善，并相应地提高制度化的应用水平，重大风险的评估才能更为规范、有效地从源头上防范和解决重大风险。

在风险管理领域，风险评估是指在风险事件发生之前或之后对该事件给人们的生活、生命、财产等方面造成影响和损失的可能性进行量化评估的工作，风险评估是量化测评某一风险或风险事件带来的损失或影响的可能性。换句话说，重大风险的评估是对风险事件发生之前或发生之后对该事件的演变规律的评估，是对该种风险事件可能形成某种社会冲突，或将破坏社会稳定和扰乱社会秩序的可能性的评估。简言之，风险评估是对重大风险的科学预测及可能性预测，以便确定是否需要提前预警。将重大风险的评估摆在首要位置，目的是对重大风险发生概率极高的风险予以重视，并合理安排下一步行为决策。重大风险的评估除了事前评估，还有事后评估，是在重大风险发生之后进行风险后期的评估，以测量风险损失、稳定社会形势，为防范与化解重大风险提供指导路径。本部分主要研究重大风险发生前的风险评估。

（一）重大风险的评估标准

评估重大风险的标准是民众对专家团队识别和判断重大风险的相关事务工作的客观评价和价值尺度，即是否满意、是否高兴、是否答应。习近平总书记强调："要始终坚持以群众满意不满意、高兴不高兴、答应不答应作为衡量工作成败得失的出发点和落脚点。"重大风险源于公共安全、社会负面影响、各种类风险相互影响，重大风险的风险源决定风险的最高、较高、中、低等级。

重大风险的评估涉及国内国外两方面的因素，横跨政治、经济、科技、社会、意识形态、党的建设、外部环境等多个领域，纵跃重大风险的产生背景、形成原因、风险源、风险特征等方面。因此，重大风险的评估标准牵涉范围较广，学界尚未形成综合及统一的评估标准，难以详细解说，各领域所对应的重大风险的评估标准可通过查询得知概况，此处不一一展开。

（二）重大风险的评估原则

重大风险的评估必须立足基本国情，立足当下社会情况，一切从实际状况出发，确保运用科学、合理的应对措施取得防范与化解的实效。首先，凡是按程序进行的重大风险评估，都应当遵守应评尽评原则，未经评估不作出提前预

---

① 塞缪尔·P. 亨廷顿：《难以抉择——发展中国家的政治参与》，华夏出版社 1989 年版，第 267 页。

警，未经允许不得擅自评估重大风险，需要专家团队的参与方可进行重大风险的评估。其次，重大风险的评估需要充分发扬民主精神，深入民众内部调查实情研究实况，广泛听取专家、学者的意见，对重大安全进行全面分析论证，从科学、客观的角度对重大风险予以评估，实事求是地反映重大风险的形成情况，任何涉及重大风险的评估事项都应当遵守全面客观原则。再次，重大风险的评估需要全面查找任何可能引发社会稳定的风险源，还需有针对性地采取措施预防和化解重大风险。最后，把重大风险的评估结果作为防范和化解重大风险的依据，统筹发展与安全、整体与局部以及不同利益和各方面之间的关系，审慎谋划并制定防范方案。综上所述，重大风险的评估需要遵循应评尽评、全面客观、查防并重、统筹兼顾四项原则。

（三）重大风险的评估程序

根据重大风险的危害程度及发生的可能性大小，将重大风险的评估分为一般评估和重点评估，并适用不同的评估程序，提高重大风险的评估效率，降低防范和化解重大风险的治理成本。

一般评估由重大风险的评估主体根据相关规定，在就重大风险征求民众意见、论证和公示的同时，对重大风险的危险性和发生的可能性进行科学、准确预测，形成重大风险评估报告，将收集的民众意见和重大风险评估报告提交同级的信访、维稳部门审批，完成重大风险的一般评估。

重点评估由重大风险的评估主体汇集后，成立专门的重大风险评估小组，组织相关部门的专家、学者或委托具有相关资质的第三方机构进行重大风险的评估，评估过程中需遵循确定评估事项、制定评估方案、组织进行评估、编制评估报告、制定工作预案等步骤进行，最终形成的评估报告需提交同级的信访、维稳部门审核，还需要上报同级参与信访工作和维护社会稳定的领导小组审批，该系列活动为重大风险的重点评估。

在风险管理学领域，风险评估的基本流程分为四步：研究评估风险，制定评估方案；收集社情民意，实施重点论证；汇总分析论证，形成专项报告：依据评价结论，落实慰问措施。

综合以上观点，重大风险的评估程序可分为五步。第一，制定评估方案。对重大风险的评估，应当对该风险进行分析，对风险源进行分类，例如重大政策、重大工程建设、重大改革措施、重大事项等。依据划分种类因险制宜，制定不同的评估方案。第二，组织调查论证。重大风险发生后，组成专家小组进行深入调查，收集社情民意并归纳总结，论证重大风险的产生原因及发展趋势。第三，确定风险等级。依据重大风险发生的情况进行科学建模，形成数据化的重大风险变化趋势，根据重大风险的风险指数确定风险等级。第四，形成评估报告。依据重大风险的风险板块和风险类别进行深度剖析，并由专家小组成员制定相应的评估报告。第五，集体研究审定。重大风险评估报告得出后，应当由专家小组成员进行集中审查，确定重大风险的结论并提出化解重大风险的建设性意见。简言之，重大风险的评估程序主要分为：制定评估方案、组织调查论证、确定风险等级、形成评估报告、集体研究审定。

（四）重大风险的评估方法

无论已然的、未然的、生成中的重大风险，都具有一定的时效性、阶段性、延展性。目前，重大风险领域的评估与管理暂无先例，需要借鉴普通风险管理领域的风险评估方法，重大风险的评估可以采用以下几种常规方法。

1. 风险因素分析法

风险因素分析法是指对可能导致风险发生的因素进行评价分析，从而确定风险发生概率大小的风险评估方法。可将其思路延伸至重大风险的评估，依据分析和调查了解重大风险的风险源及形成原因，识别隐性风险转化成为重大风险的关键条件，确定重大风险转化条件是否处于具备状态，预估重大风险发生的后果，综合分析各类风险的影响因素，确定风险发生的概率。

2. 内部控制评价法

内部控制评价法是指通过对被评价单位内部控制结构的评价而确定风险的一种方法。由于内部控制结构与控制风险的主体直接相关，因而这种方法主要适用于重大风险的控制人员内部对重大风险作出的评估缺乏评估的科学性、客观性的情况。

3. 分析性复核法

分析性复核法是对被评价单位主要比率或趋势进行分析，包括调查异常变动以及这些重要比率或趋势与预期数额和相关信息的差异，以推测报表是否存在重要错报或漏报可能性。在分析性复核法中，常用的方法有比较分析法、比率分析法、趋势分析法三种。在重大风险的评估中可以适当运用比较分析法，将重大风险的样本数据与基本数据比较，显示出重大风险与基本平均数值的差距，按照分值段评估重大风险的等级。比率分析法的运用主要将重大风险的风险源、产生背景、形成原因进行比值量化计算，得出比例最高的影响因素，将该因素导致重大风险产生的可能性进行量化分析，从而得出相应的重大风险评估。趋势分析法是指将重大风险的发展演变规律通过量化分析得出趋势图，寻找重大风险的转化点，通过预测重大风险的发展状态得出评估结论。

4. 风险率风险评价法

风险率风险评价法是定量风险评价法中的一种。它的基本思路是：先计算出风险率，然后把风险率与风险安全指标相比较，若风险率大于风险安全指标，则系统处于风险状态，两数据相差越大，风险越大。风险率等于风险发生的频率乘以风险发生的平均损失，风险损失包括无形损失，无形损失可以按一定标准折算或按金额进行计算。风险安全指标则是在大量经验积累及统计运算的基础上，考虑到当时的科学技术水平、社会经济情况、法律因素以及人们的心理因素等，从而确定的普遍能够接受的最低风险率。将风险率风险评估法运用于重大风险评估，需要通过数据化分析重大风险，并计算出风险发生的概率，将风险发生的概率与安全指标相比得出评估结论。风险率大于安全指标则处于风险状态，风险率等于安全指标则处于安全状态，但仍须警惕风险的发生，风险率小于安全指标则处于安全状态。

5. 定性风险评价法

定性风险评价法是指通过观察、调查与分析，并借助经验、专业标准和判断等对风险进行定性评估的方法。它具有便捷、有效的优点，适合评估各种风险。主要方法有：观察法、调查了解法、逻辑分析法、类似估计法。可以将定性风险评价法运用于重大风险的评估，通过观察法、调查了解法探析重大风险的风险源、风险形成原因、形成背景等内容，深刻挖掘重大风险的内在要素，通过逻辑分析法比较各类重大风险之间的区别与联系，运用类似估计法大概评估重大风险的衍生风险及重大风险的发展方向。

（五）重大风险评估结果的应用

重大风险的评估结果是具有指向性的分析报告，把握重大风险的研究重点方向，突出解决重大风险问题，可以为风险预警做好准备。重大风险的评估数据为重大风险的预警提供线索与方向。在社会领域中，风险预警指数通常分为无警、轻警、中警、重警四级。针对以上四种数据结果，有关重大风险防范与化解部门应当及时作出相应决策。无警，表明当前社会处于稳定运行的状态，重大风险的发生概率较小，相关部门只需进行社会发展的监测，无须采取预防和化解措施。轻警，表明当前社会运行处于轻微的波动阶段，需要相关部门保持警惕状态，时刻注意社会运行的波动状态，分析引起社会波动的原因所在，调整政策防范重大风险。中警，表明社会运行中存在一定的动荡，社会风险程度较高，重大风险随时会产生，相关部门应当紧急采取有效措施和行动，将重大风险的源头进行有效控制。重警，则是社会运行处于动荡状态，相关部门应当及时制定相关政策化解已经发生的重大风险。四种重大风险的评估结果指引相关部门的行动，为相关部门防范和化解重大风险提供方向和思路。在此基础上，还应当加强重大风险预警意识的建设，建立并完善重大风险的信息管理系统，成立重大风险的预警专家组，规范应急预案，更为有效地开展重大风险的防范和化解工作。

第三节 重大风险的防范与化解

国家治理体系与治理能力现代化的稳定发展，需要寄希望于国家完善的安全体系、国家抵御风险的能力，推进国家治理领域的现代化进程。对此，防范化解重大风险，风险防控体系和防控能力现代化的建设已成应然趋势。重大风险防控体系和防控能力现代化，主要涉及风险研判、防控、应对、化解等方面的体系建设和提升防范、化解、应对各类风险防控能力两个方面。风险研判、防控、应对、化解等方面的体系建设需要以防范、化解风险为主线，意识形态与客观实践均需抓紧补短板、堵漏洞、强弱项。提升防范、化解、应对各类风险防控能力，需不断提高解决复杂问题、处理复杂矛盾、驾驭复杂局面的能力。

重大风险的防范与化解是最为关键的一步，重大风险的识别与评估为有效防范和科学化解奠定理论基础。重大风险的防范主要从防范思维、防范能力、防范方法、防范机制、防范"四大陷阱"五个方面入手，从理论与实践角度予以双重对抗性防范。重大风险的化解需要坚持重大风险化解的总体思路，面对重大风险的难关，需要迎难而上，从阶段性安排各个击破，将重大风险的防治重点各个突破，深入化解办法，巩固重大风险的化解意识，最终形成重大风险的化解原则。见之于防范化解重大风险的发展具有关联性和传导性趋势，应当注重全局性思维和统筹性规划，注重部分重大风险相较于整体风险的促进、吸收作用，运用综合视角妥善规划重大风险防范与化解之措施与安排，统一调配，集中规划，划分等级，着重解决，各个击破，形成应对重大风险的调度网，做到及时、高效、准确把握重大风险的发展实况，制订重大风险应急响应方案与措施，建立处置重大风险的基本纲要，形成防护、对抗一体化的重大风险规划网。除顶层设计外，还需要五个方面的防范与五个方面的化解强强联合，形成保护社会稳定发展的屏障，为实现中华民族伟大复兴的中国梦创造发展契机。

一、重大风险的防范

当前，重大风险面临复杂的形势及艰巨的任务，需要从根源上解决重大风险。防范重大风险的发生，需从防范策略出发，讲究策略得先有防范思维及防范能力。在保证自身防范意识提高的情况下，重视自身的防范思维和防范能力的发展，才能更进一步提出一招制敌的防范方法，将防范策略整理后形成体制机制，为更高效地防范重大风险铺设道路，还应当防范错误思想的压制，减少防范重大风险道路上的阻力。综上，防范重大风险的过程中，需要以防范思维和防范能力作为铺垫，防范方法作为手段，防范机制作为保障，防范"四大陷阱"作为警示，为重大风险的防范道路扫清障碍。

（一）防范思维

实用且高效的防范思维方法，为重大风险的防范化解提供了根本指引和基本工具。习近平总书记强调，要深入学习马克思主义基本理论，学懂弄通做实新时代中国特色社会主义思想，掌握贯穿其中的辩证唯物主义的世界观和方法论，提高战略思维、历史思维、辩证思维、创新思维、法治思维、底线思维能力，善于从纷繁复杂的矛盾中把握规律，不断积累经验、增长才干。据此可知，我国重大风险防范与化解的思维方法主要是战略思维、历史思维、辩证思维、创新思维、法治思维和底线思维六种。

（二）防范能力

重大风险的防范不仅需要防范的思维方法，还需要与之相协调的防范能力。为了构建和谐的社会主义社会环境，防范重大风险需要提升防范的能力与素质，主要是提升与防范重大风险的能力素质相关的思维逻辑能力、科学防范方法、防范战略策略，全方位、多层次、宽领域地充分准备，才能巩固国家社会安全稳定，掌握防范重大风险的主动权。重大风险的防范伴随着复杂性影响因素，重大风险的突发性与复杂性决定了防范思维和防范能力的高度，随着防范能力的不断增强，应对重大风险的能力也不断得以提升。防范能力主要为公共资源统筹能力和舆论引导能力、政策策略谋划能力、法治运用能力三个基本方面。

1. 公共资源统筹和舆论引导能力

公共资源统筹和舆论引导能力是指从战略思维角度俯视重大风险，从与重大风险相关的所有公共资源和舆论整体出发，协调局势并控制公共资源，防止公共资源和舆论的引导逐步扩散重大风险。因此，公共资源的统筹和舆论的引导成为防范重大风险至关重要的一步。在公共资源统筹方面，需要发挥人民群众的力量，汇集多方人员、物资，构建多方参与、政府领导、社会协调的重大风险防范新方式，运用公共资源的统筹能力来完善防范重大风险的保障工作。舆论引导能力，是运用监控和引导将舆论导向正确的方向，阻止社会的混乱与谣言的传播。舆论管理相关部门应当积极采取技术化、科技化的管理措施，阻断谣言的散布和扩散渠道。控制谣言的生成与扩散是舆论引导能力的基础，也是维护网络安全、意识形态安全、社会安全的基石，更是阻止重大风险扩散的主要方式。

2. 政策策略谋划能力

从进入风险社会后，重大风险一直是热点话题，成为中国特色社会主义道路发展的"绊脚石"。当前，重大风险的演变趋势越来越复杂，风险源逐渐综合化，面对如此复杂的状态，我国政策策略也在随之对应灵活调整。在防范重大风险时，应制订科学预警计划和应急的相应政策，提升防范实力与能力，做到防患于未然。在重大风险生成雏形时，把握细枝末节的重大风险源，把握重大风险的演变发展趋势，探寻重大风险见微知著的特征，谋划策略并合理消除隐患。在重大风险发生之后，应透过重大风险外在的复杂现象把握内在风险源的本质，及时掌握重大风险的发生实况，找准重大风险的风险源、找准形成重大风险的原因，果断谋划策略，解决风险，降低人民群众因此而产生的损失。全面提升政策策略谋划能力，才能更好地完善重大风险的监测、预警、化解各阶段，消除隐患，消除危害。

3. 法治运用能力

重大风险的防范除了公共资源统筹和舆论引导能力、政策策略谋划能力，还需要法治能力给予帮助。重大风险影响社会的发展和民生的利益，最终还会影响国家的长治久安与繁荣发展。基于法治化进程的逐步推进，需要加快完善防范重大风险的立法及法律制度体系，为防范重大风险提供制度支撑。运用法治化的思维与方法解决重大风险问题，坚决抵制一系列诱发重大风险、影响社会安全的行为，依法打击引起重大风险、危害社会安全的违法犯罪活动。法治的运用也是贯彻落实底线思维，用法律作为手段和武器，以法律法规作为防范重大风险的底线，为防范重大风险的进一步推进提供法律保障，有利于防范重大风险工作的进一步推进。重大风险的法治化防范，彰显了中国特色社会主义法治化进程和国家整体法治化水平稳步提升的伟大成果。

（三）防范方法

重大风险的防范主要为重大风险的监控，重大风险的监控将实时掌握社会动态，从风险源头上制止或发现重大风险，可以及时有效地进行干预，以免重大风险的激化与扩张。

重大风险监控是监控重大风险的演变和实时动态，监控重大风险的参数变化的行为。重大风险的监控是防范重大风险过程中的一项重要工作。监控重大风险的目的是核对防范策略和措施是否具有实际效果，以便于改善和逐步细化重大风险防范计划，并获取相关防范策略使用后的反馈信息，更好地为将来防范重大风险提供实际依据，对新出现及预先尚未发现的重大风险，随着时间推移监控其实时状态，为更有针对性地化解风险作铺垫。

依据重大风险防范计划、风险应对计划、风险识别和风险评估对重大风险实时监控，达到及早识别重大风险、努力避免重大风险的发生、积极消除与重大风险有关的隐患、充分汲取风险管理中经验与教训的目标。针对已识别的重大风险，作出重大风险化解计划并执行重大风险化解计划。针对未识别的隐性重大风险，需要采取重大风险监控措施，动态实时监控重大风险的状态及变化，重新制定重大风险的识别规划。

（四）防范机制

重大风险的防范策略除了防范思维、防范能力和防范方法，还应当包括防范机制体系。防范思维、防范能力是从人员角度出发，防范方法是防范重大风险的门径，除此之外，还需要体制机制予以法律制度上的保障。习近平总书记明确要求："要完善风险防控机制，建立健全风险研判机制、决策风险评估机制、风险防控协同机制、风险防控责任机制"[1]，为重大风险防范化解机制体系的形成和完善提供遵循标准。因此，重大风险的防范机制主要包括风险研判机制、风险评估机制、风险防控协同机制、风险防控责任机制四个部分，且缺一不可。

1. 风险研判机制

重大风险的防范"重在抓早，重在治本"。"重在抓早"是在重大风险发生之前，及时监控重大风险的生成、产生原因、演变趋势，通过重大风险的识别与重大风险的评估合理研判重大风险。"重在治本"，是科学、严谨剖析重大风险的风险源、形成原因、产生背景，透过现象看本质，了解重大风险形成的根源性因素，一招制敌，从本质上解决重大风险。重大风险的防范与化解相

---

[1] 《提高风险防控能力　健全风险防控机制（上）》，载求是网，2019年02月19日，http://www.qstheory.cn/zhuanqu/bkjx/2019－02／19/c_1124134031.htm。

差甚远，重大风险的防范更为强调对风险的识别、评估、研判，发现重大风险的风险因素，及时消除风险隐患，阻断重大风险的生成。对重大风险的研判科学与否严重影响能否准确及时防患于未然，也影响着防范重大风险工作的绩效。

综上，应对重大风险的防范，应当建立健全重大风险科学研判机制，对不同地区、不同领域、不同种类的风险源、形成原因和产生背景，进行周期性全面排查和深入研判，有针对性地制定防范策略。

2. 风险评估机制

重大风险的防范可能运用于各个社会运行环节之中，要准确、科学评估重大风险，才能在此基础之上，提高防范重大风险的应对能力。重大风险的风险评估机制和重大风险研判机制相同，都可以运用于重大风险发生之前。重大风险的防范需要在重大风险的研判基础上进行科学评估，进一步分析重大风险的危险程度和范围，以便下一步的决策及调控。当重大风险涉及民生重大安全时，应当运用重大风险的评估机制，判断重大风险的等级及危害，依据评估、判断报告予以预警，保障公众安全。在另一个领域，政府在作出重大决策调整社会利益时，应当运用风险评估机制，合理评估决策的制定是否具有风险、风险是否具有危害性、危害性是否达到预警程度。评估决策后，决定是否执行或更改，以便保障民众利益。在中国特色社会主义社会的发展进程中，需要将防范重大风险放在重要位置，作任何决策都应当将风险评估作为必经程序。风险评估除了前期评估，还有后期评估，即在重大风险发生之后进行评估，测量风险损失，稳住社会局势，为重大风险防范化解提供经验数据。

3. 风险防控协同机制

目前，重大风险产生因素变化主要为"内外联动""领域联动""类型联动"三大形式，重大风险呈现"数量放大""程度放大""时空放大"三大状态。从所具备的特征可看出，重大风险并不局限于同一类型、领域、地域，而是跨越不同类型、不同领域、不同地域，形成的综合性风险体。面对重大风险所呈现的形势，需要不同主体、不同部门和不同地区合作完成防范、化解重大风险的任务，而各种主体、各部门、各地区的合作需要以实况和信息共享为基础。因此，防范重大风险需要建立健全风险防控协同机制，其性质必须具有跨主体、跨部门、跨地区的联合协同特点，及时共享风险信息、及时传递风险资讯，运用重大风险防控协同机制促进不同主体、不同部门、不同地区的防控协同，形成重大风险防范合力。

4. 风险防控责任机制

重大风险的风险防控责任机制主要体现在对领导干部、防范工作负责人员加以鼓励和约束。无论多么完美的重大风险防范策略，没有领导干部及防范工作人员的实施和执行，就犹如空中楼阁。风险防控责任机制既可以有效约束领导干部及防范工作负责人员落实防范工作和策略，又可以激励提升领导干部及防范工作负责人员的工作能力，层层落实重大风险的防范策略，坚决防止和克服层层推责，成为防范重大风险中积极的重要手段之一。除此之外，重大风险防控责任机制还可以增强领导干部及防范工作负责人员的忧患意识，明确防范重大风险的战略意义、目标任务、政策策略，成为提高防范重大风险效率的重要措施。概言之，应当从思维方法、能力素质、机制体系三个方面，搭建和优化重大风险防范策略。

（五）防范"四大陷阱"

习近平新时代中国特色社会主义思想是马克思主义中国化的最新理论成果，是在党和国家应对重大挑战、抵御重大风险、克服重大阻力、解决重大矛盾的过程中形成和发展起来的当代中国的马克思主义。当前，党情、国情、社情、世情正发生着历史性的深刻变化，我国在实现中华民族伟大复兴中国梦的道路上仍然面临巨大挑战。"修昔底德陷阱""塔西佗陷阱""中等收入陷阱""西化分化陷阱"这四大陷阱是我国在逐步实现中华民族伟大复兴的道路中，迎接重大风险所要重视的问题。习近平新时代中国特色社会主义思想对于如何跨越四大陷阱有着深刻思考，并在理论与实践两个维度呈现出严密的逻辑性。通过打造人类命运共同体，贯彻新发展理念，坚定"四个自信"，落实全面从严治党，实现国家治理与全球治理的良性互动，构成了习近平新时代中国特色社会主义思想对"四大陷阱"的深刻探讨。

1. "修昔底德陷阱"及其跨越

"修昔底德陷阱"理论最早由美国政治学家格雷厄姆·艾利森（Graham Allison）提出。他认为，在国际关系中，现存大国无法容忍新兴大国对自己产生的威胁与挑战，从而必然导致现存大国与新兴大国之间的战争宿命。近年来，多数发展中国家经济实力不断提升，综合国力迅速增强，世界经济格局不断扩大，全球治理体制发生着深刻的变化，越来越多的新兴国家倡导建立更为公平、合理的全球治理体制。当今中美两国是全球举足轻重的两大经济体，中美两国成为主导全球治理体系的重要力量。中美关系如何协调、巩固与发展，已成为全球治理进程中的重要支柱与风向标。与此同时，产生了中美两国关系难以逃脱"修昔底德陷阱"的假设。面对如此现状，需要中国在国家能力与实力的基础上，勇于发展，运用智慧的力量化解舆论的冲击，探索跨越"修昔底德陷阱"的路径。跨越"修昔底德陷阱"的关键，不仅在于要破除对陷阱背后的所谓"规律"的迷信，摒弃对抗思维、"零和"思维，从而应对可能跌入陷阱的危险，更在于要树立对话沟通、和平共赢思维，为跨越陷阱提出切实可行的智慧与路径。

2. "中等收入陷阱"及其跨越

"中等收入陷阱"是世界银行在 2006 年基于总结东南亚和拉丁美洲一些国家和地区经济发展特点而创设的概念，意指后发展国家经过一段高速经济增长、收入水平达到中等之后，由于自身经济结构失衡、贫富差距悬殊、要素约束趋紧、社会矛盾叠加、经济发展潜力逐步丧失，从而出现科技创新疲软、产业乏力空心，最终社会经济出现缓慢增长甚至停滞的现象。① 中国应当如何跨越"中等收入陷阱"，是对我国跨越"中等收入陷阱"的战略思考。在当下，需要坚持并贯彻以创新、协调、绿色、开放、共享为核心内容的中国特色新发展理念。中国特色新发展理念既是中国共产党应对我国经济发展进入新常态的成功方案，又是中国引领发展中国家跨越"中等收入陷阱"并成功实现经济科学转型发展的中国方案。

3. "西化分化陷阱"及其跨越

我国目前社会发展态势以及经济增长过程中，存在"西化分化陷阱"。"西化分化陷阱"意指西方资本主义国家通过"非暴力"手段推翻不奉行西方价值观的国家政权，不论是以前的"和平演变"抑或后来的"颜色革命"，其内涵基本一致。② 我们应当如何跨越"西化分化陷阱"？需要从中国特色社会主义进入新时代的国情出发。我国的主要矛盾已经转化为人民日益增长的美好生活需要和不平衡不充分的发展之间的矛盾。跨越"西化分化陷阱"需要牢牢立足于社会主义初级阶段的国情实际，始终坚持马克思主义指导思想和中国特色社会主义理论体系在意识形态领域的领导地位，始终坚持走党的基本路线，始终高举中国特色社会主义伟大旗帜，牢固树立中国特色社会主义道路自信、理论自信、制度自信、文化自信，夯实人民群众对国家的认同力和中华民族的凝聚向心力，确保党和国家发展事业始终沿着正确方向阔步前进，不断开辟中国特色社会主义事业的新境界，抵制"西化分化陷阱"的意识形态入侵。

4. "塔西佗陷阱"及其跨越

"塔西佗陷阱"源于古罗马历史学家塔西佗关于外界对皇帝的一句名言："一旦皇帝成为人民憎恨的对象，他做的好事和坏事都同样会引起人民对他的厌恶。"③ 也就是说，"当执政者失去人民的信任，他将陷入一种进退两难的窘境危机之中，不论他出台什么样的政策，抑或做出任何方式的动员都不会得到

---

① 吴宁、武彦斌、余华：《跨越发展陷阱：习近平新时代中国特色社会主义思想的逻辑理路》，载《理论导刊》2018 年第 7 期，第 55 页。

② 吴宁、武彦斌、余华：《跨越发展陷阱：习近平新时代中国特色社会主义思想的逻辑理路》，载《理论导刊》2018 年第 7 期，第 57 页。

③ 王以铸：《塔西佗历史》（第一卷），商务印书馆 1985 年版，第 7 页。

民众的接受和支持，从而给国家治理带来负面影响"。①"塔西佗陷阱"的实质是政府公信力缺失的问题。

习近平新时代中国特色社会主义思想中蕴含着丰富的应对"塔西佗陷阱"的策略。首先，把党的政治建设摆在首位，同时注重运用习近平新时代中国特色社会主义思想武装思维，实现政治立党与思想建党的共同进行，既要防止和反对个人主义、宗派主义、官僚主义、形式主义、享乐主义、奢靡之风等不良风气对党内人员的侵蚀，也要继续推进"三严三实""两学一做"等思想学习，牢牢把握党员干部世界观、人生观、价值观的走向，严抓死守，防患于未然。其次，完善与健全党和国家监督体系，反腐惩恶。既要贯彻落实中央"八项规定"，监督执纪"四种形态"，也要构建党内监督同国家机关监督、民主监督、司法监督、群众监督、舆论监督的多种联合贯通，形成上下联动监督、多种联合监督，共同营造良好发展的社会环境，"强化不敢腐的震慑，扎牢不能腐的笼子，增强不想腐的自觉，通过不懈努力换来海晏河清、朗朗乾坤。"②最后，需要建设并培养高素质、专业化党政干部队伍，全面增强党政干部执政能力。

二、重大风险的化解

应对重大风险，必须从涉及领域、风险形式、治理手段等角度综合了解重大风险。重大风险在领域上，包括金融、财政、粮食、土地、能源、水资源、矿产资源、生态资源、安全生产、网络基础设施等。在重大风险的形式上，包括难以预料的偶发性"黑天鹅"事件，以及习以为常、容易疏忽但损失巨大的"灰犀牛"事件。在治理手段上包括重大风险来临前的监测预警、防范准备，重视重大风险的到来，危机发生时的处置应对、解决转化。综上所述，重大风险的化解路径需要从总体思路、阶段性安排、化解意识、化解原则等方面进行综合性化解。

（一）总体思路

针对重大风险的阶段性变化和重大风险突发性的特征，要牢牢把握重大风险形成的机理和演变规律，坚持战略思维、底线思维、辩证思维，按照"主动防范、系统应对、标本兼治、守住底线"的总体思路，有效防范、化解可

---

① 吴宁、武彦斌、余华：《跨越发展陷阱：习近平新时代中国特色社会主义思想的逻辑理路》，载《理论导刊》2018年第7期，第58页。
② 习近平：《决胜全面建成小康社会 夺取新时代中国特色社会主义伟大胜利——在中国共产党第十九次全国代表大会上的报告》，载《人民日报》2017年10月28日。

能出现的各种重大风险，有效遏制重大系统性风险，高效化解各种类重大风险。

1. 主动防范

各种各样的重大风险都有一个从萌芽积累到最终释放的演进过程，若能在重大风险集聚阶段，把握住重大风险化解的时间窗口，并采取积极有效措施主动应对，就会显著降低重大风险对社会及国家发展造成的冲击与损失。在重大风险发生前，需要主动防范"灰犀牛"和"黑天鹅"事件。"灰犀牛"是指概率极大、冲击力极强的潜在风险。"灰犀牛"理论认为，风险的爆发并非发生之前的征兆过于隐蔽，而是因为人们的疏忽大意和应对不力，甚至不愿主动采取行动加以防范。"黑天鹅"指非常难以预测，且不寻常的事件，通常会引起市场连锁负面反应甚至颠覆。"灰犀牛"比"黑天鹅"更可怕，人们往往在习以为常和麻木中错失了处置风险的最佳时机。"黑天鹅"存在于各个领域，无论市场经济还是个人生活，都逃不过它的控制。"灰犀牛"是与"黑天鹅"相互补足的概念，"灰犀牛"事件是太过于常见以至于人们习以为常的风险，"黑天鹅"事件则是极其罕见的、出乎人们意料的风险。

主动防范，"就是要加强风险防范的顶层设计，系统规划、稳步推进，将'集中力量办大事'与'市场机制效率'有机结合起来，加强对各类风险的评估，建立风险预警机制，制订系统的防范和化解风险的实施方案，明确每个阶段风险管理的重点"[①]。主动防范、化解风险是一项复杂的系统工程，必须要有总体的战略谋划。

2. 系统应对

在高速发展的社会条件下，重大风险在不同领域之间传导和扩散速度明显加快，重大风险的传导过程更加复杂多样，特别是在全球化和开放型经济的环境下，加之互联网时代信息快速传播，都可能使不同重大风险之间的渲染效应更加明显，重大风险相互交叉传染效应更加严重。在这样的背景下，必须认识到，重大风险蕴含于社会转型之中，重大风险并非单独形成与出现，各领域的重大风险也不是孤立的，化解重大风险不能单单依靠碎片化的局部化解来应对，必须运用综合性思维和全局性视角来系统应对。

系统应对，就是要有系统性战略谋划，将防范化解风险作为一个系统性工程，从事前、事中、事后的整体视角进行设计，事前加强风险的预判和防范，

---

① 国务院发展研究中心"经济转型期的风险防范与应对"课题组：《打好防范化解重大风险攻坚战：思路与对策》，载《管理世界（月刊）》2018年第1期，第11页。

事中加强风险的应对与处置，事后加强风险免疫和管理能力建设。① 与此同时，在注重防范和化解重大风险的同时，需要全面协调、多方共同联合化解重大风险，完善重大风险的化解体制框架，修复重大风险的防范和化解的诸多漏洞，与时俱进建立新型重大风险防范与化解体系，加强治理重大风险的能力建设，制定化解重大风险的方案和实施路径。

3. 标本兼治

在化解重大风险时，主要针对的是迫在眉睫的问题，采取的是治标性质的临时性措施。真正从源头上解决重大风险问题，才是治本。重大风险多种多样的外在表现取决于重大风险的风险源、形成原因、形成背景，要想化解重大风险，需要剖析重大风险的表象特征和外在表现，逐步挖掘本质特征，针对性解决，才能从根本上消除重大风险。当前的重大风险，其突出的外在表现主要是各种风险源汇集而成的外在反应，根本原因是国家状态的逐渐变化，必须从国家社会主义现代化进程中寻找化解重大风险的出路。

标本兼治，就是要紧紧围绕重大风险的根本性质在化解过程中的决定性作用和重大风险的外在表现在化解过程中的辅助作用，二者相结合，共同完成重大风险化解中的"标本兼治"。在任务紧迫和化解风险制度尚不健全的新形势下，要坚持标本兼治，避免重大风险的再次发生，坚持充分发挥化解重大风险的作用，为实现中国特色社会主义伟大中国梦铺设道路。

4. 守住底线

如果对重大风险的形成缺乏警觉，没有与重大风险赛跑的意识，重大风险的隐性因素就会不断集聚，积累到一定程度，就会集中释放，酿成系统性风险和综合性危机。守住底线，就是要坚持底线思维，防患于未然，充分预测最坏的可能性。对最坏的结果做到心中有数，迎难而上，化危为机。我们既要敢于面对重大风险，勇于担当，又要保持清醒头脑，冷静客观地识别和评估重大风险，通过科学地预测重大风险，降低最坏结果出现的可能性，坚决守住保护国家安全、防范与化解重大风险的底线。

（二）阶段性安排

有效防范并化解重大风险，必须把握转型期重大风险形成的风险源、形成原因和产生背景。根据不同阶段重大风险集聚的特点，明确短期、中期和长期重大风险防控的重点和主要任务。

---

① 国务院发展研究中心"经济转型期的风险防范与应对"课题组：《打好防范化解重大风险攻坚战：思路与对策》，载《管理世界（月刊）》2018 年第 1 期，第 11 页。

1. 短期以处置基础风险为重点

从短期看，基础风险是当前最突出的重大风险，主要表现为政治领域、经济领域、科技领域、社会领域、外部环境、党的建设、意识形态等领域的显性风险。这些重大风险积累到一定水平，或遭遇突如其来的外部冲击，就有可能形成风险放大机制，并迅速传导至实体部门，继而引发系统性重大风险。要着力深化改革，健全重大风险的危机处置机制，完善重大风险的监管体系，补齐监管短板和监管空白，采取措施处置风险点，着力控制重大风险源，防止重大风险集聚，从而避免出现流动性风险。与此同时，要加快研究建立符合国情、适应社会发展规律的重大风险防范基础性制度和化解重大风险的长效机制，采取措施抑制重大风险的产生因素，避免酿成系统性风险。

2. 中期以领导干部落实工作为重点

从中期看，防范化解重大风险需要领导干部的积极配合。防范化解重大风险，属于各级党委、政府和领导干部的政治职责，大家要坚持守土有责、守土尽责，把防范化解重大风险工作做实做细做好。常观大势、常思大局，科学预见形势发展走势和隐藏其中的风险挑战，做到未雨绸缪。透过复杂现象把握本质，抓住要害，找准原因，果断决策，善于引导群众、组织群众，善于整合各方力量、科学排兵布阵，有效予以处理。领导干部要加强理论修养，深入学习马克思主义基本理论，学懂、弄通、做实习近平新时代中国特色社会主义思想，掌握贯穿其中的辩证唯物主义的世界观和方法论，提高战略思维、历史思维、辩证思维、创新思维、法治思维、底线思维，善于从纷繁复杂的矛盾中把握规律，不断积累经验、增长才干。防范化解重大风险，需要领导干部有充沛顽强的斗争精神。领导干部要敢于担当、敢于斗争，保持斗争精神、增强斗争本领，年轻干部要到重大斗争中去真刀真枪地干。各级领导班子和领导干部要加强斗争历练，增强斗争本领，永葆斗争精神，以"踏平坎坷成大道，斗罢艰险又出发"的顽强意志，应对好每一场重大风险的挑战，切实把改革发展稳定各项工作做好做实。坚持以人为本，减少危害；坚持统一领导，分级负责；坚持快速反应，协调行动；坚持属地管理，先期处置；坚持系统思维，科学处置；坚持社会动员，共同应对。加强领导干部对突发事件处置的实战能力、协调能力、调动能力。

3. 长期以建设现代风险管理体系为重点

从长期看，当前的风险防范和应对的问题主要在于政府相关部门风险管理体系建设滞后和风险管理能力较弱。重大风险的风险管理是一个覆盖重大风险突发的事前、事中和事后的全过程，并非仅是危机爆发后的应急化解。在重大风险的管理过程中，要加强重大风险的评估、重大风险的预警、重大风险的应对、重大风险的化解等体系建设，降低重大风险的化解成本和重大风险造成的损失，提高重大风险的管理效率。还需创新激励机制，加强重大风险管理人才队伍建设，提高重大风险防范与化解的专业能力和水平，建设现代化的重大风险管理体系，筑牢防范、化解重大风险的基石。还需要完善重大风险的防控机制，建立健全重大风险的研判机制、重大风险的决策机制、重大风险的评估机制、重大风险防控协同机制、重大风险防控责任机制，需要各方主动加强协作能力并相互配合，坚持层层应对，主动迎接重大风险所带来的挑战。

（三）防治重点

重大风险产生于社会生活之中，需要重视重大风险的风险源、形成原因、产生背景、演变规律，及时、高效地避免由重大风险的发展和变化带来的诸多衍生性的、新的重大风险问题和国家安全问题，防止各类重大风险之间产生风险联动。在当下的国家安全背景之下，需要更专注地把握重大风险的内涵，探索防范与化解重大风险的新路径、新方向，提高保障国家安全的能力。防范化解重大风险，应主要抓住以下几点。

一是把握重大风险的来源与特征，做好提前应对。有效防范、化解重大社会风险，需要弄清并把握重大风险的来源及特征。相对于一般风险而言，重大风险涉及不同领域的方方面面，重大风险的来源更加多样，重大风险的构成更为复杂，突发性、不确定性高。对新出现的重大风险的来源和特征，应及早发现，及早研判，及早报告。同时，做好相应的识别、评估和预警工作，对能及时解决的重大风险问题，应当及时采取措施早处置、早解决，并对今后可能出现的类似问题做好预防和监控。从重大风险的风险源着手，坚持"标本兼治"管理模式，对重大风险产生的时间、场所、关系人实时监控并综合把握，推进重大风险防范与化解更加系统化、科学化、精准化、深入化，既防止隐患累积叠加形成新的风险，又防止旧的风险积累积聚引发出新的隐患。

二是把握重大风险的形成规律，做好主动应对。防范与化解重大风险，既要高度警惕"黑天鹅"事件，也要防范"灰犀牛"事件。既要有防范风险的先手，也要有应对和化解风险挑战的高招。既要打好防范和抵御风险的有准备之战，也要打好化险为夷、转危为机的战略主动战。就重大风险而言，现有的应对主要集中在"预防"层面，要加强应急能力应对突发性重大风险。目前，被动响应多于主动预防。在安全形势不断发展和重大风险态势深刻变化的背景下，特别是随着新型风险的不断涌现，应更加重视重大风险的形成规律，从宏观防控政策完善与微观风险点风险源头化解相结合的视野进行整体把握，积极主动地采取针对性措施予以应对，以最大限度地适应风险的动态变化，提高防范化解风险的能动性。

三是把握重大风险的发展演变，做好动态应对。与其他风险一样，重大风险的变化是一个产生、发展、演变的动态过程。防止因重大风险的变化产生出新的重大风险问题，是有效防范化解重大风险的基本要求。这就需要对当前重大风险领域内存在的问题和矛盾进行全面分析，仔细判别各类重大风险演化的重点、节点与关键。这样，才能努力做到不让小风险演化为大风险，不让个别风险演化为综合风险，不让局部风险演化为区域性或系统性风险，不让经济风险演化为社会政治风险，不让国际风险演化为国内风险。

四是把握重大风险的传导规律，做好系统应对。有效防范化解重大社会风险，把握重大风险的传导规律是主心骨。这就需要运用系统思维，根据重大风险的特点、发展和演变过程，以各部门职责分工格局为基础，弄清重大风险演变条件和环境，明确扩散的形式和路径，架构综合性的重大风险系统并应用于重大风险的防范与化解。还需要通过认真分析和仔细梳理各类重大风险之间相互影响、相互关联、相互作用、相互耦合等风险联动的现实表现，进一步整合资源、加强制度建设、加大科学技术支撑、完善防控机制和防控体系构建，建立综合性的重大风险系统性防范与化解的整体架构，防止重大风险的蔓延、扩散和向其他领域转变，保障国家安全运行。与其他国家和地区相比，当前我们所面临的风险环境具有明显的多重叠加特征，传统风险与现代风险叠加，技术风险与体制风险叠加，内生风险与外来风险叠加等。面对多重叠加风险，亟须构建起多层次、多领域、多主体的共责共担的复合治理机制，发挥各个社会行动者的作用，齐心协力，共同防范，应对并化解经济社会等领域的重大风险。

（四）化解意识

党的十八大以来，我国突发事件应急体系建设取得重要进展，防范和应对突发事件综合能力显著提升。但是，重大风险形势依然严峻复杂，面临风险隐患增多、诸多矛盾叠加的挑战。从现状来看，对重大风险的认知存在一定短板，例如轻视重大风险，对重大风险认识不足。目前，需要充分认识防范化解重大风险的重要性和紧迫性，全面提升对重大风险的科学认知与深刻理解。

一是从政治上提高对重大风险的重视。重大风险直接威胁到社会稳定大局，防范化解重大风险是各级党委、政府和领导干部的政治职责。面对复杂多变的国际环境、艰巨繁重的国内发展改革任务和经济社会发展不平衡不充分的现状，要以高度的政治责任感、迎难而上的魄力和分清轻重缓急的能力，科学防范化解重大风险，特别是在遇到新问题、棘手问题时要敢于担当、负起责任。

二是从认知上深化对重大风险的理解。伴随着社会分工细密化、社会结构复杂化，整个现代社会实际上具有更大的脆弱性，当前这一转型期具有强烈的时空压缩性和矛盾重叠性，重大风险不仅广泛存在，而且每一种风险具有多重属性，相互交织、彼此渗透，具备了强烈的"风险共生"特质和连锁反应的可能。因此，要常思大局，紧密联系外部环境的深刻变化和国内改革发展面临的新情况、新问题、新挑战，要常观大势，未雨绸缪，科学预见形势发展和隐藏其中的风险挑战。

三是化解重大风险需要各级干部配合，要勇于负责、敢于担当、果断决策。防范化解重大风险，需要有充沛顽强的斗争精神，需要增强各级党委政府的公共责任和民主治理能力。习近平总书记强调："防范化解重大风险，是各级党委、政府和领导干部的政治职责，大家要坚持守土有责、守土尽责，把防范化解重大风险工作做实做细做好。……领导干部要敢于担当、敢于斗争，保持斗争精神、增强斗争本领……"提升治理风险能力水平的关键是要发挥各级党委的领导作用，各级政府则应承担起应负的公共责任，进一步完善公共治理结构，通过深化机构职能、改革放权和分权来调整政府与市场、社会的关系，构建起合理的互补合作结构。提高各类经济组织、社会组织和个人的公共责任感、风险意识以及风险识别能力。习近平总书记在谈到风险防控时要求，要下大气力解决好人民群众的切身利益问题，全面做好就业、教育、社会保障、医药卫生、食品安全、安全生产、社会治安、住房市场调控等各方面工作，不断增强人民群众的获得感、幸福感、安全感。获得感、幸福感、安全感不仅需要党委和政府的有效制度供给，更需要各类组织和个人的参与、投入和自我担当，这样才能真正实现责任共担。领导干部要敢于担当、敢于斗争，保持斗争精神、增强斗争本领，年轻干部要到重大斗争中去真刀真枪地干。

四是必须掌握四项基本功。一是对下要立即行动，千方百计做好先期处置，控制事态，把伤亡损失降到最低。二是对上要及时如实报告，主动争取上级指导和支援。风险和事件的演变不可能按照我们个人的意志变化，不能等到自己控制不了了，才向上级报告而贻误战机。三是对相关地区或单位要及时通报，健全完善联动机制，强化协调配合，形成合力，确保风险隐患发现得早、防范得准、化解得好。四是对媒体和社会及时主动发声，正确引导舆论。突发事件的信息发布应当及时、准确、客观、全面。事件发生的第一时间要向社会发布简要信息，随后发布初步核实情况、政府应对措施和公众防范措施等，并根据事件处置情况做好后续发布工作。舆论引导工作应当与突发事件的整体应对工作同步部署、同步开展、同时研究、同频共振，并善于争夺第一话语权，争夺第一解释权，争夺第一评论权，争夺第一定义权。对世界上任何一个国家的政府而言，能不能防范化解重大风险，能不能有效地管理和处置危机，能不能维护正常的社会秩序，能不能保障人民群众的生命财产安全，是检验这个政府能否取信于民的重要标志，是检验这个政府是否对人民群众负责的试金石。

五是重视社会信任的培养和扩展。习近平总书记指出，在世界大变局加速的深刻演变中，全球动荡源和风险点增多，国内国际两个大局联系更加紧密，一定要处理好发展与安全之间的关系，积极推动共同构建人类命运共同体事业。只有相互信任才能自愿履行公共责任。在保护传统共同体精神的同时，也要扩大社会信任的范围，提高对"陌生人"和"他者"的认同感，培养大共同体意识，为整个社会的整合提供价值基础。同时，也要避免民族主义的过激化，增强对国际问题的关注度和包容度，在全球化的进程中培育正常的心态，以推动风险治理中的地区、国际以及全球合作。

（五）化解原则

"五早"（早发现、早研判、早报告、早处置、早解决）原则是多年来防范化解重大风险和应对突发事件的宝贵实践经验。就当下大安全观理论层面来说，面对纷繁复杂的各类安全问题，还应当严格遵循习近平总书记所提出的十个坚持来落实总体国家安全观，应对变幻莫测的当下实况。（1）领导原则。化解现存或尚未出现的重大风险，需要坚持党对国家安全工作的绝对领导，坚持党中央对风险问题排查工作的集中统一领导，加强各部门之间的统筹协调，把党的领导贯穿到防范与化解重大风险工作的各方面，推动各级党委领导集体把解决重大风险的责任落到实处。（2）道路原则。防范、化解重大风险，需要采用中国特色的处理方式，探索符合中国国情的解决模式，形成中国特色的防范与化解道路。（3）"以民为重"原则。重大风险会牵涉甚至改变人民生活状态、方式、模式，对人民群众的影响是最大的。对此，解决重大风险问题还需坚持以人民安全为宗旨，实现国家安全一切为了人民、一切依靠人民，充分提供广阔、和平空间为发挥广大人民群众积极性、主动性、创造性提供物质条件，切实维护广大人民群众的安全权益，始终把人民作为国家安全的基础性力量，为国家安全增添动力。（4）兼顾安全与发展原则。维护国家安全需要，坚持发展和安全并重，实现高质量发展和高水平安全的良性互动。防范与化解重大风险过程中，营造有利于经济社会发展的安全环境，在发展中更多考虑安全因素，努力达到发展和安全的持平状态，更有利于国家安全工作能力和水平的全面提升。（5）首要解决政治问题原则。在处理风险问题中，首要解决的问题是政治问题，维护政权安全和制度安全，方能更加积极主动做好各方面工作。(6) 共同安全原则。坚持统筹推进各领域安全，统筹应对传统安全和非传统安全，发挥重大风险部门工作协调机制作用，保障持续、共同、稳定的国家安全状态。(7) 突出问题解决原则。坚持把防范化解重大安全风险摆在突出位置，提高风险预见、预判能力、评估能力，力争把可能带来重大风险的隐患发现和处置于萌芽状态。(8) 共赢化解原则。坚持推动树立互利、共赢、多方、持续的风险问题处理机制，加强国际风险问题处理交流与联系，完善全球安全治理体系，共同构建普遍安全的人类命运共同体。(9) 制度原则。坚持推进国家安全体系和能力现代化，坚持以重大风险问题处理为动力，加强系统思维，构建合理完善、科学的风险处理系统，运行中国特色的国家安全制度体系，提高运用科学技术维护风险探测、风险评估的能力，不断增强塑造国家安全态势的能力。(10) 优化"后备军"原则。坚持加强国家安全干部队伍建设，广纳贤才，加快国家安全战线构建，坚持以解决风险问题为统领，打造坚不可摧的队伍。

第七章 国家安全宣传教育

安而不忘危，存而不忘亡，治而不忘乱。越是接近奋斗目标，前进的阻力和风险压力也就越大。在严峻复杂的国家安全形势下，加强国家安全宣传教育不仅是提高国家安全能力的关键，也是维护和塑造国家安全的重要基础。然而，当前我国的全民国家安全意识相对薄弱，国家安全教育在国民教育体系和公务员教育培训体系中相对缺位。全民国家安全意识的薄弱是我国经济健康发展和社会长期稳定所面临的潜在风险。因此，要进一步加强和完善国家安全宣传教育，就要牢筑国家安全人民防线，发挥人民群众的积极主动性。人民安全是国家安全的宗旨，国家安全就是人民安全，国家安全工作归根结底是保障人民利益。要通过宣传教育，提高全面国家安全意识，拓宽人民群众参与国家安全的渠道，提高人民群众在维护国家安全中的参与度，增强国家安全使命感和责任感，从而更好实现国家安全。[1]

第一节 国家安全宣传教育的现状概述

一、国家安全宣传教育的时代意义

（一）加强国家安全宣传教育是国际形势政策变化下的客观需要

近年来，随着中国综合国力的显著增强和国力的持续壮大，国内外面临的挑战也日益增多。在政治、经济和社会领域，各种矛盾和问题逐渐显现。同时，一些西方国家出于遏制中国崛起的考量，散布"中国威胁论"，企图构建国际联盟来围堵和打压中国。20世纪以来，国家安全问题受到广泛关注和研究，但是当前各国对国家安全的关注程度前所未有。当前，国际国内安全形势

---

① 刘建飞：《总体国家安全观：理论指导和根本方法》，载中国共产党新闻网，2016年5月3日，http：//theory. people. com. cn/nl/2016/0503/c376186-28319452. html。

复杂多变，国家安全也成为官方媒体和新闻报道中的常见话题，同时也被世界各国领导人频繁提及。因此，国家安全治理成为各国面临的重要课题。鉴于此，国家安全的宣传教育工作显得尤为迫切。我们亟须通过有效的宣传教育，提升全民对国家安全重要性的认识，帮助干部群众理解国家战略方针，引导公民认清国家安全形势，培养国家安全意识，并激发他们维护国家安全的主动性和自觉性。

（二）加强国家安全宣传教育是转变国家安全观念后的迫切需要

当前，我国国家安全内涵和外延比历史上任何时候都要丰富，时空领域比历史上任何时候都要宽广，内外因素比历史上任何时候都要复杂。习近平总书记深刻认识了世情、国情、党情的变化后，结合国家安全形势变化新特点、新趋势，汲取了之前所提出的诸多国家安全战略观念，对我国的国家安全进行了深刻思考，提出了具有新时代中国特色的总体国家安全观。

坚持总体国家安全观是实现中国经济和社会健康可持续发展的基础和根本保障，总体国家安全观是新的国际政治形势和国内经济格局下对国家安全理念的高度概括，也是对国际安全理论和实践研究创新性的思考。总体国家安全观对外明确地提出了中国在建立国际安全管理体系过程中的建议和主张，对内也引领了中国国家安全政策机制的整体运作，充分体现了中国国家安全观的时代特色。而开展全民国家安全宣传教育就是提高人民群众的国家安全意识的有效途径和重要抓手，对国家安全民意基础的夯实，事关人民的安居乐业，事关党和国家事业的兴旺发达，可以说进行国家安全的宣传教育，对于深入贯彻落实习近平总书记的总体国家安全观、强化全民国家安全观念、增强全民国家安全责任意识、提高公民维护国家安全的意识和能力、形成和汇聚国家安全的强大合力具有十分重大的意义。[①]

二、国家安全宣传教育的现实困境

习近平总书记提出的总体国家安全观，是新形势下指导国家安全实践的强大思想武器，是对国家安全理论的重大创新，为做好国家安全宣传教育工作指明了方向，故在组织开展宣传教育和指导维护国家安全观念工作时也就势必以总体国家安全观作为工作核心和基本指导思想。但就目前来看，要想真正实现将总体国家安全观融入整个国家安全的教育宣传之中并达到良好的教育宣传效果，还有一定的现实差距，国家安全宣传教育工作至今仍有诸多与新形势、新任务、

---

① 孟昕亚：《十八大以来国家安全宣传教育研究》，华东政法大学 2018 年学位论文，第 12 页。

新要求不相适应之处，面临许多现实困境。主要体现在以下几个方面。

（一）国民对总体国家安全观的认知不相称，宣传教育的实效性差

坚持总体国家安全观是新时代坚持并推动发展具有中国特色社会主义基本思想的方略之一。贯彻落实总体国家安全观，对我国今后维护自身安全及更长远的发展至关重要。总体国家安全观所蕴含的内容极为丰富，包含的战略思想深度也超越了之前的所有安全观，涉及了诸多领域的安全因素，综合了国家各个方面的安全问题。由此，也增加了宣传教育总体国家安全观的难度，有研究者指出："当前总体国家安全观大众化的诸多欠缺，导致了一种不相称的认知局面，即高层领导、专家学者等对总体国家安全观相当熟悉，而基层党员干部、官兵、大学生、工农群众知之甚少或根本不知道，基本的国家安全忧患意识、责任意识、担当意识等比较欠缺。"[①] 这一说法基本符合广大社会主体对总体国家安全观的了解状况。由此可见，如何向广大社会主体进行简明扼要却能达到深刻程度的宣传教育，是目前解决国家安全的各个问题中一项非常重要和紧迫的任务。如果绝大多数的群众不能真正全面、准确理解和把握总体国家安全观的科学内涵，将会阻碍国民国家安全意识的提升，最终导致在维护国家安全的道路上事倍功半，难以取得显著成效。

（二）国家安全宣传教育的体系不够完备、基础较为薄弱

党的十八大以来，国家安全工作得到全面加强，牢牢掌握了维护国家安全的全局性主动。按照党中央的统一部署，依托学习宣传总体国家安全观以及《国家安全法》等国家安全法律法规，组织开展"4·15"全民国家安全教育日等主题教育活动，一个分工明确、覆盖广泛、渠道多元的国家安全教育工作格局初步形成。但我们也要清醒地认识到，与党的十九大关于新时代国家安全工作的战略部署相比，与美国等西方发达国家健全的国家安全体系及教育制度管理体系的建设相比，目前我国国家安全宣传教育的体系还不够完备、基础较为薄弱。进入新时代，我们一定要始终站在实现保障一个国家长治久安、实现推进中华民族伟大繁荣复兴、实现中国梦的伟大历史高度，用综合性教育理念和系统化教育思维，努力加快建立支撑起具有当代中国特色的新型全民参与国家安全教育体制。[②]

（三）现有国家安全宣传教育形式单一、内容陈旧、供需脱节

当下，主流媒体报道仍是国家安全教育的主渠道和主形式。宣传教育工作

---

① 廖生智：《推进总体国家安全观大众化刍议》，载《江南社会学院学报》2016 年第 2 期。

② 解松、辛宏东：《新时代加强国家安全教育的若干思考》，载《江南社会学院学报》2018 年第 2 期，第 23 - 28 页。

的形式单一、内容陈旧、供需脱节，宣传教育大多还停留在科普层面。特别值得强调的是，在宣传教育的对象中，新时代大学生是一群积极向上、朝气蓬勃的青年，他们大都有极强的自主能力和意识，其思想观念更具有多变性和不确定性，采用传统的教学方式在他们身上很难取得应有的成效。国家安全宣传教育如果缺乏一定的吸引力和影响力，就无法有效激发广大群众的学习热情。尽管网络平台已经开始尝试开展国家安全的宣传教育，并在形式上进行了一定革新，但由于形式单一、理念落后、主题不明、制度不完善等问题，导致半途而废或名存实亡，网络平台在促进双方互通信息、交流思想的作用未能得到充分发挥。

（四）国家安全教育宣传的对象还不够多层次、多元化

国家安全宣传教育是一项面向全民的活动，其宣传教育对象既包括青少年群体在内的国民教育体系，也涵盖党政领导干部和公务人员的公务员教育培训体系，同时还应包括面向全社会的经常性、大众性的宣传教育活动。针对不同教育对象的特点，我们需要细化并分层、分类、分级地确定教育的重点内容与目标任务，并开展分众化、互动化教育。目前，国家安全宣传教育主要集中于高校学生，而这类教育仅作为高校思政教育的部分，并未形成独立的体系，缺乏系统性。更重要的是，目前缺乏对从事国家安全工作的相关公职人员进行系统的国家安全宣传教育。而这些人正是与国家安全实践最密切的主体人群。如果不对他们定期进行思想上的宣传教育，一旦其中部分人员的思想出现动摇，可能会带来严重的后果。

三、国家安全宣传教育的总体设计

（一）国家安全宣传教育应认真阐释总体国家安全观

要认真阐释总体国家安全观产生的时代背景，以凸显国家安全宣传教育的重要性。中国要实现长期稳定的发展，必须建立在国家安全的基础之上。在国内国际形势发生深刻变化的当下，制定符合国情的国家安全观对于保障国家安全就显得至关重要。党中央对于总体国家安全观的认识是建立在准确把握当前中国国家安全形势的新特征和新趋势基础上提出的一项重大战略思想。这一思想是在当前我国国家安全发展面临国内外各种复杂环境和严峻挑战的形势下，基于国家安全治理工作的现实要求而必然产生的，本身就蕴含着鲜明的国家忧患意识，极具历史性、时代性和创新性。总体国家安全观与以往其他历史时期的国家安全观有所不同，总体国家安全观是一种科学理论上的创新，着眼于当前中国对世界国际安全问题的认识与研究；这是一个重大的战略规划，着眼于中国在世界范围内的安全治理；是一个整体的设计，着眼于我们党和国家安全

政策与机制的建立和运行；总体国家安全观站在国家安全的高度，统筹地把握国内外的国际影响因素，兼顾不同领域的安全情势，审视当前我国的国家安全，具有鲜明的总体性特点。同时，总体国家安全观符合时代要求，是中国在新形势和新格局下对安全治理理念的概括，反映了国家安全理论研究的创新思维。对外，它明确提出了中国在全球安全治理中的主张；对内，它引领中国国家安全决策机制总体运行，充分体现了中国国家安全观的时代特色。总体国家安全观是在全国上下普及忧患意识和责任意识活动中的迫切要求，是遵循党的思想政治教育"先进性和广泛性相结合"基本经验在国家安全教育中的具体要求。总体国家安全观是一种系统治理观，必须运用系统思维，综合研判国家安全形势，协同推进国家安全宣传教育，认真阐释总体国家安全观产生的时代背景，总体国家安全观宣传教育是推进国家安全宣传教育工作的基础，也是对国家安全宣传教育重要性最有力的证明。

（二）国家安全宣传教育应深刻领会总体国家安全观

应深刻领会总体国家安全观的内涵，以明确国家安全宣传教育的内容、方向。总体国家安全观相较于以往的国家安全观，极大地丰富了国家安全认知。总体国家安全观强调，既重视外部安全又重视内部安全，既重视国土安全又重视国民安全，既重视传统安全又重视非传统安全，既重视发展问题又重视安全问题，既重视自身安全又重视共同安全。辩证、全面、系统的总体国家安全观不仅实现了对传统安全理念的超越，而且直接拓展了国家安全宣传教育的内容。总体国家安全观是新概念、新事物。长久以来，受传统安全观影响，在许多国民的思想中，国家安全就直接等同于国防安全，是国家领导人和军队的事情，与己无关。随着中国的科技发展与国防力量增强，许多国民认为国家安全形势一片大好，缺乏现实的忧患意识。对国家安全的认识是不到位、不充分的普遍现象，也表明进行国家安全宣传教育应当深刻领会和把握总体国家安全观。这有助于让国民明白国家安全不仅关系到每个人的切身利益，而且与每个人的行为息息相关。总体国家安全观的丰富内涵，涉及和包括的安全领域并非一成不变，故在宣传教育时不应当片面地只注重某些领域的安全，而应保证宣传教育是全面的、具体的、综合的。通过深刻理解总体国家安全观所涵盖的各个安全领域与国家安全之间的关系，形成兼顾部分与整体的综合国家安全宣传教育内容体系。在进行全面宣传教育的同时，要培养和树立国民在看待国家安全问题上的全球意识和整体思维，学会从全球的视角审视国家安全问题，从整体出发看待我国各个领域的国家安全，并且对不同领域的安全威胁进行不同的思考。最终使国家安全意识的宣传教育达到分合相融，国民的国家安全意识得到提升，国家安全维护与保障能力得到加强。

（三）国家安全宣传教育应实际运用总体国家安全观

应实际运用总体国家安全观，以提高国家安全宣传教育的实效。总体国家安全观是立足当下、展望未来的系统性国家安全观，开创了新时代国家安全的宏观研究思路，是马克思主义时代化、中国化在国家安全领域的最新体现，是中国国家安全理论的最新成果。无论多么新颖的理论都离不开实践的运用，尽管总体国家安全观的提出使得国家安全变为一个更加宏观的概念，但唯一不变的是国家安全与我们每个公民都息息相关的事实。总体国家安全观最终还是要通过对国民宣传教育的实际运用来发挥自己最大的效用。反过来说，实际运用总体国家安全观也将大大提高国家安全宣传教育的现实效果。坚持将总体国家安全观贯穿于日常宣传教育管理中，用总体国家安全观统领思想、指导实践，牢固构建起以人民安全为宗旨、以政治安全为根本、以国家利益至上为准则的新安全宣传教育体系。鉴于此，要强化国家安全宣传教育的顶层设计和长远布局，完善国家安全宣传教育的内容体系，创新国家安全宣传教育的方式方法，尽快形成总体布局、多元推进、统筹兼顾、规范实施的国家安全宣传教育长效机制。在实际运用总体国家安全观时，我们必须坚持党的绝对领导，坚定中国特色社会主义道路自信、理论自信、制度自信、文化自信。同时，要明晰新形势下国家需要培养什么样的人和为谁培养人的新任务、新要求，探索培养人才的新方法、新途径，教育、引导国民正确认识世界和中国发展大势，正确理解中国特色和国际比较，正确认识时代责任和历史使命。

（四）国家安全宣传教育应创新发展总体国家安全观

应创新发展总体国家安全观，以加强维护国家安全的能力。总体国家安全观不是传统的安全观，它不仅涵盖诸多现代安全问题，而且通过现代化的新方式丰富了维护安全的手段和途径。今天我们所面临的安全问题与以往大有不同，比如外部的恐怖主义、金融危机、生态危机、信息安全等，这些都不是传统的安全问题，也不是通过军事斗争就能够解决的。因此，在新的国家安全问题下，要有新的思考方式。总体国家安全观的形成正是出于不断变化的国内外形势，吸取之前的国家安全观在实践经验中的不足，进而形成开放的国家安全体系。总体国家安全观的开放性也促使国家安全宣传教育工作必然会不断丰富、完善国家安全内涵。在科学技术发展日新月异的社会转型时期，一切都处于不断变化发展的状态中，危机、忧患、风险以不同的表现形式呈现在人们面前。随着国际形势的瞬息万变，国民身上所具备的民族危机感、忧虑感、使命感和社会责任感都要随着实际情况的变化而改变。所以，与之相应的总体国家安全观也应该在国家安全工作实践，特别是国家安全宣传教育中及时跟上时代的变化，并在变化中接受检验，从而形成正向循环，即总体国家安全观在宣传教育中得到实际运用并不断创新发展，而国家安全宣传教育在不断创新发展的总体国家安全观的指导下，国民的国家安全意识将得到提高，并最终形成保障国家安全的一道铜墙铁壁。

第二节　构建系统化国家安全宣传教育体系

一、构建系统化国家安全宣传教育体系的可能

进入新时代，在理论创新和法治建设等方面我国国家安全战略布局取得了长足进展，加强国家安全教育的相关政策不断出台，这使得构建国家安全宣传教育体系成为可能。

第一，明确指导思想。一般而言，国家安全是国家确保没有危险和不受威胁的状态。这种状态既包括客观方面没有受到"威胁""危险"的事实，也包括主观方面对"威胁""危险"的认识。而安全观的产生正是基于安全主体的思维活动，即思考哪些因素对安全形成威胁或危险。安全观影响着决策者对环境的判断和对利益的认知，也影响着对目标的把握和对行动的选择。2014年总体国家安全观的提出，意味着我国对国家安全基本规律的认识达到了新的高度，不仅为我国制定国家安全战略提供了根本遵循，也为如何强化国家安全教育提供了思想指引。《国家安全法》第3条明确指出："国家安全工作应当坚持总体国家安全观。"所以，国家安全宣传教育工作也应当以总体国家安全观作为指导思想。

第二，理论不断成熟。从党的十八大到十九大，习近平总书记站在国家发展和民族复兴的新起点上，继承了从古代到近代，特别是新中国成立以来的国家安全战略思想与实践。针对中国特色社会主义新时代国家安全形势的新特点和新趋势，习近平总书记着眼于更好地统筹国内国际两个大局、安全与发展两件大事，更好地解决国家安全面临的新问题和新挑战。为坚持和发展中国特色社会主义，为实现"两个一百年"奋斗目标和中华民族伟大复兴中国梦，营造良好的国家安全环境，为国家的长治久安和民族兴旺繁盛提供坚强有力的安全保障，把握国家安全基本规律，提出总体国家安全观，形成国家安全理论体系。这是对中国国家安全理论和实践的重大创新，是新形势下维护和塑造中国特色大国安全的强大思想武器和行动指南，是习近平新时代中国特色社会主义

思想的重要组成部分，是对中国特色社会主义理论和实践的丰富和发展。

第三，法律保障不断完善。国家安全立法是维护国家安全的有效举措。改革开放以来，虽然我国国家安全立法也在不断推进，但存在总量不大、空白较多等问题，尚未形成一个内容完整、彼此协调的体系。例如，1993 年制定的《国家安全法》主要聚焦于反间防谍工作，难以覆盖整个国家安全事务。为了贯彻落实总体国家安全观，推动国家安全治理法治化，我国开始制定和修改一系列专门领域的涉及国家安全的法律，全面重构国家安全法律体系。2014 年出台了《反间谍法》，同时废止了 1993 年制定的《国家安全法》，2023 年 4 月十四届全国人大常委会第二次会议审议通过了新修订的《反间谍法》。2015 年制定了新《国家安全法》，作为统领各领域安全的综合性、全局性、基础性法律。此后，《反恐怖主义法》《网络安全法》《国家情报法》《核安全法》等多部专门法律法规出台。随着相关法律法规的制定和实施，我国国家安全法律体系不断完善，无论在内容上还是在程序上，都为进一步加强国家安全教育提供了法治保障和制度支撑，让国家安全教育得以在国家安全法的框架之下完善发展。

第四，国家政策的强力支持。党的十八大以来，以习近平同志为核心的党中央高度重视国家安全工作。为了统筹协调与国家安全密切相关的重大事项和重要工作，党的十八届三中全会决定成立中央国家安全委员会，作为国家安全工作最高决策和议事协调机构。为了夯实国家安全的社会基础，《国家安全法》第 14 条和第 76 条分别规定，把每年 4 月 15 日定为全民国家安全教育日，把国家安全教育作为国民教育体系和公务员教育培训体系的重要内容。为了进一步落实党中央的要求，教育部在 2018 年 4 月发布了《教育部关于加强大中小学国家安全教育的实施意见》。该意见要求以国家安全战略需求为导向，按照"系统设计、整体谋划，尊重规律、注重实效，部门联动、协同推进"的工作原则，从学科建设、内容体系、教材建设、教学活动、实践基地、师资队伍和教学评价七个方面加快国家安全教育体系建设。意见明确提出了今后开展国家安全教育的总体要求和目标任务，并对重点工作进行初步规划，这为新形势下进一步加强国家安全教育体系提供了重要指导意见。具体来说，纲要表明国家安全教育内容主要包括：国家安全的重要性；我国新时代国家安全的形势与特点；总体国家安全观的基本内涵；重点领域和重大意义以及相关法律法规。主要学习内容包括：习近平总书记关于总体国家安全观重要论述，牢固树立总体国家安全观，坚持统筹发展和安全，坚持人民安全、政治安全、国家利益至上有机统一，坚持维护和塑造国家安全，坚持科学统筹。以人民安全为宗旨，以政治安全为根本，以经济安全为基础，以军事、科技、文化、社会安全为保障，健全国家安全体系，增强国家安全能力。完善集中统一、高效权威的国家安全领导体制，健全国家安全法律制度体系等。[①] 2023 年 5 月 30 日，习近平主持召开二十届中央国家安全委员会第一次会议，会议强调"国家安全工作要贯彻落实党的二十大决策部署……加强国家安全教育等方面工作"并审议通过了《关于全面加强国家安全教育的意见》。

第五，技术体制的保证。随着信息化社会的来临，方便、快捷、清晰的信息通信技术使世界成为一个整体，国家安全宣传教育已从现实社会转向虚拟世界。这一变革带来的是：一方面，与信息传播相关的技术革新，丰富了宣传教育的方式、方法；另一方面，其辐射面广的特征也使处于社会各阶层的人们接受国家安全宣传教育成为可能，宣传教育正在通过现代化信息技术走出学校、走向社会。传统的办学体制也正在被打破。《中国教育改革和发展纲要》明确指出，改变政府包揽办学的格局，逐步建立以政府办学为主体，社会各界共同办学的体制。在市场经济体制下办学体制的多元化趋势越来越明显，国家办学、地方办学、社会团体办学、个人办学及社区办学多头并举。这种格局的形成，能更好地满足国家安全宣传教育对象的扩大及对宣传教育模式选择的多样化的需求，从而为建构系统化国家安全宣传教育体系提供了技术和制度上的保证。

二、国家安全宣传教育的基本原则

（一）主体性原则

主体性原则是指在国家安全宣传教育中，国家安全教育的主体包含全体国民，但考虑到要尊重不同人民群体的主体地位，发挥人民群体各自不同的主体作用。故在宣传教育时分层次、有针对性地进行，对待不同的对象有完全不相同的教育内容、教育手段和方法也存在一定的差异。主要包括以下几点。

1. 针对领导干部的宣传教育

任何工作，主要领导不亲力亲为、不躬身实干，就很难取得好的效果，而决定领导干部行动的主要因素就是思想意识。对领导干部进行国家安全宣传教育，提高领导干部的国家安全思想境界、增强国家安全能力尤为重要。各级党政一把手尤其是各级领导干部要坚持带着问题学结合实际学，认真学习领会习近平总书记重要指示精神，研究贯彻落实的思路举措，为全国人民作表率，

---

① 《中共中央关于坚持和完善中国特色社会主义制度　推进国家治理体系和治理能力现代化若干重大问题的决定》，载求是网，2019 年 11 月 5 日，https：//news. cri. cn/20191105/dc056147 – 847f – 9da7 – a705 – bb6c78e6fd12. html。

当榜样。各级党校和行政学院也要将总体国家安全观教育作为重要学习内容，纳入主体班次教学计划，组织广大党员特别是领导干部开展深入系统的学习，切实武装头脑、指导实践、推动工作。[①]

2. 针对青少年的宣传教育

青少年就是我们祖国的未来，是民族发展的希望。要加强广大青少年学生在校期间的国家安全知识宣传教育，使广大青少年学生从小就能够树立正确的国家安全理想、增强维护党的国家安全意识、保障国家安全的能力。我们要大力培养广大青少年的法制思想观念和政治道德素养，国家安全法制建设主要依赖青少年群体来积极推动和落实，在开展宣传教育的过程中，如果不能够增强青少年群体的国家安全意识，那会使国家安全陷入巨大危险。由于青少年具有较强的自我学习能力和接受新知识的能力较少受到既定知识和习惯的局限，因此，对青少年群体开展国家安全知识宣传教育的效率也就会变得更高，效果也就更佳。

3. 针对人民群众的宣传教育

除了对党委领导班子干部和广大青年群体进行的分众宣传和教育以外，还应将宣传覆盖到社会各界人民群众。面对人数众多，构成多元的人民群众，在我们开展宣传和教育工作时，要想做到精准、明确地将相关知识面向群众进行具有针对性的宣传，是比较困难的。由于该类教育主体的最大特点就是其数量较为庞大，所以在面向该类主体开展宣传教育时，应当引起注意的一个问题就是，无论从宣传教育的途径方式上，还是从宣传教育内容上，都应该具有有别于以上两类主体的特点。

（二）方向性原则

国家安全的宣传教育工作也是一项教育性的活动，同样必须做到有指导思路、有计划、有具体目的地开展。而且方向性原则表明国家安全知识教育的途径和方法需要具备一定的价值性、合理性及针对性，这些都是国家安全知识宣传教育工作的核心。因此，在开展国家安全知识教育工作的同时，要自觉地坚持方向性原则，要始终把总体国家安全观作为根本指导，结合当前我国的实际和现状，执行时将党和国家的教育路线、政策及其目标保持一致，坚决抵制各类错误思想与不良的思潮，为推进中国特色社会主义事业建设服务。目的性虽然是方向性原则的重要表现和特征，但是目前针对广大国民的国家安全宣传教育，仍然缺少明确的宣传和教育目标，间接地影响了其宣传和教育的效果。对

---

① 贾玉梅：《深入落实总体国家安全观全面构筑国家安全坚固屏障》，载《大兴安岭日报》2016年4月15日。

于国民的宣传教育，需要在创新其内容、丰富其形式的基础上，进一步确立宣传教育的目标，突出国家安全知识教育的目标性，才能更好地把握其方向性的原则，取得更加令人满意的教学效果。

（三）系统性原则

系统性原则是在国民群众中进行忧患意识宣讲和教育活动时所必须坚持的一项基本原则。但是，我国传统宣传和教育的模式大都缺乏系统性和全面化，没有充分发挥宣传和教育主体本身应有的功能。目前能够直接进行国家安全宣传教育的各个领域尚未形成一个完整的国家安全大系统，缺少各种基本要素之间的相互协调与密切互动，这也严重地影响了国家安全宣传教育工作的顺利开展。把握国家安全宣传教育工作的系统性基本原则，可以从以下两个方面着手：一要高度重视宣传教育活动主体的系统性，将国家机构、社区和学校等各个方面联系起来，构建一个整体，实现共同的国家安全宣传教育；二要在教育中充分考虑到宣传和教育内容的系统性，既包括外部安全又包括内部安全，既包括传统安全又包括非传统安全，既包括国土安全又包括国民安全，既包括发展问题又包括安全问题，既包括自身安全又包括共同安全，各个方面综合起来，同时构成一个完整的宣传教育系统内容。①

三、国家安全宣传教育的整体思路

社会各界组织和开展的国家安全知识宣传教育，就是对广大人民群众进行的关于国家安全的知识、国家安全意识、国家安全保障能力的自觉培养和维护。开展关于国家安全的宣传教育活动，要始终坚持以总体国家安全观作为中心主旨。宣传教育的各项活动、各个环节，都要紧紧围绕学习贯彻总体国家安全观展开，要始终坚持以突出总体国家安全观为总基调。通过印制出版宣传图书、制作宣传专题片、刊发专题文章、制作专题海报等多种形式，系统地广泛宣传总体国家安全观，彰显国家安全战略，及其在实践中对于切实维护人民和国家安全的巨大作用和积极意义。

（一）以贯彻落实总体国家安全观为宗旨

总体国家安全观是一种理论创新，着眼于当代中国对国际安全重大问题的深入探讨；是一个战略谋划，着眼于当前中国在整个世界范围内的安全战略管理；是一个总体设计，着眼于如何保障总体国家安全的总体决策和管理机制正常运行。国家安全宣传教育，必须坚持以总体国家安全观为指引，准确把握新

---

① 陈成：《总体国家安全观视域下的青年忧患意识教育研究》，南京邮电大学 2019 年学位论文。

形势下做好国家安全工作的基本原则和实践要求，把坚持总体国家安全观贯穿于全民宣传教育工作始终，将总体国家安全观宣传教育作为基础性、先导性、长期性工作来抓，着力培育和提升全民总体安全观意识，夯实维护总体国家安全观的群众基础。只有稳固了群众思想，才能防止其他国家对我国进行意识形态的渗透，才能更好地保障我国的国家安全。

（二）以统筹协调国家安全宣传教育资源为重点

国家安全不仅关乎国家利益，而且关系每个公民的切身利益。科学有效地理解和实践总体国家安全观，对于构建社会主义和谐社会、加快我国经济社会发展和推进社会主义现代化都具有重大而深远的影响。要坚持系统性设计、整体规划，对各领域国家安全教育相关内容进行整合，将其纳入总体国家安全观指导范畴，使不同领域的内容相互融合。坚持尊重规律，密切联系实际，改进方法手段，促进知行合一；紧贴世情、国情、社情，注重因地制宜，不断创新发展。坚持部门联动，健全工作机制，加强部门协调，统筹文本、音像、实物、网络等多种资源，动员学校、社会、家庭各方力量，形成各部门协同、全社会支持配合的综合育人格局。

（三）以保障人民安全促国家发展为着眼点

党的十九届五中全会通过的《中共中央关于制定国民经济和社会发展第十四个五年规划和二〇三五年远景目标的建议》，首次把统筹发展和安全纳入"十四五"时期我国经济社会发展的指导思想，并列专章作出战略部署，突出了国家安全在党和国家工作大局中的重要地位。当前，我国面临对外维护国家主权、安全、发展利益，对内维护政治安全和社会稳定的双重压力，各种可以预见和难以预见的风险因素明显增多，特别是新阶段我国国家安全和社会安定面临的威胁和挑战增多，各种威胁和挑战联动效应明显。世界各国人民命运与共、唇齿相依，没有一个国家能实现脱离世界安全的自身安全，也没有建立在其他国家不安全基础上的安全。从这个意义上说，国家安全是国家生存与发展的前提和条件。建立在发展基础上的安全才是最可靠的安全，安全与发展互促互进、互为条件，高度融合、有机统一。当前，国家正处于滚石上山、爬坡过坎的关键阶段。受内外因素影响，经济增速下降、有效供给不足、体制机制弊端突出、结构性矛盾凸显等问题亟待解决，安全和发展环境复杂多变，维护国家安全和促进社会发展任务繁重艰巨。因此，"保安全、促发展"既是做好国家安全工作的目标，也是抓好国家安全宣传教育工作必须始终围绕的"大局"。要在国家安全宣传教育中把保障人民安全作为价值追求，坚持国家安全依靠人民、服务人民，将维护人民安全作为国家安全工作的根本任务和价值追求，最大限度地保障人民的生命财产安全，最大限度地保障人民生存发展的基本条件，最大限度地保障人民安全稳定的社会环境，切实维护人民的根本利益和当家作主的各项权利。

四、国家安全宣传教育的主要内容

（一）宣传教育以总体国家安全观为核心

总体国家安全观宣传教育的内容主要包括两个方面：一是国家安全的重要性，主要包括国家安全直接关乎国家主权和独立完整，是人民安居乐业、幸福生活的保障，也是社会稳定、长治久安的基石，更是坚持中国道路、实现中华民族伟大复兴中国梦的重要前提。二是总体国家安全观内涵，主要包括总体国家安全观是习近平新时代中国特色社会主义思想的重要组成部分，国家安全涵盖的领域十分广泛，涉及政治安全、国土安全、军事安全、经济安全、文化安全、社会安全、科技安全、网络安全、生态安全、资源安全、核安全、海外利益安全等领域，以及新兴领域（深海、极地、太空等），这些领域安全互相关联、相互支撑，构成了总体国家安全这个有机整体。总体国家安全观还包括五大要素（以人民安全为宗旨，以政治安全为根本，以经济安全为基础，以军事、科技、文化、社会安全为保障，以促进国际安全为依托）及五对关系（既重视外部安全又重视内部安全，既重视国土安全又重视国民安全，既重视传统安全又重视非传统安全，既重视发展问题又重视安全问题，既重视自身安全又重视共同安全）。每个公民都应当遵守的法定义务就是落实总体国家安全观，而落实总体国家安全观要求坚持党的领导，以人民安全为宗旨，国家利益至上，坚持共同安全。要强调总体国家安全观的先进性，它构建了国家安全的中国话语体系，重塑了中国国家安全体制机制，坚持走中国特色国家安全道路。

（二）围绕国家安全相关法律开展集中教育宣传

开展国家安全法治宣传教育，推进国家安全法治建设不但涉及的领域极其广泛，而且和每一个公民、每一个国家机关、每一个社会组织都有极为密切的关系，更需要全社会的广泛参与。衡量国家安全法治建设的状况如何，除了看国家安全法律制度体系是否完备、国家安全法律工作机构是否健全、国家安全法律制度是否得到有效实施外，还应当看全社会是否具有国家安全法治意识、广大社会主体是否参与到国家的安全法治建设中来。因此，我国需要在总体国家安全观的指导下，大力开展国家安全法治宣传教育，努力营造国家安全法治氛围。《国家安全法》把每年 4 月 15 日定为"全民国家安全教育日"，要求加强国家安全新闻宣传和舆论引导，通过开展形式各样的国家安全宣传教育活动，将国家安全教育纳入国民教育体系和公务员教育培训体系，增强全民国家安全意识，也充分说明国家安全法治建设中培养广大社会主体的国家安全观和依法维护国家安全意识的重要性。[①]

（三）配合突发事件进行国家安全重点教育宣传

开展国家安全宣传教育，应当立足当下重大安全问题开展针对性国家安全教育。随着时代的发展，国家安全的内涵和外延不断拓展，从横向上来说，逐步延伸到政治、军事、经济、社会、文化、生态、科技等领域；从纵向上来说，安全也不仅仅限于国家安全，而是扩展到个人安全、社会安全、国际安全等层面。中国经济近年来始终保持良好的发展势头，中国作为世界第二大经济体，经济长期保持着较高增速。尤其是在党的十八大以来，中国积极践行新发展理念，以供给侧结构性改革为主线，着力深化改革、扩大开放，不断创造经济高质量发展的奇迹。尽管受到疫情冲击，但中国经济仍对世界经济发挥了更大的引领和推动作用。2020 年中国经济增速高于世界经济增速 6.3 个百分点，两者之间的差距较 2019 年增加了 3.2 个百分点。（理由：据国际货币基金组织 2020 年 10 月 13 日发布的《世界经济展望报告》显示，2020 年全球经济萎缩 4.4%，中国经济增长 1.9%。中国经济增速高于世界经济增速 6.3 个百分点。2019 年中国经济增速为 6.1%，全球经济增速约为 3%，中国经济增速高于世界经济增速 3.1 个百分点，所以 2020 年两者之间的差距较 2019 年增加了 3.2 个百分点，并非 2.6 个百分点。[②] 这表明，尽管受到疫情冲击，中国对世界经济的引领作用不仅没有下降，还进一步凸显。中国对国际社会的巨大贡献得到了很多国家的高度评价。然而，一些西方反华势力企图打断我国社会主义现代化建设的进程，同时，由于我国与周边国家存在历史遗留问题，在处置国家利益问题方面产生了种种矛盾和纠纷，导致区域安全事件时有发生。为了让人们了解真相、了解历史，国家安全教育不能无的放矢，而应突出重点，重点突破。要在明确教育重点的基础上结合国民教育的特点，国家安全教育不仅仅是传授相关知识，更在于帮助人民树立爱国主义思想，形成关心国家安全、维护国家安全的生活方式和思维方式。

---

① 魏胜强：《论"总体国家安全观"视域下的国家安全法治建设》，载《上海政法学院学报（法治丛）》2018 年第 4 期，第 58 - 67 页。

② 《IMF 预计 2020 年全球经济萎缩 4.4% 中国增长 1.9%》，载今日头条，2020 年 10 月 14 日，https：//www.toutiao.com/article/6883195565996245511/?upstream_biz = doubao&source = m_redirect。

五、国家安全宣传教育的具体路径

（一）大力培育国家安全法治观念

党的十九大报告指出："加大全民普法力度，建设社会主义法治文化，树立宪法法律至上、法律面前人人平等的法治理念。"① 这对新时代树立法治观念提出了新要求。人民是国家未来发展所依靠的最重要的力量，培养广大民众良好的法治观念，使其明确行为活动的底线，自觉做尊法、学法、守法、用法的合格公民，对国家的未来发展和个人的全面发展具有不可替代的重要意义。而国家安全法治作为维护国家安全的最主要法律依据，必须大力培育人民国家安全法治观念。将国家安全法治观念培育作为新时代中国特色社会主义法治建设的重要内容和中心环节，也是加强新时代国家安全教育实效性的有效手段。要加强对重点领域开展国家安全法治宣传，尤其注重对国家工作人员总体国家安全观的教育，我国应当构建集政治安全、国土安全、军事安全、经济安全、文化安全、社会安全、科技安全、信息安全、生态安全、资源安全、核安全等为一体的国家安全法治体系。这些领域是我国维护国家安全所应当关注的重点领域，也是开展国家安全法治宣传所应当重点宣传的领域。

（二）切实增强全民国家安全意识

《国家安全法》第 14 条规定，"每年 4 月 15 日为全民国家安全教育日"。设立全民国家安全教育日，对于提高全民国家意识、增强全民国家安全责任、形成维护国家安全的强大社会共识、推动国家安全工作的落实，具有十分重要的意义。要围绕宣传教育主题，创新内容、方式和载体，开展丰富多彩的宣传教育活动，汇聚强大的社会正能量，动员各方力量，推动领导干部和人民群众自觉增强国家安全意识。把开展国家安全宣传教育与培育和践行社会主义核心价值观有机结合，与社会主义法治宣传教育有机结合，大力宣传总体国家安全观，普及宪法、国家安全法、国防法、反间谍法、反恐怖主义法等法律法规，以及刑法等法律中的有关内容。坚持分类施教，细化国家安全宣传教育分层、分类、分级目标任务，开展分众化、互动化教育。针对国家公务员、国家安全部门干部、大中小学生等不同人群，以及社会公众，设计不同层次、形式多样的活动载体。紧密结合各地区、各部门实际，坚持集中性宣传教育与经常性宣传教育相结合、宣传教育与实践养成相结合，开展多种形式人民群众喜闻乐见

---

① 习近平：《决胜全面建成小康社会 夺取新时代中国特色社会主义伟大胜利——在中国共产党第十九次代表大会上的报告》，人民出版社 2017 年版，第 15 页。

的国家安全宣传教育活动，增强全民国家安全意识。

（三）深入开展形势政策宣传教育

要发挥主流媒体主渠道作用，全方位做好维护国家安全的舆论引导工作，营造维护国家安全的浓厚氛围，增强社会公众的国家安全意识。加强维护国家安全的正面宣传，大力宣传国家安全工作的大政方针、重大决策部署，深入学习宣传贯彻总体国家安全观。在各级各类媒体开设专题、专栏、专版，加强对国家安全的形势宣传、政策宣传、成就宣传。在公众中持续开展反恐、反分裂、反渗透、反泄密、反间谍、反破坏等专项宣传教育。适时推出维护国家安全的典型人物、感人事迹，通过多种形式宣传，形成维护国家安全人人有责、维护国家安全光荣神圣的舆论氛围。运用新兴媒体扩大国家安全宣传，广泛运用多种新型传媒手段，开展国家安全宣传教育，扩大覆盖面、提升影响力，积极占领网上舆论阵地。办好政治安全、国土安全、军事安全、经济安全、文化安全、网络安全等网上主题宣传教育活动。利用人民群众喜闻乐见的各种形式，生动形象地宣传普及国家安全知识。开通国家安全宣传教育的政务网站、微博、微信等平台，完善咨询、举报、互动机制。健全舆情研判处置机制，加强网上涉及国家安全的信息收集及分析研判，及时掌握舆情动向。完善各类国家安全突发事件网络应对机制，把握好时、度、效，发布权威声音，回应社会关切，掌握国家安全舆论引导的主动权。依法打击利用网络传播国家安全虚假信息、造谣行为，净化维护国家安全的网络环境。

（四）做好维护国家安全的对外宣传

要加强国际传播能力建设，争夺话语权、赢得话语权。大力宣传总体国家安全观，宣传我国和平发展道路，宣传维护国家安全的重大方针政策。根据形势需要，适时发布国家安全相关报告，全面展示我国积极同外国政府和国际组织开展安全交流合作的进展和成效，积极宣传我国履行国际安全义务、促进共同安全的重要贡献。加强组织策划，在对外报刊、电台电视台、新闻网站开辟有关国家安全的专题、专栏、专版，推出专题节目。针对"中国威胁论""中国崩溃论"等谬论，有理有据有节地开展舆论斗争。发挥相关学术机构和智库的作用，推进国家安全领域的对外学术交流与合作，增进国际社会对我国国家安全工作的认知和理解。对长期在中国境内工作、生活、学习的外籍人员开展相应的国家安全宣传，帮助他们更好地了解和遵守中国法律，提高我国在国际上的形象。

第三节　国家安全宣传教育具体举措

党中央一直以来都高度重视国家安全宣传教育，先后作出一系列重要部署。《国家安全法》第 76 条规定："国家加强国家安全新闻宣传和舆论引导，通过多种形式开展国家安全宣传教育活动，将国家安全教育纳入国民教育体系和公务员教育培训体系，增强全民国家安全意识。"2018 年 4 月 9 日，教育部《关于加强大中小学国家安全教育的实施意见》发布，其中重点工作包括：构建完善国家安全教育内容体系，小学生应了解国家安全基本常识，增强爱国主义情感；中学生应掌握国家安全基础知识，增强国家安全意识；大学生应接受国家安全系统化学习训练，增强维护国家安全的责任感和能力。[①] 习近平总书记也就全民国家安全教育专门作出重要批示，强调国泰民安的美好愿景，突出切实增强全民国家安全意识，为做好国家安全宣传教育工作指明了方向。要知道，只有人民群众的国家安全意识得到提高，国家安全才会有坚实保障。据此，应当采取具体的措施将国家安全宣传教育落到实处。

一、国家机关国家安全宣传教育具体举措

（一）宣传教育应加大广度、加强力度

《国家安全法》第 76 条提出将国家安全教育纳入公务员教育培训体系。这是值得肯定的，但是只对国家公务员开展国家安全教育，显然忽视了公务员队伍之外的其他从事与国家安全工作有关的公职人员。例如，高等学校、科研院所、国有公司企业等领域集中了大量专业技术人才，他们在维护国家安全中的重要作用丝毫不亚于公务员群体。对所有公职人员来说，接受国家安全宣传教育是理所当然的义务。作出这一判断的理由在于：一方面，公职人员作为由国家财政供养从事公共管理和服务的人员，本身就具有维护国家安全的义务。认真学习总体国家安全观和国家安全法律制度，并贯彻落实到自己的工作中，是公职人员做好本职工作的基本前提。另一方面，我国的大部分资源、信息基本由国家统一掌控，其中不少内容或者资料只有公职人员才有机会接触并在工作中处理相关问题。如果公职人员有比较高的国家安全意识，可以在很大程度

---

① 《关于加强大中小学国家安全教育的实施意见》，载中华人民共和国教育部网，2018 年 4 月 9 日，http://www.moe.gov.cn/srcsite/A12/s7060/201804/t20180412_332965.html。

上防止国家有关资料、信息外泄、降低国家安全所面临的风险。

一般来说，由于工作性质的特殊，如在国家政治、国土、军事、核研究等领域的工作人员，相对于其他行业的从业人员来说要有比较强的安全意识。经济、文化、社会、科技、信息、生态、资源等领域的从业人员，分布在社会的各个阶层，这些领域的工作面向全社会开放，经济效益是其重要追求目标，其从业人员的安全意识相对较弱。各个领域的从业人员虽然对国家安全工作有不同程度的了解，但大多数从业人员仅具有维护国家安全的意识，而不熟悉相关法律的要求，甚至对有些法律存在误解。加强这些领域的国家安全法治宣传，既能对相关从业人员普及法律知识，又能向他们传播总体国家安全观的基本内容和主要方面，增强他们对总体国家安全观的理解和对国家安全法治建设的认识，教育他们在工作中自觉依法维护国家安全。

国家安全教育培训要纳入公务员培训体系，党校、行政学院要举办国家安全专题研讨班，或者在主题班次开设国家安全专门课程，实现新录用公务员培训全覆盖，晋升领导职务的公务员培训达到较高比例。积极推动国家安全研究的智库建设，为维护国家安全工作提供智力支撑和决策参考。

（二）宣传教育应常态化、制度化

各级党委、政府要紧密结合各地维护国家安全实际，有针对性地开展各类专题教育，制定本地区、本部门国家安全教育规划，构建国家安全教育体系。整合国家安全教育资源，建立国家安全教育联动机制。扶持国家安全教育公益机构，建立国家安全教育评价体系，确保国家安全教育有组织、有保障、常态化、规范化运行。开展国家安全宣传教育，要以统筹协调国家安全宣传教育资源为重点，坚持系统设计，整体谋划，动员学校、社会、家庭各方力量，形成各部门协同、全社会支持配合的综合育人格局。要坚持理论武装，持续推动总体国家安全观的宣传普及，不断深化研究，牢固树立学习宣传总体国家安全观的思想自觉和行动自觉。坚持常抓不懈，保持足够的定力、坚强的韧劲，克服一阵松一阵紧、宣传教育与实践养成脱节等不良倾向。坚持全员覆盖，抓住"关键少数"与抓实普通干部相结合，以上率下，层层推动国家安全法有关国家安全教育规定要求的贯彻落实，扩大总体国家安全观教育培训的覆盖范围。协调推动各地区、各部门和主流媒体，持续营造开展总体国家安全观教育培训的良好氛围，确保总体国家安全观进机关取得实实在在的效果。①

---

① 全国干部培训教材编审指导委员会：《全面践行总体国家安全观》，人民出版社、党建读物出版社 2019 年版。

（三）宣传教育应融入日常工作实践、发挥实效

在新时代背景下，开展国家安全宣传教育，要始终坚持以总体国家安全观为总基调，准确把握新形势下做好国家安全工作的基本原则和实践要求，将总体国家安全观宣传教育作为基础性、先导性、长期性工作来抓，着力培育和提升全民总体安全观意识，夯实维护总体国家安全观的群众基础。通过以总体国家安全观为指导思想，推进国家安全宣传教育，提升国民安全意识，并非一蹴而就，也非一日之功，国家安全宣传教育是对广大民众思想上的塑造和意识上的培养，应当将其看作一项长期性、系统性的社会工程，国家安全宣传教育重在普及、贵在经常、深在参与、广在宣传，需要加强组织领导，不断优化工作布局，有效整合教育资源，扎实予以推进。同时，只有结合日常工作，公职人员的国家安全宣传教育才有针对性、时效性，要纠正各个级别、各个领域的国家工作人员对国家安全观念的理解。学习各级党委聚焦精准抓党建的模式来宣传教育国家安全理念，使国家安全意识真正地进入每个为国家服务的工作人员的心中，一锤接着一锤敲，要坚决杜绝重眼前轻长远，不能将宣传教育工作仅仅停留在表面，要努力把它当作时间久、见效慢的基础性工作，坚决防止虎头蛇尾、打通不了"最后一公里"的问题，踏踏实实把宣传教育与日常工作实践相结合，虽然这是一项不显山、不露水的工作，却是一项真正能够保障国家安全根本、利长远的基础性工作，所以在宣传教育中要时时刻刻、件件事事都与实际的工作结合起来，确保经得起实践和历史检验。①

二、社区国家安全宣传教育具体举措

国家安全宣传教育以社区为依托，以社区内全体成员为对象，全面整合社会各方资源，调动社会各方力量，服务于社区居民多元化的国家安全宣传教育需求的实践活动。其目的是提高居民的国家安全意识，是社区教育价值的体现，在我国国家安全宣传教育工作中具有重要作用。并且，社区作为终身教育、学习型社会、和谐社会建设的重要载体和支撑，社区教育已不仅是一种教育形式，更重要的是成为与之变化相适应的一种新的宣传教育载体和方式。

（一）宣传教育以社区治理共同体为合力

社区宣传教育包含多种形式的宣传教育活动，其表现形式多样。由于我国深受传统观念中的影响，对社区宣传教育在内的终身教育和基层宣传缺乏清晰

---

① 张万钊：《以人为本理念下公务员思想政治教育思考》，载《人才资源开发》2020年第2期，第41－42页。

的认识，一直都没有将其纳入国民国家安全宣传教育体系，同时也缺乏国家层面的硬性规定和制度支撑。这导致社区宣传教育缺乏必要的刚性约束。加之社区人群职业类型多样、年龄跨度大、教育水平不一、认知水平差异，使得社区宣传教育资源难以像针对特定受众群体那样集中有效。因此，社区宣传教育的合力不足，相较于学校教育和家庭教育，其整体优势显得较弱。为了改善这一状况，应当利用社区治理体系现代化的契机，激发社区居民自治的活力，将社区内部的群体、设施、机构和民间组织打造成既相互关联又与外部世界直接或间接联系的网络节点，形成一个能够汇聚和融通各方供需的集合体。这种汇通功能形成社区内外多方聚通的资源库，实现多边影响力和作用力的最大整合，比单一模式的宣传教育更能形成多元有效的合力。

（二）宣传教育资源应结合原有社区生态

社区本来就是人类社会的最小缩影，是人类作为群居动物这一特性所必然形成的，也是保持得最久的社交模式，最小集合体的共生社区是一个由复杂的相关人群构成的共生体，是由特定人群在特定区域，通过彼此交往互动而形成的生活共同体。力求将国家安全教育资源在内的多要素融入社区治理之中，通过对社区内部人员的梳理形成多元共生的联合体，针对该联合体的特性进行针对性的宣传教育。这样形成的联合体具有多元性、共生性和汇通性等特点，通过总体国家安全观的总体思维，可以提升社区治理体系和治理能力现代化。国家安全宣传教育资源融入社区内，在多元个体之间彼此互动，且设置包含居民的国家安全素养养成等多种宣传教育资源活动，构成多层社区治理体系、维护国家安全的大生态群。整合的国家安全宣传教育资源通过社区各个小生态的治理，再落实到社区多元共生的基层组织来发挥功能和作用。

（三）宣传教育应考虑社区的基层特点

实行社区国家安全宣传教育是将国家安全宣传教育工作下移的具体体现，是将总体国家安全观等一系列国家安全思想深入人民内心的有力举措，也是面向社区多元主体开展的专门的、有指向的宣传教育。其中国家安全宣传教育也是通过社区这一载体，与社区治理重心下移同步得以落实。社区宣传教育载体根植于社区的本土特色，具有广泛的群众基础和基层属性，关注社区成员的生活状况和精神文化需求，将普及且朴素的教育资源进一步吸纳和整合。这种宣传教育应当展现国家安全宣传教育资源的地方特色和民族风情，使国家安全宣传教育活动更具感染力、吸引力，同时增强其针对性和实效性，以实现宣传教育与社区治理的协同推进和效果的同步显现。社区"麻雀虽小"，但"五脏俱全"，虽然其宣传教育资源比较丰富，但相对分散与孤立，教育效果不明显。

要通过社区治理将社区多要素内外聚合，满足彼此间供需对接，整合社区宣传教育资源，提升宣传教育合力，构建集合家庭宣传教育、学校宣传教育的多层联动式教育资源共同体，促进国家安全宣传教育与社区治理深度融合。

三、学校国家安全宣传教育具体举措

（一）学校国家安全宣传教育应内容深入

学校国家安全宣传教育应内容深入，最好的办法是开设作为必修课的专门国家安全课程，对大中小学生实施集中的、专门的总体国家安全观和国家安全法治教育。这样既有利于维护国家安全教育和国家安全法治教育的全局性、整体性，也能凸显总体国家安全观及其指导下的国家安全法治建设在国民教育体系中的重要地位，使越来越多的社会主体认识、理解总体国家安全观，支持和参与国家安全法治建设。除了对大中小学生开展国家安全法治教育，我国还应当注意培养专门的国家安全法治人才。2020 年 12 月 30 日，国务院学位委员会、教育部发布了《关于设置"交叉学科"门类、"集成电路科学与工程"和"国家安全学"一级学科的通知》，正式批准设立"国家安全学"一级学科。国家安全学一级学科的设立是中国在国家安全教育和人才培养的重要进展，标志国家安全学科建设进入了一个新阶段。但是，在依法治国的时代，所有从事国家安全工作的人员，特别是在人文社科领域从事国家安全工作的人员，无论是理论研究人员还是实务工作人员，都必须掌握十分丰富的国家安全法律知识。因此，在国家安全人才的培养中，国家安全法治专门人才的培养是一个必选项目。基于这种认识，我国可以在高校法律、管理、政治、马克思主义等相关学科中，开展专门的国家安全法治教学和研究工作，培养国家安全法治方向的高级专门人才。国家安全法学的研究领域必然越来越宽阔、越来越深入，国家安全法学完全能发展成为独立的法学分支学科。培养国家安全法治建设专门人才，不但是贯彻落实整体国家安全观、推动国家安全法治建设的客观需要，也是国家安全法学研究日益丰富的必然结果和直接体现，在我国高等教育和法学研究中具有强大的生命力。

（二）学校国家安全宣传教育方式应多样

自 20 世纪 90 年代以来，全球化的趋势得到了大大的加快，由此，也在政治、军事、经济、科技、文化、生态、社会等诸方面给国家安全带来了越来越紧迫的压力。与此同时，需要特别指出的是，21 世纪开辟了一个全新的信息网络时代，信息高速公路的开通，使得人类信息的沟通和交流打破了时空的限制，变得更加灵活迅捷。2024 年 8 月 29 日，中国互联网络信息中心（CNN-

IC）在 2024 中国国际大数据产业博览会"智能经济创新发展"交流活动上发布第 54 次《中国互联网络发展状况统计报告》（以下简称《报告》）。《报告》显示，截至 2024 年 6 月，中国网民规模近 11 亿人（10.9967 亿人），较 2023 年 12 月增加 742 万人，互联网普及率达 78.0%。《报告》显示，青少年和"银发族"是新增网民重要来源。随着数字适老化服务的不断完善和网络应用的加速普及，多措并举推动更多人民不断"触网"。数据显示，中国新增网民 742 万人，以 10~19 岁青少年和"银发族"为主。其中，青少年占新增网民的 49.0%，50~59 岁、60 岁及以上群体分别占新增网民的 15.2% 和 20.8%。① 可以说，当代大学生基本是伴随着计算机、互联网的发展和普及长大的，他们对从互联网上获取知识的方式和方法更为适应。国家安全教育必须主动占领网络这一新的阵地，通过加强校园网络建设，不断拓展大学生教育的渠道和空间；通过建设融思想性、知识性、服务性于一体的主题网站或网页，形成网上教育与网下教育的合力；通过密切关注网上动态，及时了解大学生思想实际，及时解答大学生提出的问题。网络思想政治教育作为一种新生事物，是在充分利用计算机网络、多媒体技术和现代传播技术等手段的基础上，紧密结合当代大学生特点而设计的教育形式，是高校传统思想政治教育的补充和延伸。目前全国有数百所高校开设了高校思想政治教育主题网站。大学生国家安全教育应紧紧依托高校思想政治教育主题网站，使之成为一个延伸的重要阵地。

（三）学校国家安全宣传教育应注重社会实践活动

习近平总书记指出，做好高校思想政治工作"要更加注重以文化人、以文育人""广泛开展各类社会实践"。因此，首先要积极营造关心国家安全大事、勇于担当国家安全责任的校园文化氛围，运用党团活动、社团活动、专题讲座、板报宣传、知识竞赛、模拟法庭等方式，加大对总体国家安全观的宣传教育力度。要组织大学生观看《国家安全就在身边》《国家安全之于无声处》等专题影视，开展"大学生危害国家安全案件"专题教育，搞好军训工作，适当开展校园反恐演习，使大学生通过浸染国家安全文化，关心国家安危，增强国家安全意识。其次，要把总体国家安全观教育与大学生专业实践、社会实践活动结合起来，创设大学生总体国家安全观实践教育情境。例如，鼓励大学生在专业竞赛、学年论文、毕业设计中选择与国家安全问题相关的主题，指导大学生对国家安全问题进行探究。组织大学生到国家安全教育基地、国防教育基地、爱国主义教育基地参观，指导大学生对国家安全领域存在的问题展开社

---

① 第 54 次《中国互联网络发展状况统计报告》，载中央网络安全和信息化委员会办公室，2024 年 8 月 30 日，https：//www.cac.gov.cn/2024 - 08/30/c_1726701400881428.htm。

会调查，对周边人群的国家安全观念进行调研，了解国情、社情、民情，在大学生志愿活动、社区服务中宣传总体国家安全观的知识、政策和法律法规。①

（四）学校国家安全宣传教育应课堂课后教育相结合

习近平总书记指出，做好高校思想政治工作"要用好课堂教学这个主渠道"。因此，首先要充分发挥思想政治理论课的主阵地作用，全面开展大学生总体国家安全观教育。例如，《中国近现代史纲要》课可以从我国国家安全历史演变的角度，深入阐释历史和人民选择马克思主义、选择中国共产党、选择社会主义道路的历史必然性，使得大学生深刻懂得，只有坚持和加强党的领导，坚持和发展中国特色社会主义，才能保障国家安全稳定、人民安居乐业的历史必然性。《毛泽东思想和中国特色社会主义理论体系概论》课要深入解析新时代我国"五位一体"总体布局、"四个全面"战略布局中面临的各种安全挑战，引导大学生认识到以习近平同志为核心的党中央提出并坚持总体国家安全观、不断开拓国家安全新局面的使命担当和战略智慧。《思想道德修养与法律基础》课要着重加强大学生国家安全责任教育和法制教育，引导大学生肩负起维护国家安全的时代重任和法律义务。《马克思主义基本原理概论》课要对总体国家安全观内蕴的马克思主义原理展开深入解析，教育引导大学生用马克思主义的立场、观点和方法来认识和分析新时代国家安全问题。同时，专业教师应该有意识地将总体国家安全观教育相关内容渗透到专业课程教学活动中去，形成协同效应。在总体国家安全观课堂教学中，教师应创新教学模式，深入调查大学生对新时代国家安全问题的需求所在、兴趣所在、困惑所在，以平等交流、理解关怀的态度，合理利用"问题研讨式""情境模拟式"等多样教学方法，充分激发大学生学习总体国家安全观的积极性和主动性，引导大学生对国家安全问题展开深入思考。因此，我们要加强国家安全教育的课后评估环节，通过教育对象将所学理论在社会实践中自我体验、自我辨别、自主选择，把外在的思想政治观点转化为内在的思想道德和行为约束力，进而形成牢固的思维和行为模式。在课后评估环节中，学校、家庭、社会要承担起相应的职责，学校老师要通过计划安排，对学生进行恰当的引导，一定要设置合理的评估标准，评估的首要内容就是学生的国家和社会认同度在课后有没有提高，学生的自我管理能力和社会应变能力有没有提高，学生的国家、民族情感有没有在实践中得到升华。②

---

① 曹晓飞：《大学生总体国家安全观教育的战略意义及实现路径》，载《思想理论教育导刊》2018年第2期，第127–131页。

② 李开翼：《大学生国家安全教育研究》，苏州大学2009年学位论文。

后 记

　　2018 年 4 月 9 日，《教育部关于加强大中小学国家安全教育的实施意见》发布，明确提出要设立国家安全学一级学科，依托普通高校和职业院校现有相关学科专业开展国家安全专业人才培养。同年 8 月，教育部、财政部、国家发改委印发《关于高等学校加快"双一流"建设的指导意见》，提出"加强国家战略、国家安全、国际组织等相关急需学科专业人才的培养"。为深入贯彻落实总体国家安全观，响应国家对国家安全专业人才的现实需求，西南政法大学于 2018 年 5 月 22 日成立了全国普通高校中首个国家安全学院，培育建设国家安全学一级学科，探索国家安全专业人才培养。2018 年 7 月西南政法大学在法学一级学科下申请自主设置国家安全学二级学科硕士点，并通过教育部备案。2018 年 10 月在法学一级学科下侦查学二级学科博士点中自设国家安全学方向，设置国家安全学基础理论、国家安全法治、国际恐怖主义研究等研究方向。2019 年 7 月，完成在法学一级学科下自主设置国家安全学二级学科博士点申报工作。2019 年 9 月，首批招收 8 名国家安全学方向硕士研究生、1 名国家安全学博士研究生入学，正式开启西南政法大学高层次国家安全人才培养探索。2021 年 10 月增列全国第一批国家安全学一级学科博士学位授权点，2023 年 11 月获批全国第一批国家安全学博士后科研流动站，2024 年 9 月招收全国第一批海外利益安全本科专业，形成全国唯一的"本硕博（后）"贯通一体的国家安全学高层次人才培养体系。2024 年 9 月，西南政法大学国家安全学院获评全国教育系统先进集体。

　　"总体国家安全观研究"是西南政法大学国家安全学硕士、博士研究生共同开设的基础必修课程，本课程采取专题授课方式，由马方、赵新立、李昂老师接力讲授。在课堂教学中，采用主题研究、专题讨论、主持评述等方式组织研究生深度参与课程准备、课堂研讨与课后思考。在课程教学过程中，同步组织授课老师与研究生开始本书写作。本书由马方教授确定总体结构与各章节的主要内容，并按照教师与学生所承担授课、专题研讨内容进行分工：第一章"总体国家安全观的语境解释"（杜心怡、马方），第二章"总体国家安全观理论基础"（马方、颜子清），第三章"总体国家安全观基础理论"（李艺、马方、张艺立），第四章"国家安全法治建设"（郭港玉、赵新立），第五章"国家安全工作研究"（程菲菲、罗亚文），第六章"防范化解重大风险"（薛洁冰、李昂），第七章"国家安全宣传教育"（汤骁钰、佘杰新）。

本书是在深入领会总体国家安全观基础上，探索构建阐释总体国家安全观理论体系，开展总体国家安全观理论研究，并结合国家安全实践，以总体国家安全观为指导，对当前国家安全工作的重点、难点进行了系统分析。本书是对总体国家安全观进行的初步理论探索，编者希望开展国家安全学一级学科基础理论研究，对国家安全工作的经验进行总结，能够为当前国家安全实践提供一些理论支撑；同时本书也是国家安全人才培养课程建设结晶，寄望为国家安全学学科建设、人才培养贡献力量。

总体国家安全观博大精深，撰写者能力、学识所限，难免存在偏颇、错漏之处，恳请各位领导、专家学者包涵、批评、指正！

编著者
2025 年 1 月